BUSINESS – AUF DEUTSCH

Lehrwerk für Wirtschaftsdeutsch

Bettina von Arnim (1785-1859)

Annette von Droste-Hülshoff (1797-1848)

Clara Schumann (1819-1896)

Maria Sibylla Merian (1647-1717)

Carl Friedrich Gauß (1777-1855)

Balthasar Neumann (1687-1753)

Paul Ehrlich (1854-1915)

Wilhelm (1786-1859) und Jakob Grimm (1785-1863)

BUSINESS - AUF DEUTSCH

von
Susan Cox, Emer O'Sullivan und Dietmar Rösler

in Zusammenarbeit mit Wolfgang Weermann

und unter Leitung und Mitwirkung der
Verlagsredaktion Deutsch als Fremdsprache

Klett Edition Deutsch

BUSINESS – AUF DEUTSCH

Lehrwerk für Wirtschaftsdeutsch

von
Susan Cox, Emer O'Sullivan, Dietmar Rösler

unter Leitung und Mitwirkung
der Verlagsredaktion Deutsch als Fremdsprache
Mitarbeit an diesem Werk: Wolfgang Weermann, Verlagsredakteur

Business – auf deutsch basiert auf dem beim
Verlag Edition Belin, Paris, erschienenen Lehrwerk **Wirtschaft leicht**
von J. Martelly, G. Nicolas und M. Sprenger

1. Auflage   1 5 4 3 2 1 | 1994 93 92 91 90

Alle Drucke dieser Auflage können im Unterricht nebeneinander benutzt werden,
sie sind untereinander unverändert.
Die letzte Zahl bezeichnet das Jahr des Druckes.

© Verlag Klett Edition Deutsch GmbH, München 1990
Alle Rechte vorbehalten.
Typographie und Layout: Alfred Lahner, München
Umschlag: Werbeberatung Sperber, Nürnberg
Druck: G. J. MANZ Aktiengesellschaft, Dillingen · Printed in Germany

ISBN 3-12-**675210**-1

Inhalt

Introduction

Business – auf deutsch is written for people who want to continue learning German at an advanced level by concentrating thematically on business, commerce and economics. Without straying too far from traditional methods, its aim is to appeal to students' imaginations, to encourage independence in their approach to German texts and to improve their written and oral expression—beginning with easy texts and exercises and gradually building up to more complex ones.

This course is geared towards learners with a good knowledge of German (approx. 300 hours or the standard of the Goethe-Institut's **Zertifikat Deutsch als Fremdsprache**). It can be used for specialised courses in economic and business German, at the initial stages of third-level education, and in the final stages of advanced German in schools.

Based entirely on authentic texts taken from newspapers, periodicals, specialised literature, brochures, advertising, tables, graphs, photographs, cartoons etc., **Business – auf deutsch** is conceived in such a way as to involve students in the exercises by allowing them to express their opinions, formulate hypotheses about certain issues and draw on their experience in order to fully understand the texts.

Business – auf deutsch helps students to make optimum use of existing skills in the language, to discover and employ appropriate reading techniques, and it encourages the proper use of dictionaries. Exercises offering systematic training in the development of strategies for different types of reading (general, selective and detailed comprehension) receive particular emphasis.

A variety of exercises serves to develop vocabulary skills. Most of them are based on the principle that, when provided with words or expressions in one or other of the two languages, students should be able to find the meanings themselves, either within the context of the text or else in the translated version. Other exercises concentrate on skills in word formation and the deduction of precise meanings by comparison with the examples and structures provided. The vocabulary acquired is used to improve oral and written expression through structured exercises and some basic translation work.

Further exercises concentrate on the grammatical structures which arise most frequently in the texts. Students are prompted to make their own analysis of the phenomenon in question and to participate in the formulation of the grammatical rule.

Games and puzzles aim at revising certain aspects of vocabulary in an entertaining way. At the end of each chapter space is provided for students to note the most important words which have been used. These pages should prove useful for the systematic revision of vocabulary. The juxtaposition of German and English texts serves to expose cultural similarities and differences which exist in the domains of economic and social life.

Business – auf deutsch consists of the present volume and a set of transparency masters. These transparency masters form an integral part of the course. They are mainly used in exercises where the students' knowledge is activated through speculation about incomplete documents, the complete version of which is contained on the transparency masters. The solutions to the puzzles and many other exercises can also be found there. An **F** (Folie) at the beginning of an exercise indicates that a transparency is intended for use.

Business – auf deutsch is the English adaptation of WIRTSCHAFT LEICHT, the successful German course for French students, written by Ingola Martelly, Gerd Nicolas and Margarete Sprenger and published in Paris by Belin. Its basic design is that of the original authors, as are many of the texts and exercises. In cooperation with the 'German team' of Klett Edition Deutsch, the 'English team' has added new texts and different contrastive components, updated the documents, streamlined some chapters, undertaken alterations in different areas and has generally tried to make the book suitable for English-speaking students of German. Any praise for the basic concept and the original work must, however, go to France—to Ingola Martelly, Gerd Nicolas and Margarete Sprenger.

Deutschlandkarte

Nordsee

Ostsee

Dänemark

Schleswig-
Holstein

Kiel

Rostock

Lübeck

Mecklenburg-
Vorpommern

Schwerin

Elbe

Hamburg

Hamburg

Bremerhaven

Bremen

Bremen

Oldenburg

Lüneburger
Heide

Elbe

Polen

Niedersachsen

Berlin

Berlin

Oder

Hannover

Potsdam

Frankfurt/
Oder

Niederlande

Ems

Braunschweig

Sachsen-

Brandenburg

Weser

Oder

Rhein

Münster

Bielefeld

Magdeburg

Harz

Cottbus

Nordrhein-

Hamm

Göttingen

Anhalt

Neisse

Essen

Dortmund

Halle

Leipzig

Duisburg

Ruhr

Dresden

Wuppertal

Westfalen

Kassel

Sachsen

Düsseldorf

Rothaar-
gebirge

Erfurt

Saale

Jena

Chemnitz

Köln

Rhein

Thüringen

Gera

Aachen

Hessen

Zwickau

Erzgebirge

Bonn

Thüringer

Belgien

Wald

Eifel

Koblenz

Taunus

Rheinland-

Wiesbaden

Frankfurt

Tschechoslowakei

Mosel

Hunsrück

Mainz

Main

Luxemburg

Trier

Würzburg

Pfalz

Saar-
land

Ludwigshafen

Mannheim

Nürnberg

Saarbrücken

Heidelberg

Rhein

Bayern

Karlsruhe

Baden-

Regensburg

Frankreich

Neckar

Stuttgart

Donau

Isar

Baden-Baden

Schwäbische Alb

Augsburg

Donau

Württemberg

Ulm

München

Schwarz-

Freiburg

Salzburg

wald

Bodensee

Friedrichshafen

Basel

Konstanz

Österreich

Zürich

Inn

Innsbruck

100 km

Schweiz

A l p e n

Rhein

Italien

Kapitel 1

Werbung, Messen, Ausstellungen

1. Welche Werbeträger aus dem nachstehenden Schüttelkasten gehören Ihrer Meinung
   nach zu den verschiedenen Summen im Schaubild?

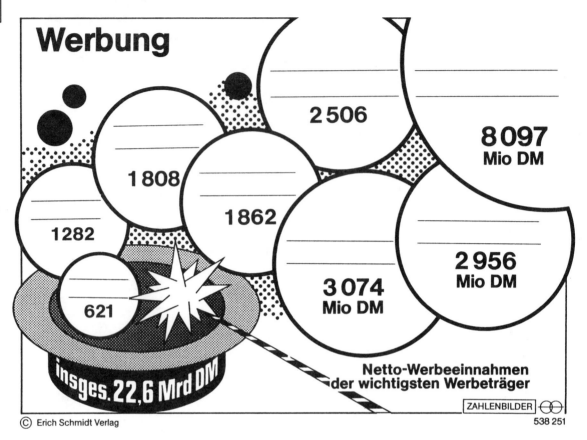

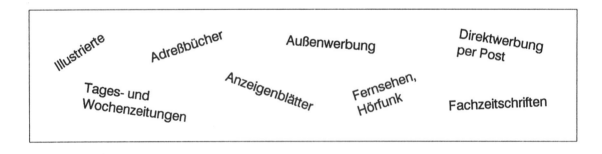

2. Schauen Sie sich nun die Lösungen auf der Folie an.
   Entsprechen die Fakten Ihrer Einschätzung?

Werbeausgaben in der Bundesrepublik Deutschland

Mit Abstand wichtigstes Werbemedium blieben auch 1989 die _____:
Fast 7,8 Milliarden DM (nach Abzug von Rabatten und Mittlerprovisionen) wurden von der
werbenden Wirtschaft für Anzeigen in der Tagespresse aufgewandt, die sich durch ihre Nähe
zu den lokalen und regionalen Märkten vor den meisten anderen Werbeträgern auszeichnet.

5 Einschließlich der _____ erreichte die Zeitungswerbung sogar einen
Umfang von knapp 8,1 Milliarden DM. Eine starke Konkurrenz ist der Tagespresse mit
den _____ erwachsen, die 1989 auf Werbeeinnahmen von 1,8 Milliarden
DM kamen.

Die _____ , deren Domäne die überregionale Markenartikelwerbung ist,
10 erzielten einen Werbeumsatz von knapp 3,0 Milliarden DM.

Durch die Zulassung privater Sender hat sich der Werbemarkt der elektronischen Medien
seit Mitte der achtziger Jahre erheblich verändert und erweitert. 1989 nahmen die Rundfunk-
und Fernsehsender zusammen rund _____ für die Ausstrahlung von
Werbespots ein; davon entfielen noch 75% auf ARD und ZDF. Für 2,5 Milliarden DM
15 wurden Kataloge, Prospekte und Werbebriefe per Post an den Adressaten gebracht, und
knapp 1,9 Milliarden DM gab die werbende Wirtschaft für die zielgenaue Anzeigenwerbung
in _____ aus. Weitere 0,6 Milliarden DM kostete die im Straßenbild
allgegenwärtige Außenwerbung.

In der Rangfolge der werbenden Branchen führte 1989 die Autoindustrie (mit einem
20 Aufwand von 1,3 Milliarden DM) vor dem Handel, den Massenmedien, der Schokolade-
und Süßwarenindustrie und den Banken und Sparkassen.

Erich Schmidt Verlag

1,000,000,000
= eine Milliarde (Deutsch, Schreibweise: 1.000.000.000)
= one thousand millions (Britisch)
= one billion (Amerikanisch)

1,000,000,000,000
= eine Billion (Deutsch, Schreibweise: 1.000.000.000.000)
= one billion (Britisch)
= one trillion (Amerikanisch)

A3 Die Ausgaben für Werbung steigen jedes Jahr beträchtlich. So wurden z. B. nach Berechnungen des Zentralausschusses der Werbewirtschaft (ZAW) in der Bundesrepublik Deutschland 1989 rund 37,0 Mrd. DM in die Werbung investiert. Davon entfielen 14,4 Mrd. DM auf die Produktion der Werbemittel (Anzeigenvorlagen, Prospekte, Plakate, Werbespots usw.) und die Werbeverwaltung. Den Löwenanteil – 22,6 Mrd. DM – beanspruchte aber die Verbreitung der Werbebotschaften über die Medien.

Erstellen Sie in der Gruppe ein Assoziogramm zum Thema „Werbung".

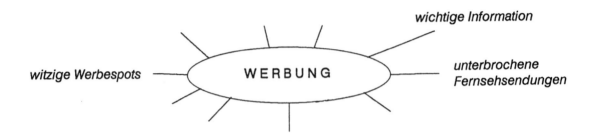

A4 **Suchen Sie bitte die deutschen Entsprechungen zu den folgenden englischen Begriffen. Benutzen Sie evtl. Ihr Wörterbuch.**

publicity department   _____

marketing division   _____

publicity manager   _____

advertising agency   _____

advertising campaign   _____

advertising budget   _____

advertising strategy   _____

advertising techniques   _____

advertising spot   _____

newspaper advertisement   _____

magazine advertisement   _____

television commercial   _____

promotional film   _____

radio commercial   _____

outdoor advertising   _____

direct mail advertising   _____

dealer displays   _____

slogan   _____

jingle   _____

publicity stunt   _____

Hier ist die Werbung schematisch dargestellt. Ergänzen Sie bitte die beiden fehlenden Oberbegriffe und den fehlenden Unterbegriff. **A5**

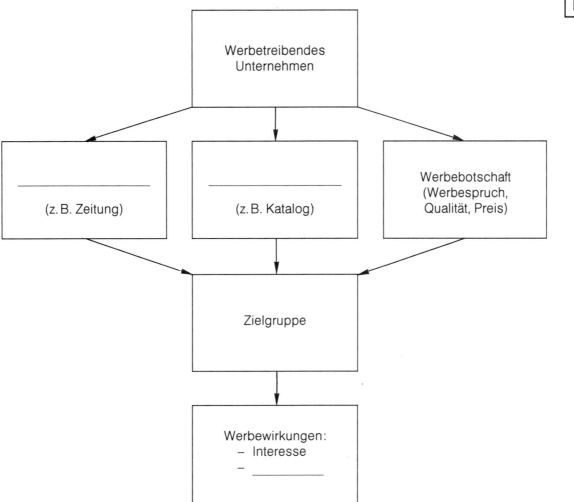

1. Lesen Sie bitte die folgenden Aussagen: **A6**

What is advertising?
1. Advertising is the action or practice of drawing public attention to goods, services, events etc.
2. Advertising: The techniques used to bring products, services, opinions or causes to public notice for the purpose of persuading the public to respond in a certain way towards what is advertised.
3. Advertising is a form of mass communication intended to promote the sale of a product or service.

4. Advertising is also used to awaken, enlighten, and activate the public at large concerning matters that effect society generally.

5. There is no dispute over the power of advertising to inform consumers of what products are available.

6. In a free-market economy effective advertising is essential to a company's survival, for unless consumers know about a company's product they are unlikely to buy it.

7. It has been argued that the consumer must pay for the cost of advertising in the form of higher prices for goods; against this point it is to be argued that advertising enables goods to be mass marketed, thereby bringing prices down.

8. The advertising message, or advertisement, is delivered to its intended audience through the various media and is distinguished from other forms of communication in that the advertiser pays the medium to deliver the message.

9. In developed countries some two per cent of the gross national product is spent on all forms of advertising and promotion.

2. Welche der folgenden Aussagen sind in welchem Absatz im englischen Text enthalten? Welche nicht? Mehrere Zuordnungen sind möglich.

a) Werbung schafft neue Bedürfnisse.
b) In den Industrieländern werden ungefähr 2% des Bruttosozialprodukts für Werbung aufgewandt.
c) Die Werbeausgaben der Unternehmen verteuern die Produkte.
d) Durch Werbung wird Aufmerksamkeit auf das Vorhandensein von Produkten gelenkt.
e) Werbung verbilligt Produkte.
f) Werbung schafft Arbeitsplätze.
g) In der freien Marktwirtschaft ist die Werbung für Erfolg und Überleben einer Firma notwendig.
h) Werbung soll den Absatz fördern.
i) Werbung verführt zu falschem Verbraucherverhalten.

Aussage	Absatz
a	—
b	
c	
d	
e	7
f	
g	
h	
i	

3. Welchen der Aussagen stimmen Sie nicht zu?

B
1. Lesen Sie bitte den folgenden langen Text einmal ohne Benutzung eines Wörterbuches. Schreiben Sie danach in wenigen Stichpunkten auf englisch auf, worum es in diesem Text geht.

2. Lesen Sie ihn danach ein zweites Mal ohne Wörterbuch; notieren Sie auf englisch für jeden Absatz die wichtigsten Stichworte, soweit Sie den Text verstanden haben.

3. Lesen Sie jetzt die Textstellen noch einmal, die Ihnen Schwierigkeiten bereiten. Benutzen Sie dabei bitte ein Wörterbuch. Geben Sie danach auf englisch eine ausführliche Zusammenfassung des Textes.

Bundesweite Einführung von „Ireland Weideochsen" in allen Filialen

Mit „Ireland Weideochsen" will die co op Handels AG, Kamen, in den Fleischabteilungen ihrer Märkte Maßstäbe setzen und einen besonderen Standard schaffen.

5 Die Einführung des Markenfleisches, das von dem Unternehmen direkt aus Irland importiert wird, ist nach Ansicht von Direktor Peter van Aart ein weiterer Schritt zur Profilierung der Filialen als Fachmärk-
10 te für Essen, Trinken und Haushaltsführung. „Der Verbraucher ist anspruchsvoller geworden und ernährt sich heute abwechslungsreicher, qualitäts- und gesundheitsbewußter", betonte van Aart. Das gelte in er-
15 ster Linie für Frischwaren und hier insbesondere auch für Fleisch.

Die Markenbezeichnung „Ireland Weideochsen" hat das Unternehmen exklusiv für das neue Angebot in den Fleischtheken ge-
20 schaffen. Dies soll dem Verbraucher die Gewähr dafür bieten, unter diesem Markennamen das ganze Jahr über Fleisch ausgesuchter irischer Weideochsen in stets gleichbleibend guter Qualität zu erhalten.
25 Als bislang einmalig auf dem Markt wurde der Aufdruck eines Verkaufszeitraums von zehn bis 14 Tagen auf der Teilstück-Verpackung an die Adresse des verantwortlichen Personals in den Läden herausge-
30 stellt. Der Hinweis auf den Erstverkaufstag garantiere einen immer gleichen Reifegrad, der ebenfalls vermerkte letzte Verkaufstag solle Geschmackssicherheit garantieren.

Neuer Schwerpunkt der Marketingstrategie

35 Franz Maly, Verkaufsdirektor Nord der co op Handels AG, erläuterte in diesem Zusammenhang einen Kurswechsel in der Frischfleisch-Marketing-Strategie seines Unternehmens. Vor allem passe das Mar-
40 kenfleisch von der „grünen Insel" gut in die Gesamtstrategie der Handels AG, in der Umweltschutz und die Herausstellung von natürlichen oder schonend produzierten Produkten eine besondere Rolle spiel-
45 ten. Man wolle, so Maly, weiterhin kein Fleisch führen, das unter Zerstörung der tropischen Regenwälder erzeugt werde und habe deshalb die argentinischen Importe mit dem irischen Markenfleisch ersetzt.
50 Tests im vergangenen Dezember hätten diese Entscheidung unterstützt. Vorangegangen sei auch eine ausführliche Erkundung auf den Weltmärkten, die davon ausgegangen seien, daß die Verbraucher nur
55 durch „Fleisch mit Garantie" von ihrer

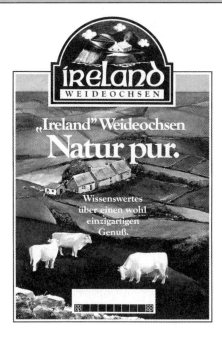

Die Marke „Ireland Weideochsen" wurde speziell für das Kooperationsprojekt entwickelt. Umfangreiches Verkaufsförderungsmaterial sowie Plakate und Deckenhänger stehen zur Verfügung.

Skepsis gegenüber dem Fleischverzehr abzubringen seien.

Bald auch Steaks in Fertigpackung?

Parallel zum Start des „Ireland Weideoch-
60 sen"-Programms wurde bekannt, daß die in Irland und Großbritannien operierende Agra-Gruppe, ein fleischerzeugendes und -verarbeitendes Unternehmen, gerade 150 Mio. Pfund in ein neues Projekt inve-
65 stiert: konsumentengerecht fertigverpackte Steaks unter der bereits eingeführten Marke „Greenfield" sollen damit auf den Europäischen Markt gebracht werden. Eine entsprechende Technologie, um garantiert
70 zartes, abgehangenes und hochwertiges Fleisch küchenfertig an den Handel liefern zu können, sei inzwischen ausgereift. Marketing- und Werbeaufwendungen von insgesamt 53 Mio. Pfund, um das so verpackte
75 Markenfleisch innerhalb der nächsten vier Jahre auch in Deutschland zu etablieren, wurden dafür angekündigt. Wie von der CBF zu hören war, sind erste Verbrauchertests in Bremen bereits mit Erfolg ange-
80 laufen. Lebensmittel-Praxis

MANY HAVE ASKED TH DURCH TECHNIK' ALLOV

DIE DREI magischen Worte von AUDI sind "Vorsprung durch Technik." Darin steckt mehr als nur ein Werbespruch "Vorsprung durch Technik" ist das Leitmotiv unserer Unternehmensphilosophie.

DIE DAHINTERSTEHENDE Geisteshaltung durchdringt jeden Aspekt der Entwicklung und Herstellung. Auf dem Gebiet der Aerodynamik zum Beispiel bedeutete "Vorsprung durch Technik" für uns folgendes:

AERODYNAMISCHE ENTWICKLUNG DES AUDI 80/B-3

EIN WESENTLICHES Entwicklungsziel für den AUDI 80/B-3 war, wie schon beim AUDI 100/C-3, die Optimierung der Fahrzeugumströmung, um den bereits in der C-Klasse eingeschlagenen Weg richtungweisender Aerodynamik konsequent fortzusetzen. Die Reduzierung des Fahrwiderstandes durch Verringerung der Luftwiderstandskraft ist nämlich eine sehr effektive Maßnahme zur Kraftstoffeinsparung; außerdem wird das Niveau der Strömungsgeräusche und der Fahrleistungen positiv beeinflußt.

UNTER BERÜCKSICHTIGUNG von weiteren wesentlichen Gesichtspunkten wie z.B. Komfort, Sicherheit, Fertigungskosten und Anmutung, wurde letztlich ein Luftwiderstandsbeiwert von $c_w = 0.29$ als Ziel festgelegt. Dies bedeutet eine 25% ige Verbesserung gegenüber dem Vorgängermodell.

DIE VORGEHENSWEISE der Entwicklung wurde vom AUDI 100/C-3 übernommen, d.h.

- □ Optimierung eines Grundkörpers
- □ Erarbeitung eines Grundmodells
- □ Entwicklung eines Stylingmodells
- □ Feinabstimmung an den Prototypen.

DER GRUNDKÖRPER wurde unter Beachtung der Hauptdimensionen für den B-3 nach rein aerodynamischen Gesichtspunktem im Maßstab 1:4 entwickelt. Der Boden war hier noch glatt, die Räder und Radhäuser wurden genau wiedergegeben.

DIE TEILWEISE einander widersprechenden Anforderungen und Wünsche von Styling, Konstruktion, Komfort, gesetzlichen Vorschriften und Aerodynamik wurden in mehreren Optimierungsrunden in den Grundkörper eingearbeitet und ergaben so das Grundmodell für die stilistische Überarbeitung.

NACH DIESEN beiden Stufen der Formoptimierung begann nun die Detailoptimierung; hierbei wurden Forderungen von Fertigung, Entwicklung und Styling eingearbeitet, wodurch der Luftwiderstandsbeiwert – verglichen mit den vorhergehenden Entwicklungsstufen – verständlicherweise verschlechtert wurde.

DAS STYLINGMODELL hatte ohne Kühlluftdurchströmung mit B-2-Boden $c_w = 0.267$. Mit dem in diesem c_w-Bereich schon als sehr knapp zu bezeichnenden Zuschlag von $\triangle c_w = +0.04$ für Kühlung, Spiegel, fehlende Außenausstattung, Toleranzen etc. ergab sich die Aufgabe, c_w-Maßnahmen zu erarbeiten, mit denen das Ziel $c_w = 0.29$ zu erreichen war.

BEI ENTSCHIEDENEM Außenstyling sind die Möglichkeiten auf Anbauteile und deren aerodynamisch günstige Gestaltung beschränkt. Durch sorgfältige Optimierung

von Außenspiegel, Kühlluftführung, S schutzkapsel unter Motor und Get sowie durch konsequente Überwachun aerodynamisch relevanten Toleranze den verschiedenen Prototypen-Baust konnte das geforderte Ziel erreicht we

DIE ÜBERPRÜFUNG an 3 Serienfahrze mit 1.6 l-Motor, Bereifung 175/70 S Radblenden, geschlossenem Bugschü ziergitter und einem Außenspiegel erga Konstruktionslage im Wolfsburger V kanal $c_w = 0.289$ als Mittelwert bei je 3 Messungen pro Fahrzeug mit Anst

geschwindigkeiten v = 120, 140, 160 k

EINE ZUSÄTZLICHE Untersuchung größten europäischen Windkanal Holland (DNW = Deutsch-Niederländis Windkanal) zeigte noch bessere Ergebni unter den o.g. Meßbedingungen war 0.282 der Mittelwert.

HINSICHTLICH FORM- und Konstrukt merkmalen ist die Verwandschaft des A 80/B-3 mit dem AUDI 100/C-3 deutlic erkennen (siehe AUDI-Dokumenta "Die Aerodynamik des neuen AUDI 100"

DER RUNDE Grundzug, die Neigung Front- und Heckscheibe, die Gestaltung

DER AUDI 80. VORSPRUNG

THE NEW AUDI 80 STARTS FROM UNDER £10,000 BROCHURES AND PRICE LISTS FROM AUDI INFORMATION SERVICE, YEOMANS DRIVE, BLAKELANDS, MILTON KEYNES MK14 5AN (0908) 679121 EXPORT AND FLEET SALES, 95 BAKER ST, LONDON W1M 1FB 01-4

und die optimierte Heckober -und ...rkante sind die wesentlichen Merkmale ...guten aerodynamischen Grundform. ...Konstruktionsmerkmale können Bug... ...rze, Kühlluftführung, Außenspie- ...staltung, flächenbündige Verglasung, ...schürze, Heckklappenhinterkante, ...lenden und integrierte Regenrinnen ...nt werden.

...RODYNAMISCHE KENNWERTE DES AUDI 80/B-3

...ß der Anströmgeschwindigkeit

...EUTSCH-NIEDERLÄNDISCHEN Wind- ...l wurde der Einfluß der Anströmge- ...indigkeit auf den Luftwiderstands- ...ert bestimmt. Im relevanten höheren ...hwindigkeitsbereich ist der Luftwider- ...sbeiwert praktisch unabhängig von der ...römgeschwindigkeit.

...dynamische Kräfte und Momente

...DEFINITIONSGLEICHUNG für die ...te lautet: $K_i = \varrho/2 \; v^2 \; c_i \; \bar{A}$

$i \ldots$ T = Tangentialkraft,
W = Widerstandskraft,
S = Seitenkraft,
A = Auftriebskraft.

FÜR DIE Momente gilt:
$$M_i = \varrho/2 \; v^2 \; c_i \; \bar{A} \; r$$
mit

$i \ldots$ L = Rollmoment,
M = Nickmoment,
N = Giermoment.

DIE BEZUGSFLÄCHE ist $\bar{A} = 1.91 \; m^2$, die Bezugslänge beträgt r = 2.544 m (Radstand). ϱ bedeutet die Luftdichte und v die Geschwindigkeit.

DRUCKVERLAUF IM LÄNGSMITTEL- SCHNITT

DIE DRÜCKE wurden an der Fahrzeugober- fläche des AUDI 80/ B-3 im Längsmittel- schnitt gemessen. 59 Druckmeßbohrungen lagen auf der Fahr- zeugoberseite, 23 auf der Unterseite, wobei im Bereich des Mittelbodens die Bohrungen etwas außermittig am Tunnel- rand angeordnet waren.

DER DIMENSIONSLOSE Druckbeiwert als Verhältnis von örtlicher statischer Druckdifferenz zum Anströmstaudruck ist für verschiedene Schiebewinkel auf getragen.

DIE c_p-WERTE des AUDI 80/B-3 zeigen den charakteristischen Verlauf eines aero- dynamisch guten Stufenheckfahrzeugs mit stärkerem Druckanstieg am Heck.

FÜR DEN bei Schräganströmung meist interessierenden Schiebewinkelbereich bis $\beta = 20°$ weichen die Druckverläufe nur wenig voneinander ab.

EINFLUSS VON GEÖFFNETEN SEITENSCHEIBEN, SCHIEBEDACH UND DACHTRÄGER

GEÖFFNETE SEITENSCHEIBEN wirken sich auf den c_w-Wert unterschiedlich aus, je nach Zusammenspiel von Fensteröffnung und Spiegel sowie eventueller Schräganströmung.

An dem gemessenen Fahrzeug war ein Außenspiegel links montiert.

DIE AUFTRIEBSVERÄNDERUNG ist ver- nachlässigbar klein.

DAS SCHIEBE-HEBE-DACH beeinflußt den Widerstandsbeiwert nur bei der Hubstel- lung erheblich.

$\triangle c_w = 0.015$ ist der Zuschlag für maximale Hubstellung, während sich für das voll geöffnete Schiebedach nur $\triangle c_w = 0.003$ ergibt.

DIE AUFTRIEBE an Vorder- und Hinter- achse ändern sich nur unwesentlich.

DIE FÜR den AUDI 80/B-3 neu entwickel- te Dachträger mit profiliertem Quer- träger verschlechtert den Luftwiderstands- beiwert um

$$\triangle c_w = 0.033.$$

DIE ÄNDERUNG der Auftriebsbeiwerte beträgt

$$\triangle c_{AV} = 0,$$
$$\triangle c_{AH} = -0.03.$$

TO FULLY understand 'Vorsprung durch Technik' you need a fine grasp of German and the mind of a German engineer. However, you can experience it simply by driving the new Audi 80.

1. Wie finden Sie diese Anzeige? Kreuzen Sie bitte an und begründen Sie Ihre Meinung.

	sehr	ein wenig	gar nicht
informativ			
ästhetisch ansprechend			
zum Kauf motivierend			
langweilig			
primitiv			
aggressiv			
originell			
klischeehaft			
glaubwürdig			
witzig			

2. Diese Anzeige erschien in englischen Tageszeitungen. Die meisten Leser der Zeitungen können natürlich kein Deutsch. Und auch wer Deutsch kann, kann das technische Fachdeutsch kaum verstehen.

Schreiben Sie bitte eine kurze Notiz auf deutsch, in der Sie einem deutschen Geschäftspartner erklären, warum in dieser Anzeige fast nur deutscher Text vorkommt.

C2

F

1. Lesen Sie bitte den folgenden Text. Ergänzen Sie die fehlenden Satzzeichen (, . : „ ") und Großbuchstaben.

man traute seinen augen kaum in den seriösen englischen tageszeitungen fand man eine ganze seite voll mit deutschem text bis in die kleinsten einzelheiten wurden technische probleme so erörtert daß der leser selbst wenn er in der schule deutsch gelernt hätte sie nicht verstanden hätte nur das produkt der produzent und drei deutsche wörter prägten sich ihm ein vorsprung durch technik auch in der fernsehwerbung hörte er sie vorsprung durch technik diese werbung hatte folgen als reaktion auf sie sah man beispielsweise in einem fernsehspot im britischen fernsehen zwei deutsche in einem englischen auto durch stuttgart fahren und sich auf deutsch über die vorzüge dieses wagens unterhalten und als 1986 bei einer umfrage englische schüler die nicht deutsch lernten deutsche wörter nennen sollten schrieb einer veurch prung durk technick

2. Stehen die folgenden Aussagen im Text?

a) In den Tageszeitungen erschienen Anzeigen, die zur Hälfte in deutscher Sprache verfaßt waren.

b) Wer in der Schule Deutsch gelernt hat, kann den Text der Anzeige verstehen.

c) Eine englische Konkurrenzfirma verwendete in der Werbung ebenfalls die deutsche Sprache.

1. Der folgende Text besteht aus Werbesprüchen.   **D1**

Schauen Sie sich bitte die einzelnen Zeilen an und überlegen Sie, für welches Produkt sie jeweils werben könnten. Hier sind einige Anregungen:

Auto / Ferienreise / Kaffee / Mundwasser / Parfüm / Reinigungsmittel / Schallplatten / Strumpfhosen / Waschmittel / Weichspülmittel / Zigaretten

---

Ein Jahr Garantie

Du hast die Waffen einer Frau
preiswert im Verbrauch
Schluß mit dem blöden Alltagsgrau
oh, so mild im Rauch

Du bist so ohne Mundgeruch
Du bist strahlend weiß
das Beste ist grad gut genug
jetzt zum Minipreis

Du hast noch ein Jahr Garantie
Du bist streichelweich
Du bist so faltenfrei am Knie
kalorienreich, ja, kalorienreich,
ja, kalorienreich

So praktisch mit dem Drehverschluß
gehst du meilenweit
mit stark verfeinertem Genuß
immer griffbereit

Du bist auch mono abspielbar
und mit Plattformat
Du bist erfrischend fensterklar
bis zu 60 Grad

Du hast noch ein Jahr Garantie
Du bist streichelweich
Du bist so faltenfrei am Knie
kalorienreich, ja, kalorienreich,
ja, kalorienreich

Bernhard Lassahn

---

2. Unterstreichen Sie bitte alle zusammengesetzten Adjektive und versuchen Sie, eine englische Entsprechung für sie zu finden.

D2 Bilden Sie bitte zusammengesetzte Adjektive (die Zahl der möglichen Kombinationen ist jeweils in Klammern angegeben) und erklären Sie sie auf englisch. Arbeiten Sie evtl. mit dem Wörterbuch.

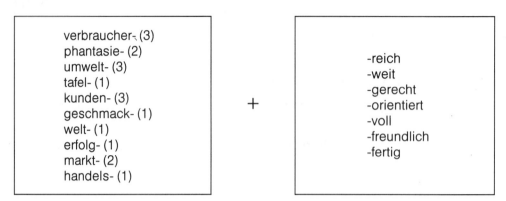

verbraucher- (3) phantasie- (2) umwelt- (3) tafel- (1) kunden- (3) geschmack- (1) welt- (1) erfolg- (1) markt- (2) handels- (1)	+	-reich -weit -gerecht -orientiert -voll -freundlich -fertig

E *möglich, möglichst*

1. Vervollständigen Sie bitte den letzten Teil der folgenden Übersicht:

as ... as possible / the ... possible

möglichst is used:

1. to qualify a verb

   etwas *so* schnell *wie möglich* machen
   etwas *möglichst* schnell machen

2. to qualify a noun phrase or noun group

   ein *möglichst* guter Service
   möglichst einfache Formulare

In noun phrases with a definite article certain adjectives are formed using the suffix *-möglich* added to the superlative.

Example: der *bestmögliche* Service

(gut) _____

(groß) _____

(hoch) _____

(nahe) _____

(schnell) _____

2. Übersetzen Sie bitte:

a) The consumers needed as detailed information as possible.

b) Could you please reply as soon as possible.

c) You should reserve your stand as early as possible.

d) We offer the widest possible choice.

e) The instructions should be as clear as possible.

Jung, dynamisch, frisch - so sieht man sie jeden Tag: Jugendliche in der Werbung. **F1**
Da möchte man auch gerne so sein - oder?

Was sagen die „echten" Jugendlichen dazu? JUGENDSCALA fragte junge Leute in München.

Peter Thaler (16):

Die Werbung wird immer besser und selbstkritischer. Es gibt heute viele Anzeigen in Zeitschriften oder Werbespots im Fernsehen, die intelligent gemacht sind. Aber Jugendwerbung ist meistens albern.

Barbara Kohl (17):

Wenn ich Kleider kaufe, richte ich mich nicht nach Werbesprüchen. Wenn ich eine gute, witzige Anzeige sehe, dann stelle ich mir manchmal vor, mitten unter diesen jungen Leuten zu sein, die da fotografiert werden. Das würde mir Spaß machen.

Stefan Girschner (17):

Werbung für junge Mode spricht mich an, weil der neueste Trend gezeigt wird. Danach kann ich mich dann richten. Ich finde, man sollte weniger Geld für Werbung ausgeben und dafür lieber sachlich informieren.

Jona Wagner (16):

Die jungen Leute in der Werbung wirken oft sehr nett. Manchmal kann ich mir sogar vorstellen, daß es Freunde von mir sind. Trotzdem lasse ich mich von der Werbung nicht einfangen.

Alexander Winterstein (19):

Die Reklame für Jugendliche zeigt nie kommende Trends. Sie benutzt nur aktuelle Klischees. Die Jugend wird in der Werbung idealisiert.

Mathias Hagen (17):

Ich finde die Reklame insgesamt sehr amüsant. Manchmal sage ich mir: „So etwas würde ich auch gerne machen". Ich will Journalist werden und auch in der Werbung arbeiten. Darum schaue ich nur, ob die Reklame gut gemacht ist. Ich finde es richtig, daß Reklame mit schönen Männern und Frauen arbeitet. Warum nicht, man schaut doch hin. Identifizieren kann ich mich mit diesen Leuten aber nicht.

Sisi Reiß (16):

Mit den jungen Leuten auf den Werbefotos oder in Werbespots kann man sich identifizieren. Ich richte mich meist nicht nach der Werbung. Aber im Unterbewußtsein folgt man bestimmt mehr der Werbung, als man zugeben will.

Robert Krüger (18):

Wenn Werbung informiert - auch das gibt es ja manchmal -, dann finde ich sie gut. Aber Zigarettenwerbung zum Beispiel finde ich sinnlos und unnötig, obwohl ich selbst Raucher bin. Ich meine, es sollte überhaupt keine Reklame geben.

Verena Keller (16):

Ich kann mir schon vorstellen, daß ein schlechtes Produkt durch eine gute Reklame sympathischer wird. Wenn ich eine lustige Reklame sehe, ist es mir egal, ob sie für ein gutes oder ein schädliches Produkt (z.B. Zigaretten) wirbt.

1. Suchen Sie bitte im Text auf S. 21 die deutschen Entsprechungen zu diesen Aussagen.

a) Advertising appeals to me.

b) I think it's right that commercials use attractive men and women.

c) I don't think that advertising should be allowed.

d) I would enjoy that.

e) I don't go according to the advertising slogans.

f) Less money should be spent on advertising.

g) Advertising aimed at young people is usually silly.

h) You can identify with the young people in the ads.

i) I don't let myself be taken in by advertising.

j) Subconsciously one is definitely more influenced by advertising than one is prepared to admit.

Beispiel:

Aussage a) gehört zu dem Text von S. Girschner.
Aussage a) kommt von S. Girschner.

2. Welchen Aussagen stimmen Sie zu?

F2

F

1. Das nebenstehende Bild stammt aus einer Anzeige. Wofür könnte mit ihr geworben werden? Begründen Sie bitte Ihre Vermutung.

Sie können dabei die folgenden Redemittel verwenden:

Ich finde, ...	Man könnte meinen, ...
Ich meine, ...	Man könnte glauben, ...
Ich glaube, ...	Es könnte sein, ...
Ich denke, ...	Man könnte annehmen, ...
	Man könnte der Auffassung sein, ...
Ich bin der Meinung, ...	Vielleicht ...
Ich bin der Ansicht, ...	
Meiner Meinung / Ansicht nach ...	Ich bin (jedoch) nicht der Meinung, ...
Ich habe den Eindruck, ...	Ich glaube (aber) nicht, ...
Ich habe das Gefühl, ...	Man sollte (dennoch) nicht einfach glauben, ...
Ich stehe auf dem Standpunkt, ...	Man könnte im Gegensatz dazu annehmen, ...
	Ich halte es für unwahrscheinlich, daß ...
	Ich kann mir nicht vorstellen, daß ...

2. Ihr Lehrer nennt Ihnen jetzt den Auftraggeber dieser Anzeige.
Versuchen Sie bitte, eine Überschrift für sie zu finden.

3. Ihr Lehrer zeigt Ihnen nun die Originalüberschrift.
Wie finden Sie diese Anzeige? Begründen Sie bitte Ihre Meinung.

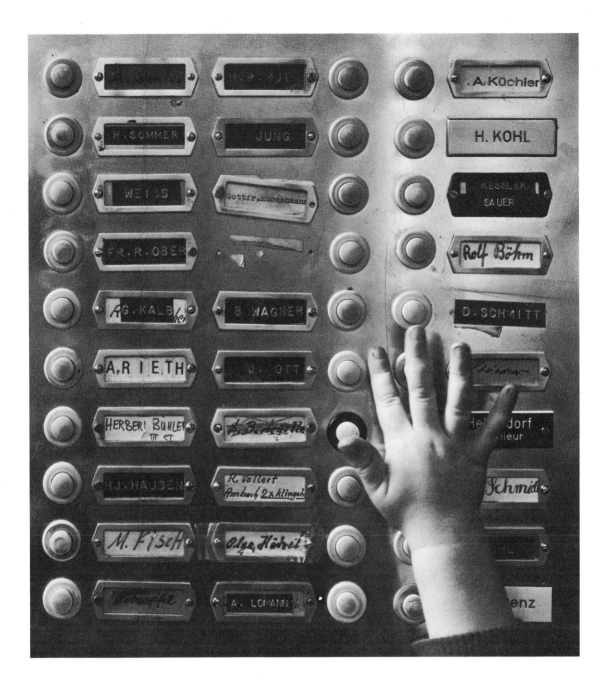

4. Versuchen Sie bitte, anhand der folgenden Stichpunkte werbewirksame Argumente zu formulieren.

Größe der Wohnung   Nachbarn   Garten   Wohnblocks   Kinder   keine Zwänge

---

Beispiel:
Rockmusik hören, ohne die Nachbarn zu stören — wäre das nicht schön?

F3 **1. Lesen Sie bitte die folgenden Werbesprüche für Dosenmilch.**

2. Hier reimt es sich! Ergänzen Sie bitte die folgenden Sprüche.

Eine Party ohne _____
ist wie ein Stierkampf ohne Stier

Ein Schuh ohne Leder
ist wie ein Indianer ohne _____

Freitag ohne Fisch
ist wie ein Stuhl ohne _____

Ein Tag ohne _____
ist wie Strom ohne Leitung

3. Versuchen Sie bitte, nach dem gleichen Muster andere Sprüche zu finden.

4. Sammeln Sie aus Zeitschriften und Illustrierten Werbeanzeigen mit Bildern. Entfernen Sie die Schrift. Tauschen Sie die Bilder untereinander aus und erfinden Sie Werbeslogans.

5. Inwiefern unterscheiden sich britische/irische und bundesdeutsche Werbung? Wie ist die Situation in den anderen deutschsprachigen/europäischen Ländern? Stellen Sie bitte Vermutungen an, wenn Sie nicht über eigene Erfahrungen oder Eindrücke verfügen.

1. Versuchen Sie bitte, mit Hilfe der Zeichnung die Überschrift des Textes zu entschlüsseln.

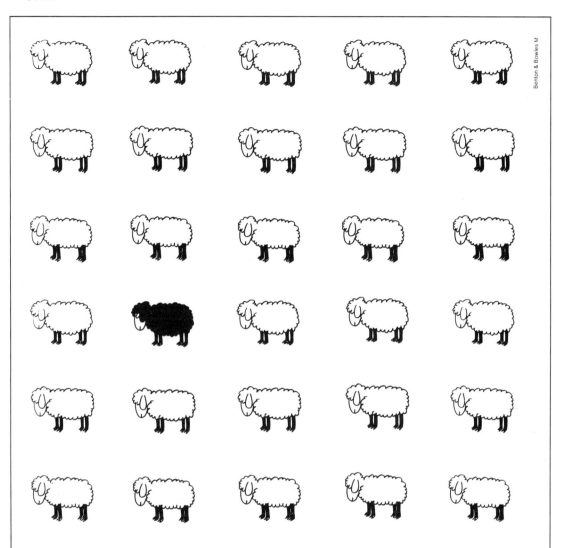

2. Markieren Sie bitte im Anzeigentext auf S. 25 die Stellen, die den unterstrichenen Passagen des folgenden englischen Textes entsprechen.

The advertising profession acknowledges that in a market economy such as exists in the Federal Republic of Germany, consumer interests cannot be ignored. The black sheep who strays must be brought back into the fold immediately.

For this reason a self-monitoring body, the German Advertising Council, was founded some time ago which, like the Advertising Standards Authority in Britain, keeps a watchful eye that standards in honesty and decency in advertising are maintained.

G   **Messen**

*Das Gebäude
der BAUMA
in München*

1. Lesen Sie bitte den ganzen Text (ohne Wörterbuch).

Messen in der Bundesrepublik

Die seit Jahren anhaltende gute Messekonjunktur in der Bundesrepublik Deutschland hielt 1988 unvermindert an und verstärkte sich noch. Der Veranstaltungskalen
5 der des Ausstellungs- und Messe-Ausschusses der Deutschen Wirtschaft (AUMA) in Köln (Lindenstr. 8, 5000 Köln 1) nennt etwa 150 Messen und Ausstellungen von überregionaler Bedeutung in der Bundesre
10 publik und West-Berlin.

Zeigte sich in der Vergangenheit die Messewirtschaft weitgehend unempfindlich gegenüber Konjunkturentwicklungen, so ist nun festzustellen, daß das überraschend
15 hohe Wirtschaftswachstum im letzten Jahr auch das Messeklima positiv beeinflußt hat. Die Zahl der Aussteller ist 1988 bei den internationalen Messen in der Bundesrepublik Deutschland um 8,7% auf 99 917
20 gestiegen. Die Zahl der Besucher erreichte 7,86 Mio. Der hohe Anteil ausländischer Besucher (der Anteil der Ausländer lag bei den Ausstellern bei 41,3%) ist ein deutliches Indiz für die internationale Spitzenpo
25 sition der deutschen Messen.

Zu den wichtigsten Messestädten zählen Hannover (471 770 m² Hallenkapazität), Frankfurt (244 000 m²), Köln (230 000 m²), Düsseldorf (161 000 m²) und München
30 (105 000 m²). Auf diese fünf Städte entfallen mehr als 80% der Veranstaltungen. Und hier sind auch die bedeutendsten Ausstellungen angesiedelt, z. B. die Industriemesse, die größte Investitions- und Ge
35 brauchsgüterschau der Welt (Hannover), die Buchmesse (Frankfurt, größte Buchmesse für britische Verlage; auf der Frankfurter Buchmesse stellen bedeutend mehr britische Verlage aus als auf der Londoner
40 Buchmesse), die Allgemeine Nahrungs- und Genußmittel-Ausstellung (ANUGA, Köln), die Internationale Messe Druck und Papier (DRUPA, Düsseldorf) oder die Internationale Baumaschinen-Messe (BAUMA,
45 München). Zunehmendes Interesse wurde in den letzten Jahren besonders für den Bereich der Informations- und Kommuni

kationstechnik gezeigt. So bie
beispielsweise seit 1986 ein
50 anstaltung zu diesem Fachgebiet an
BIT-Welt-Centrum der Büro-, Informations- und Telekommunikationstechnik).

Das EG-Thema hat zahlreiche messepolitische Diskussionen des letzten Jahres be
55 herrscht. Die Vereinheitlichung des europäischen Marktes ist für die bundesdeutsche Wirtschaft von großer Bedeutung, schließlich wickelt sie 50% ihres Außenhandels mit Ländern der EG ab.
60 Aber die Multinationalität der deutschen Messen bietet auch für Unternehmen außerhalb der EG und vor allem außerhalb Europas günstige Voraussetzungen, um den EG-Markt zentral zu erschließen.

65 Insgesamt gesehen ist in den nächsten Jahren von einem stärkeren Wettbewerb der europäischen Messen und Messeplätze untereinander auszugehen. Eine erneut aufkeimende Entwicklung zu kleinen Messen
70 mit enger Zielgruppendefinition dürfte sich daraus nicht ergeben. Die bisherigen Zahlen belegen vielmehr, daß das Vertrauen der Wirtschaft in umfassende Branchenmessen weiterhin ungebrochen bleibt.

75 Auffällig ist der starke Anstieg der Messebeteiligung von Ausstellern aus Asien. Insbesondere einige ostasiatische Länder wie Indonesien, Malaysia, Singapur und Thailand haben die bundesdeutschen Messen
80 geradezu entdeckt und hatten 1988 einen Ausstellerzuwachs von mehr als 30%. Auch Taiwan konnte die Beteiligungszahl noch einmal deutlich steigern und ist nun mit 1000 Ausstellern größter asiatischer Aus
85 steller auf deutschen Messen vor Japan. Allerdings ist zu berücksichtigen, daß inzwischen zahlreiche japanische Unternehmen ihre Messebeteiligungen in der Bundesrepublik über ihre deutschen Tochtergesell
90 schaften abwickeln, die dann nicht als Ausländer registriert werden.

Zusammengestellt nach: AUMA Bericht '88

2. Lesen Sie bitte den Text ein zweites Mal, gehen Sie jetzt absatzweise vor, halten Sie auf deutsch in Stichworten fest, worum es im wesentlichen geht.

Fassen Sie bitte auf englisch zusammen, was im Text zu den folgenden Stichpunkten gesagt wird:

— the boom of fairs and exhibitions in the FRG
— their location and number
— the participation of other countries.

G2 **1. In den folgenden Schaubildern werden jeweils Aussteller, Besucher und Umsatz der größten Messeplätze der Bundesrepublik Deutschland angegeben. Zwei dieser drei Informationen werden auch im Text von G1 erwähnt. Welche?**

DIE GROSSEN MESSEN

Vergleichsdaten der fünf größten Ausstellungsorte in der Bundesrepublik 1989

Frankfurt

Zahl der Aussteller:
32.482
Besucher:
2,6 Millionen
Umsatz in D-Mark:
329,4 Millionen

München

Zahl der Aussteller:
21.341
Besucher:
1,9 Millionen
Umsatz in D-Mark:
156 Millionen

Hannover

Zahl der Aussteller:
18.800
Besucher:
2,3 Millionen
Umsatz in D-Mark:
317 Millionen

Düsseldorf

Zahl der Aussteller:
22.756
Besucher:
1,6 Millionen
Umsatz in D-Mark:
274 Millionen

Köln

Zahl der Aussteller:
18.364
Besucher:
1 Million
Umsatz in D-Mark:
209 Millionen

Es ist zu beachten, daß die Daten zum Teil erheblichen Schwankungen unterliegen, da einige Messen und Ausstellungen nicht jedes Jahr stattfinden.

2. Schreiben Sie bitte einen Text, der die Informationen aus den Schaubildern wiedergibt.

Um Rangordnungen auszudrücken, können die folgenden Strukturen benutzt werden:

an der Spitze liegen / stehen
an erster, zweiter, dritter usw. Stelle liegen / stehen / folgen
auf Platz zwei, drei usw. folgt ...
der / die / das größte, zweitgrößte, drittgrößte usw. ...

Der Text beginnt:

Was die Zahl der Aussteller betrifft, so liegt Frankfurt mit 32 482 an erster Stelle, gefolgt von ...

Tragen Sie bitte die Orte, an denen die folgenden Messen stattfinden, in die Karte ein. **G3**
Achten Sie dabei auf die Symbole in G2. (Tip: auf Seite 8 finden Sie eine Landkarte.)

ANUGA (Allgemeine Nahrungs- und Genußmittel-Ausstellung), Köln
Deutsche Boots-Ausstellung, Hamburg
Frankfurter Buchmesse
HANNOVER MESSE Industrie
Hannover Messe CeBIT
IGEDO – Internationale Modemesse, Düsseldorf
Internationale Automobilausstellung, Frankfurt
Internationale Bodenseemesse, Friedrichshafen
Internationale Lederwarenmesse, Offenbach
Internationale Frankfurter Messe
Internationale Grüne Woche, Berlin
Internationale Möbelmesse, Köln
Internationale Saarmesse, Saarbrücken
Internationale Spielwarenmesse, Nürnberg
Internationale Tourismus-Börse, Berlin
Interstoff, Frankfurt
Inter-Tabak, Dortmund
Leipziger Messe
Photokina, Köln
Telematica, Stuttgart

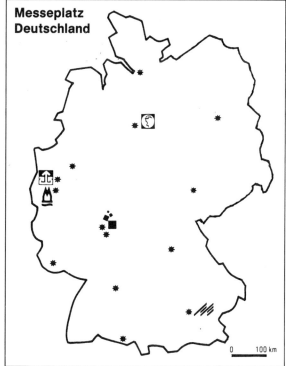

Messeplatz
Deutschland

0   100 km

Quelle: AUMA-Ratgeber

H1 1. **Lesen Sie bitte den Text und markieren Sie alle Ihnen unbekannten Wörter.**

Messen und Fachausstellungen

Bei der Förderung des Warenaustausches über die Grenzen spielen internationale Messen und Fachausstellungen eine besondere Rolle. Sie können ihre Aufgabe aber
5 nur erfüllen, wenn sie tatsächlich „international" sind – in der Struktur der Aussteller- und der Nachfrageseite, in der Vollständigkeit des jeweiligen Branchenangebots und in der Präsenz der Einkäufer
10 und Fachbesucher aus allen wesentlichen Märkten. Auf den jährlich rund 150 internationalen Fachmessen (Zutritt in der Regel nur für Fachbesucher mit Legitimation) in der Bundesrepublik sind diese Kriterien
15 erfüllt.

Internationale Messen in unserem Land sind in der Tat „Drehscheiben" für multinationale Kontakte, Geschäfte, Plattform für weltweite Absatzförderung, Wettbe-
20 werbsbeobachtung, Kommunikation. Die Wirtschaft sieht ihre Beteiligung an solchen marktführenden Messen als wichtigen Bestandteil ihrer Marketingstrategie an. Ein solches „Branchenereignis" gibt Entschei-
25 dungshilfen für die mittel- bis langfristige Produktplanung, Handels- und Unternehmenspolitik.

Süddeutsche Zeitung

---

2. **Sie haben den Text sicher so weit verstanden, daß Sie ihm eine Überschrift geben können. Welche der folgenden drei Überschriften paßt zu diesem Text?**

Neue Strukturen für internationale Kontakte
Messen als Motor für den Export
Neue Marketingstrategien für Messen

3. Die schwierigen Passagen des Textes sind hier noch einmal aufgelistet.
Finden Sie bitte jeweils die richtige englische Entsprechung.

die Förderung des Warenaustauschs über die Grenzen
— the promotion of international trade
— the international transport of goods

in der Struktur der Aussteller- und der Nachfrageseite
— in the structure of the exhibitions and subsequent services
— as far as both the exhibitors and the buyers are concerned

die Vollständigkeit des jeweiligen Branchenangebots
— the areas in question should be comprehensive
— all the products of the area in question should be represented

diese Kriterien sind erfüllt
— these criteria are set out
— these conditions are complied with

eine Drehscheibe
— a platform
— a roundabout

die Wirtschaft sieht ihre Beteiligung als wichtigen Bestandteil ihrer Marketingstrategie an
— industry regards participation as one of the most important elements of its marketing strategy
— marketing strategy is, in the eyes of industry, one of the most important elements for success

30

Messen geben Entscheidungshilfen für die mittel- bis langfristige Produktplanung
— in the medium and long term production has to be planned according to the fairs
— the fairs help firms to decide how to plan production in the medium and long term

4. Lesen Sie jetzt bitte den Text noch einmal.

1. Lesen Sie bitte den folgenden englischen Text.   **H2**

This schedule is useful for companies intending to participate in a trade fair	
Activities	Months before the fair
1. Determine entire budget	12–15
2. Reserve stand	12–15
3. Request estimate for cost of stand construction	12
4. Compile a detailed schedule	11
5. Make necessary travel arrangements	8
6. Order exhibition furnishings	6–8
7. Negotiate delivery dates	8
8. Prepare documentation	6
9. Make hotel reservations	6
10. Translate documentation	5
11. Prepare advertising	6
12. Draw up list of addresses	4
13. Request estimate for printing costs	4
14. Dispatch invitations	1

Für eine solche Auflistung von Tätigkeiten könnte man im Deutschen auch den **Nominalstil** benutzen.

Zur Nominalisierung vieler Verben kann die Nachsilbe *-ung* verwendet werden.

Beispiel:
reservieren   die Reservierung
aufstellen   die Aufstellung

2. Formulieren Sie bitte die Vorbereitungen für die Teilnahme an einer Messe auf deutsch, indem Sie die Verben nominalisieren und die Ergänzungen aus der nachstehenden Liste benutzen.

1. festsetzen _____ _____
2. reservieren _____ _____
3. anfordern *Anforderung* _____ *des Voranschlags für den Aufbau des Standes*
4. aufstellen _____ _____
5. vorbereiten _____ _____
6. reservieren _____ _____
7. verhandeln _____ _____
8. vorbereiten _____ _____
9. buchen _____ _____
10. übersetzen _____ _____
11. vorbereiten _____ _____
12. aufstellen _____ _____
13. anfordern _____ _____
14. verschicken _____ _____

1. Gesamtbudget	6. Ausstellungsmobiliar	11. Werbeanzeigen
2. Standplatz	7. Spediteur/Liefertermine	12. Adressenlisten
3. Voranschlag/Aufbau/Stand	8. Dokumentation	13. Voranschläge/
4. detaillierter Kalender	9. Hotelzimmer	Druckarbeiten
5. Reise/Genehmigungen	10. Dokumentation	14. Einladungen

H3 **Lesen Sie bitte den Text und markieren Sie darin alle zusammengesetzten Wörter.**

Information für Ihre Besuchsplanung

Termin, Ort und Öffnungszeiten:

Von Samstag, den 12. Oktober, bis Donnerstag, den 17. Oktober. Täglich von 9.00 bis 18.00 Uhr. Messegelände Köln-Deutz.

Eintrittskarten:
Wer vorher kauft, spart Geld. Und Zeit. Keine Wartezeiten an den Kassen! In der Bundesrepublik Deutschland gibt es die Eintrittskarten im Vorverkauf über Industrie- und Handelskammern, Handwerkskammern und Fachverbände, im Ausland bei den Vertretungen der Kölner Messegesellschaft.

Vorverkauf: Messekasse:
Einmalkarte DM 16,—   Einmalkarte DM 25,—
Dauerkarte DM 30,—   Dauerkarte DM 45,—

Dolmetscher:
Für Ihre Informations- und Kaufgespräche stehen Dolmetscher kostenlos zur Verfügung.

Messe- u. Ausstellungsgesellschaft Köln

---

der Vorverkauf	advance booking
der Fachverband	trade/professional association
die Industrie- und Handelskammer	Chamber of Industry and Commerce
die Dauerkarte	season ticket
der Dolmetscher	interpreter

Fugen-s   H4

1. Bei einem Teil der von Ihnen markierten zusammengesetzten Wörter ist ein *s* eingefügt, bei anderen nicht. Die meisten von ihnen passen in eine der vier folgenden Kategorien. **Ordnen Sie sie bitte zu und vervollständigen Sie die Regeln jeweils mit *with s* bzw. *without s*.**

a) The first word is a feminine noun and ends in *-heit, -keit, -ion, -schaft, -tät* or

   -ung: _____

b) The first word is a preposition, an adjective or an adverb: _____

c) The first word is a monosyllabic noun: _____

d) The first word is a masculine noun or a neuter noun with two or more

   syllables: _____

   There are several exceptions within this last category.

2. Mit oder ohne *s*? Ergänzen Sie bitte und ordnen Sie auch die folgenden Wörter den vier Kategorien (a-d) zu.

Rang...ordnung
Verkauf...förderung
Ausstellung...gelände
Publikum...zeitschrift
Direkt...werbung
Gesamt...auflage
Verkehr...mittel
Mit...bewerber
Packung...größe
Dekoration...material

Verkauf...personal
Landwirtschaft...minister
Gegen...argument
Schwer...punkt
Versuch...abteilung
Qualität...kategorie
Meinung...umfrage
Beratung...stelle
Dokumentation...stelle

I 1

F

1. **Ordnen Sie bitte die folgenden Textteile so, daß sich ein sinnvoller Text ergibt. Tragen Sie die entsprechenden Buchstaben in die nachstehenden Kästchen ein.**

A Im vergangenen Jahr wurden hierzulande 405 Ausstellungen veranstaltet, die Amerikaner brachten es dagegen nur auf rund 300 Messen.

B Auch die Nachbarländer in der EG liegen noch ein Stück zurück.

C Als 1948 in Frankfurt die erste Nachkriegsmesse eröffnet wurde, war die Nachfrage noch größer als das Angebot.

D Doch immer deutlicher zeigt sich nun, daß offenbar des Guten längst zuviel getan wurde.

E Selbst für die Experten in den Messeabteilungen der großen Firmen ist kaum noch zu erkennen, welche Ausstellungen für ihr Unternehmen wichtig und welche überflüssig sind.

F Inzwischen haben die Deutschen mit ihrem Messeeifer alle anderen Nationen abgehängt.

Der Spiegel

1	2	3	4	5	6
C					

2. **Welche Wörter im Text haben Ihnen bei der Lösung der Aufgabe besonders geholfen? Markieren Sie bitte diese Wörter.**

3. **Welche Funktion haben diese Wörter Ihrer Ansicht nach? (Sie können Ihre Antwort auf englisch formulieren.)**

4. **Welche Entsprechung ist jeweils richtig?**

Die Amerikaner brachten es nur auf 300 Messen.
— In Amerika fanden nur 300 Messen statt.
— Die Amerikaner nahmen nur an 300 Messen teil.

Es wurde des Guten zuviel getan.
— Nur die besten Firmen nahmen an den Messen teil.
— Es wurden zu viele Messen veranstaltet.

Die Deutschen haben mit ihrem Messeeifer alle anderen Nationen abgehängt.
— Der Erfolg der deutschen Messen hängt von den Ausstellern aus anderen Ländern ab.
— Die Bundesrepublik steht bei der Zahl der Messen an erster Stelle.

Setzen Sie bitte die fehlenden Buchstaben ein. Sie erhalten dann vierzehn Wörter aus diesem Kapitel. Die Buchstaben in den numerierten Feldern ergeben ein weiteres Wort. 12

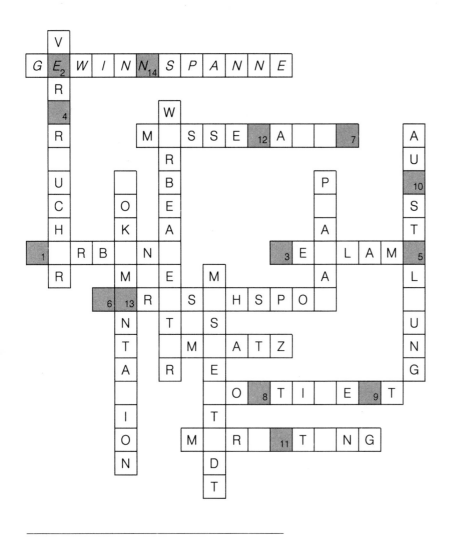

_____

13 Die folgende Seite soll Ihnen helfen, selbst eine systematische Auflistung wichtiger Lexik im Bereich „Werbung, Messen, Ausstellungen" zu erstellen. Sie haben damit die Möglichkeit, später auf einen Blick die wichtigsten Wörter und Ausdrücke aus diesem Kapitel wiederzufinden.

Notieren Sie bitte zu den folgenden Stichpunkten Wörter bzw. Ausdrücke aus dem gesamten Kapitel 1. Vergessen Sie bitte bei den Substantiven die Artikel nicht.

Werbeträger:

das Fernsehen

_____

_____

_____

_____

_____

Werbemittel:

die Anzeige

_____

_____

_____

_____

_____

Wörter oder Ausdrücke, in denen das Wort „Markt" vorkommt:

der Marktanteil

_____

_____

_____

_____

_____

_____

_____

_____

_____

Verben, die im Bereich „Werbung" wichtig sind:

inserieren

_____

_____

_____

_____

_____

_____

_____

_____

Wichtige Wörter (Substantive, Verben, Adjektive) für Messen und Ausstellungen:

der Messestand

_____

_____

_____

_____

_____

_____

_____

_____

Andere Wörter (Substantive, Verben, Adjektive), die Ihnen für das Thema „Werbung" bzw. „Messen und Ausstellungen" wichtig erscheinen:

ansprechend

_____

_____

_____

_____

_____

_____

_____

_____

_____

_____

_____

Kapitel 2

Handel

A **1. Wo würden Sie die folgenden Waren am liebsten kaufen?**

Obst	im Supermarkt
Fleisch	im Kaufhaus
Waschmittel	im Fachgeschäft
Kleidung	auf dem Markt
Haushaltsgeräte	

2. Begründen Sie bitte jeweils Ihre Entscheidung und verwenden Sie dabei die nachstehenden Redemittel.

Redemittel für Begründungen:

— Ich kaufe am liebsten im Supermarkt ein, *denn* ich habe nicht viel Zeit.
— Ich kaufe am liebsten im Supermarkt ein, *weil* ich nicht viel Zeit habe.
— *Da* ich nicht viel Zeit habe, kaufe ich am liebsten im Supermarkt ein.
— Ich habe nicht viel Zeit, *deshalb/deswegen/darum/daher* kaufe ich am liebsten im Supermarkt ein.
— Ich kaufe am liebsten im Supermarkt ein, ich habe *nämlich* nicht viel Zeit.

3. Erklären Sie bitte die Stellung der Verben in diesen fünf Sätzen.

B1 Sie finden hier einen Raster mit verschiedenen Ladentypen.
Lesen Sie die Definitionen in dem nachstehenden Text und kreuzen Sie bitte an, zu welchen Stichpunkten Angaben gemacht werden.

	Waren-angebot	Preise	Ladengröße	Verkaufs-methode	Geschäfts-lage	Park-plätze
Fachgeschäft						
Lebensmittel-SB-Laden						
Diskont-Handel						
Lebensmittel-SB-Markt						
Supermarkt						
Verbraucher-markt						
Warenhaus						
SB-Warenhaus						

Fachgeschäft: Einzelhandelsbetrieb, der Waren einer Branche mit ergänzenden Dienstleistungen anbietet, wobei in vielen Branchen das Bedienungsprinzip über-
5 wiegt.

Lebensmittel-SB-Laden: Einzelhandelsgeschäft, das Lebensmittel – aber häufig kein vollständiges Lebensmittelsortiment – in Selbstbedienung anbietet.

10 **Diskonthandel – auch als Discounthandel bezeichnet:** Form des Einzelhandels, bei der ein auf raschen Umschlag ausgerichtetes Sortiment von Waren zu niedrig kalkulierten Preisen angeboten und auf Dienst-
15 leistungen weitgehend verzichtet wird.

Lebensmittel-SB-Markt: Lebensmittel-Selbstbedienungsgeschäft, in dem auch die Frischwarensortimente einschließlich Frischfleisch geführt werden, mit 250 bis
20 400 qm Verkaufsfläche.

Supermarkt: Lebensmittel-Selbstbedienungsgeschäft, das überwiegend Lebensmittel einschließlich der Frischwarengruppen sowie in der Regel umfangreiche Sorti-
25 mente an Ver- und Gebrauchsgütern anbietet, mit einer Verkaufsfläche von mindestens 400 qm.

SB-Center (auch Verbrauchermarkt): Einzelhandelsgeschäft, das überwiegend in
30 Selbstbedienung Güter des kurz- und mittelfristigen Bedarfs anbietet, wobei nicht mehr als 50 Prozent der Verkaufsfläche auf den Lebensmittelbereich entfallen. SB-Center verfügen über 1500 und mehr qm
35 Verkaufsfläche, über Service-Betriebe sowie in der Regel über Kundenparkplätze.

Warenhaus: Einzelhandelsgroßbetrieb, der in verkehrsgünstiger Geschäftslage Waren aus zahlreichen Branchen – Bekleidung,
40 Textilien, Hausrat, Möbel sowie Nahrungs- und Genußmittel – anbietet. Die Verkaufsmethode reicht von der zum Beispiel im Textilbereich vorherrschenden Bedienung bis zur Selbstbedienung, zum Beispiel bei
45 Lebensmitteln.

SB-Warenhaus: Einzelhandelsgeschäft, das überwiegend in Selbstbedienung Güter des kurz-, mittel- und langfristigen Bedarfs anbietet. In der Regel verfügen SB-Waren-
50 häuser über 4000 qm und mehr Verkaufsfläche, und neben zahlreichen Service-Betrieben ist eine ausreichende Anzahl an Parkplätzen vorhanden.

Lebensmittel-Zeitung

— GLOSSAR —

das Fachgeschäft	specialist shop	**Verbrauchsgüter**	non-durables
der Einzelhandel	retail trade	**(Güter des**	
die Dienstleistung	service	**kurzfristigen Bedarfs)**	
(einen Kunden)	to serve (a customer)	**Gebrauchsgüter**	durable consumer goods
bedienen		**(Güter des**	
überwiegen	to predominate	**langfristigen Bedarfs)**	
ein vollständiges	a complete range	**entfallen auf**	to be apportioned to
Sortiment		**verkehrsgünstig**	conveniently situated
auf raschen Umschlag	geared towards a quick	**der Hausrat**	household goods
ausgerichtet	turnover	**Nahrungs- und**	foodstuff, semi-luxury
(ein Produkt) führen	to stock/carry (a product)	**Genußmittel**	foods and tobacco

---

Bestimmte grammatische Elemente findet man in Definitionen besonders häufig.   **B2**
Lesen Sie bitte die Definitionen aus B 1 noch einmal und stellen Sie fest, welches der Elemente aus a, b, c und d dort jeweils am häufigsten vorkommt:

a) compound nouns — monosyllabic nouns
b) subjunctive — imperative — indicative
c) past tense — present tense — future perfect
d) relative clause — apposition

B3 **Schreiben Sie nun bitte Definitionen, die so aufgebaut sind wie die in B 1. Verwenden Sie dazu die folgenden Satzelemente.**

Versandhandel: Form des Einzelhandels ...
— Waren per Katalog anbieten
— dem Käufer per Post oder auf einem anderen Wege liefern

Filialunternehmen: Betrieb ...
— mindestens fünf getrennte Verkaufsstellen
— unter einheitlicher Leitung stehen

Handelskette: Form der Kooperation ...
— Groß- und Einzelhandelsbetriebe meist gleichartiger Branchen
— sich zusammenschließen
— unter einheitlichem Organisationszeichen operieren

Einkaufszentrum: Räumliche Konzentration von Einzelhandels- und Dienstleistungsbetrieben verschiedener Art und Größe ...
— in der Regel von einer Gesellschaft als Einheit gebaut
— die einzelnen Ladenflächen an unabhängige Geschäftsleute vermieten

Cash & carry-Betrieb: Großhandelsbetrieb ...
— Einzelhändlern ein breites Sortiment von Nahrungs- und Genußmitteln und Gebrauchs-artikeln anbieten
— selbst abholen
— bar bezahlen

B4 **1. Welche Prozentsätze gehören Ihrer Meinung nach jeweils zu den verschiedenen Laden-typen und Verkaufsformen in der Bundesrepublik?**

F

Umsätze im Einzelhandel
Warenhäuser
SB-Warenhäuser und Verbrauchermärkte
Supermärkte
Facheinzelhandel
kleine Lebensmittel-geschäfte
sonstiger stationärer Einzelhandel (Kioske, Tankstellen u. a.)
Versandhandel
ambulanter Handel

48,8 %   14,4 %
11,3 %   10,2 %
5,8 %   4,7 %
3,9 %   0,9 %

2. Ihr Lehrer zeigt Ihnen anschließend die Lösung dieser Aufgabe.

1. Bitte lesen Sie den Text und setzen Sie die entsprechenden Zahlen in das Schaubild ein.

Von 100 DM bleiben 3,90 DM

Das Geld, das in die Ladenkassen des Einzelhandels fließt, ist nur zu einem geringen Teil der Gewinn des Kaufmanns. Von jedem Hundertmarkschein, den der Facheinzelhandel 1988 von seiner Kundschaft einnahm, mußten 61,50 DM an die Warenlieferanten und 10,70 DM ans Finanzamt (Mehrwertsteuer) überwiesen werden. Löhne und Gehälter beanspruchten 12 DM von jedem eingenommenen Hunderter. Miete und sonstige Kosten wie Werbung und Abschreibungen schlugen mit 11,90 DM zu Buche. Als Gewinn blieben nach Berechnungen des Kölner Instituts für Handelsforschung schließlich 3,90 DM übrig, die noch zu versteuern waren. Damit hat sich das Betriebsergebnis gegenüber dem Jahr 1987 zwar verbessert (damals blieben dem Einzelhandel von 100 DM Umsatz 3,70 DM); es liegt aber noch weit unter dem Spitzenwert der siebziger Jahre: Im Jahr 1971 blieben dem Facheinzelhandel von jedem Hundertmarkschein 7 DM Gewinn (vor Steuern).

Globus
Statistische Angaben:
Institut für Handelsforschung, Köln

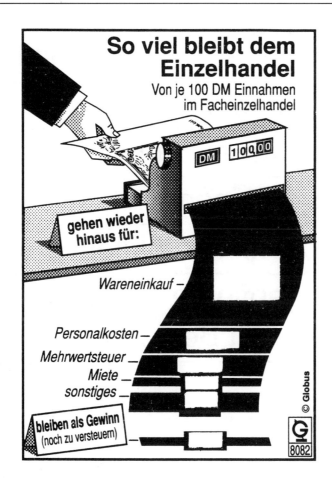

So viel bleibt dem Einzelhandel
Von je 100 DM Einnahmen im Facheinzelhandel

DM 100,00

gehen wieder hinaus für:

Wareneinkauf —

Personalkosten —

Mehrwertsteuer —

Miete —

sonstiges —

bleiben als Gewinn
(noch zu versteuern) —

© Globus

8082

2. Wieviel Umsatz muß ein Einzelhändler nach Ihrer Schätzung machen, um eine vierköpfige Familie zu finanzieren?

C1 Welche Art von Geschäft macht Ihrer Ansicht nach mit einer derartigen Anzeige Werbung? Begründen Sie bitte Ihre Meinung.

Unsere Stärken liegen klar auf der Hand

direkte Nachbarschaft

gutsortiertes Warenangebot

konkurrenzfähige Preise

ständige Präsenz mit Frischwaren

wöchentliche Aktionspreise

sauber gepflegte Fachabteilungen mit Bedienung

GLOSSAR

klar auf der Hand liegen	to be obvious
Aktionspreis	special offer

1. **In dieser Zeichnung fehlt etwas. Was könnte es sein?**

2. **Suchen Sie bitte – nachdem Ihr Lehrer Ihnen die komplette Zeichnung gezeigt hat – eine passende Unterschrift dazu.**

3. **Diskutieren Sie bitte die in diesem Cartoon dargestellte Entwicklung.**

Die fehlenden Buchstaben in der mittleren Spalte ergeben, von oben nach unten gelesen, einen Ladentyp.

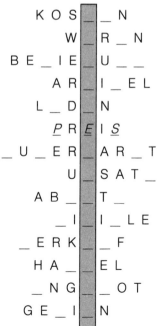

```
      K O S _ _ N
          W R _ N
    B E _ I E U _ _
        A R I _ E L
      L _ D N
          P R E I S
  _ U _ E R A R _ T
        U S A T _
      A B _ T _
        _ I I _ L E
    _ E R K _ F
      H A _ E L
      _ N G _ O T
    G E _ I N
```

43

D1 Zeitungsartikel – vor allem kürzere Zeitungsartikel – haben im allgemeinen einen bestimmten Aufbau. Die folgende Übung soll Ihnen helfen, diesen Aufbau zu erkennen.

Lesen Sie bitte den Artikel „Verbrauchermärkte können im Fachhandel noch wachsen". In welcher Reihenfolge stehen dort die folgenden drei Punkte?

Quellenangabe (source)

Detailinformation (details)

Hauptinformation (main information)

Verbrauchermärkte können im Fachhandel noch wachsen

SB-Warenhäuser und Verbrauchermärkte können mit neuen Sortimentsstrategien vor allem für den Non-Food-Bereich etwas höhere Zuwachsraten erzielen als die übrigen 5 Vertriebsformen. So formulierte der Vorsitzende des Bundesverbandes der Selbstbedienungs-Warenhäuser, Mössner, das Resultat der Düsseldorfer Jahrestagung dieser Branche, die in der Bundesrepublik ein 10 Umsatzvolumen zwischen 50 und 60 Mrd. DM repräsentiert. Während die SB-Warenhäuser und Verbrauchermärkte am gesamten Lebensmitteleinzelhandels-Umsatz einen Anteil von 25% haben, erreichen sie 15 im Nicht-Lebensmittelgeschäft erst 10% Marktanteil.

Süddeutsche Zeitung

GLOSSAR

eine Zuwachsrate erzielen	to attain a rate of increase	**der Bundesverband**	federal association
die Vertriebsform	form of distribution	**die Jahrestagung**	annual meeting

D2

F

1. Suchen Sie bitte für die nachstehende Liste aus den folgenden Textteilen die deutschen Entsprechungen heraus. Nehmen Sie dabei evtl. Ihr Wörterbuch zu Hilfe.

to record a loss _____

retail trade association _____

general meeting _____

to explain _____

rate of growth _____

downward tendency _____

by far _____

unanimous _____

rate of increase _____

subsidiary (company) _____

group of department stores _____

wallpaper, carpet and paint trade _____

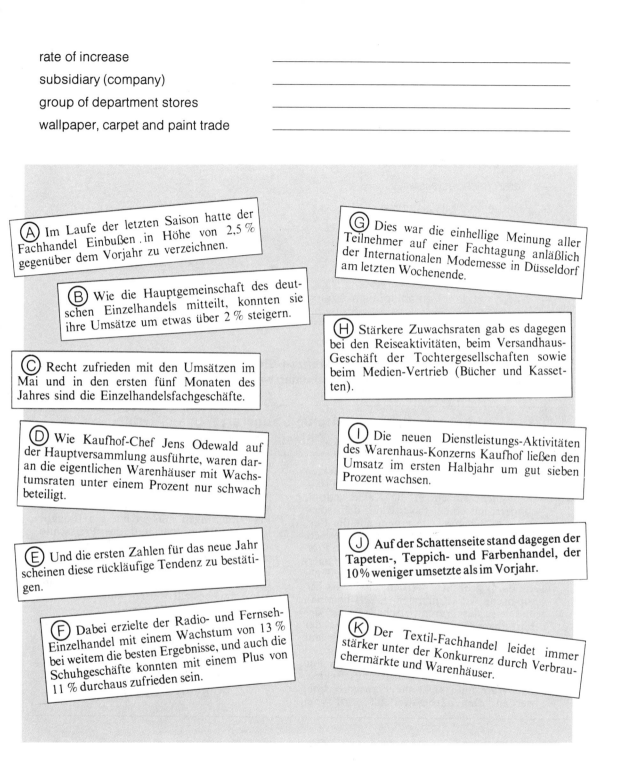

(A) Im Laufe der letzten Saison hatte der Fachhandel Einbußen .in Höhe von 2,5 % gegenüber dem Vorjahr zu verzeichnen.

(B) Wie die Hauptgemeinschaft des deutschen Einzelhandels mitteilt, konnten sie ihre Umsätze um etwas über 2 % steigern.

(C) Recht zufrieden mit den Umsätzen im Mai und in den ersten fünf Monaten des Jahres sind die Einzelhandelsfachgeschäfte.

(D) Wie Kaufhof-Chef Jens Odewald auf der Hauptversammlung ausführte, waren daran die eigentlichen Warenhäuser mit Wachstumsraten unter einem Prozent nur schwach beteiligt.

(E) Und die ersten Zahlen für das neue Jahr scheinen diese rückläufige Tendenz zu bestätigen.

(F) Dabei erzielte der Radio- und Fernseh-Einzelhandel mit einem Wachstum von 13 % bei weitem die besten Ergebnisse, und auch die Schuhgeschäfte konnten mit einem Plus von 11 % durchaus zufrieden sein.

(G) Dies war die einhellige Meinung aller Teilnehmer auf einer Fachtagung anläßlich der Internationalen Modemesse in Düsseldorf am letzten Wochenende.

(H) Stärkere Zuwachsraten gab es dagegen bei den Reiseaktivitäten, beim Versandhaus-Geschäft der Tochtergesellschaften sowie beim Medien-Vertrieb (Bücher und Kassetten).

(I) Die neuen Dienstleistungs-Aktivitäten des Warenhaus-Konzerns Kaufhof ließen den Umsatz im ersten Halbjahr um gut sieben Prozent wachsen.

(J) Auf der Schattenseite stand dagegen der Tapeten-, Teppich- und Farbenhandel, der 10 % weniger umsetzte als im Vorjahr.

(K) Der Textil-Fachhandel leidet immer stärker unter der Konkurrenz durch Verbrauchermärkte und Warenhäuser.

2. Aus den Textteilen können Sie nach dem in D1 erkannten Aufbauschema drei Zeitungsartikel zusammenstellen.

3. Ihr Lehrer zeigt Ihnen jetzt die Lösung.
Falls Ihre Lösung anders aussieht, erläutern Sie diese bitte.

E1   **1.** Das Warenwirtschaftssystem des Einzelhandels umfaßt eine Abfolge von Tätigkeiten, die hier aufgelistet sind.
Übersetzen Sie diese Liste bitte ins Englische.

Warenwirtschaftssystem des Einzelhandels:

— Warenverkauf registrieren

— Lagerbestand kontrollieren

— Waren nachbestellen

— Wareneingang registrieren

— Waren lagern

— Regale im Verkaufsraum kontrollieren

— Regale auffüllen

— Waren mit dem Verkaufspreis auszeichnen

— eventuell Preisschilder am Regal ändern

2. Lesen Sie den folgenden Text und kreuzen Sie bitte in der obigen Liste an, welche Arbeitsvorgänge vom Computer übernommen werden können.

Lebensmittelgeschäfte und Supermärkte kassieren immer öfter mit einem Laser-Lesestift

Immer häufiger werden in Supermärkten und Einzelhandelsgeschäften die Preise nicht mehr einzeln in die Kasse getippt, sondern mit einem Laserstrahl, dem soge-
5 nannten Scanner, von einem auf die Pakkung gedruckten Codestreifen abgelesen. Der angeschlossene Computer hat die Preise gespeichert und regelt auch die Lagerhaltung. Die schwarzen „Zebrastreifen",
10 die dafür gebraucht werden, haben als Europäische Artikelnummer (EAN) heimlich und leise das Warenwirtschaftssystem des Einzelhandels verändert. Mehr als 90% der Lebensmittel haben bereits den Code auf
15 der Verpackung.
Für den Handel ergeben sich dadurch eine ganze Reihe von Rationalisierungseffekten. Die Ware muß nicht mehr ausgezeichnet werden. Der „Zebrastreifen" wird vom

20 Hersteller mit auf die Packung gedruckt. Nur Produkte, die dem System noch nicht angeschlossen sind, muß der Händler selbst mit einer Nummer versehen. Bei Preisänderungen müssen nur die Eingabe
25 im Zentralcomputer und das Preisschild am Regal geändert werden. Der Warenbestand kann durch Vergleich des Warenein- und -ausgangs kontrolliert werden. Der Computer zeigt dann automatisch an,
30 wann nachbestellt werden muß. Der Blick ins Regal erübrigt sich.

Frankfurter Rundschau

9 782701 106243

GLOSSAR

der Laser-Lesestift	bar-code scanner	**der Hersteller**	manufacturer
der Laserstrahl	laser beam	**angeschlossen sein**	to be connected
speichern	to store	**versehen mit**	to provide with
der Codestreifen	bar code	**die Eingabe**	input
die Lagerhaltung	stock-keeping	**sich erübrigen**	to be unnecessary

1. Sie haben sicherlich schon einmal in einem Supermarkt eingekauft. Versuchen Sie sich zu erinnern, wo die verschiedenen Artikel plaziert sind (oder gehen Sie in einen Supermarkt und schauen Sie sich um).

E2

F

Notieren Sie bitte in dem Plan die möglichen Standplätze der einzelnen Produkte (bitte nur die Zahlen eintragen), wobei ein und dasselbe Angebot natürlich auf mehrere Standplätze verteilt sein kann, genau wie an einem Standplatz mehrere Artikel untergebracht sein können.
Begründen Sie bitte Ihre Entscheidungen.

─────────────── **Liste der Artikel** ───────────────

1	Gemüse-Konserven	14	Nudeln, Reis	27	Gebäck und Konfitüren
2	Frischfleisch	15	Sekt	28	Obst-Konserven
3	Fruchtsäfte, Kleingebäck	16	Käse	29	Aufschnitt
4	Fertiggerichte	17	Dosenmilch, Kaffee, Tee	30	Wein
5	Limonaden	18	Reformkost	31	Süßwaren
6	Kosmetik, Seifen	19	Bier	32	Käseprodukte
7	Kindernahrung	20	Gewürze, Saucen, Salz	33	Fleisch- und Fischkonserven
8	Tiefkühlkost	21	Feinkostsalate	34	Backwaren
9	Brot	22	Zigaretten	35	Milchprodukte
10	Spirituosen	23	Hygiene-Artikel	36	Obst
11	Frischgemüse	24	Zucker, Mehl	37	Sonderangebote
12	Bonbons	25	Pudding	38	Eis
13	Zeitschriften	26	Fertigsuppen	39	Konfekt

─────────────── **GLOSSAR** ───────────────

Fertiggerichte	ready-to-serve meals	**Feinkostsalate**	'delicatessen' salads
Sekt	sparkling wine	**Pudding**	thick custard-based dessert
Reformkost	health food	**Aufschnitt**	sliced cold meat

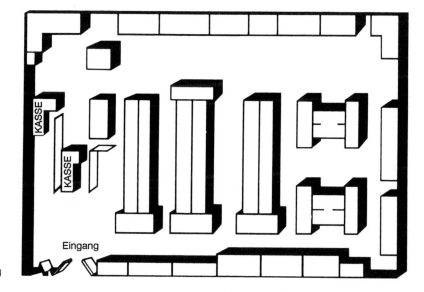

KASSE

KASSE

Eingang

Verbraucherzentrale Hamburg

2. Ihr Lehrer zeigt Ihnen nun ein typisches Beispiel für die Plazierung der Waren in einem deutschen Supermarkt.

Ihre Vorschläge sehen vielleicht anders aus. Welche Gemeinsamkeiten gibt es, welche Unterschiede können Sie feststellen?
Welche Gründe könnte es für die Plazierung der verschiedenen Artikel geben?

E3   1. Wofür wird hier geworben?

WIE MAN SICH
ÄRGER ERSPART.

Äußerlich ist vieles vielversprechend.
Doch wenn man nur nach dem Äußeren geht, gibt's hinterher oft Ärger.
Einer der sichersten Tips zur Früherkennung von Qualität ist der Griff zum
_____.
Doch wie erkennt man ihn ? Hier ein paar sichere Zeichen.
Der _____ ist nie anonym. Er hat, wie Sie, Name und Adresse.
Der _____ ist keine kurzfristige Erscheinung.
Sondern seit Jahren und Jahrzehnten die herausragende Persönlichkeit seiner Gruppe.
Der _____ hält, was er verspricht.
Gäbe es nur Produkte wie ihn, gäbe es viel weniger Ärger.
Auch Informationen über _____ verlangen nach hoher Qualität.
Deshalb stehen sie meistens in Anzeigen.

ANZEIGEN INFORMIEREN ÜBER _____   *Lebensmittel-Praxis.*

2. Sie haben das fehlende Wort sicherlich gefunden. Wollen Sie ganz sicher sein? Die fehlenden Buchstaben in dem nachstehenden Satz ergeben aneinandergereiht die richtige Lösung.

- - N E - - - - N T I H N - N D E - - Y P - S C H E N A R T I - - - G E S T A L T U N G

Einkaufen per Post

- Umsatz des Versandhandels in der BRD 1988: 27,6 Milliarden Mark

- 9 Versandhauskataloge im Jahr pro Haushalt

- 1988 bestellte im Durchschnitt jeder Einwohner der BRD Waren im Wert von 452 DM pro Jahr (zum Vergleich: USA 364 DM, Schweiz 289 DM, England 200 DM, Österreich 176 DM, Japan 149 DM, Italien 41 DM)

1. Lesen Sie bitte die vier Absätze und finden Sie zu jedem Absatz die passende Überschrift.

Ⓐ

Das geht schnell und kostet Sie meistens weniger als das Briefporto. Sie können rund um die Uhr anrufen. Während der Geschäftszeiten haben Sie einen persönlichen Gesprächspartner und erhalten sofort eine Lieferzusage, wenn die gewünschten Artikel vorrätig sind.

Ⓑ

Über 180 Verkaufshäuser gibt es in Deutschland. In jedem können Sie sich zwanglos von der guten Qualität und Preiswürdigkeit der Quelle-Waren überzeugen. Darüber hinaus können Sie aus sämtlichen Quelle-Katalogen Bestellungen aufgeben.

Ⓒ

Mit den Bestellscheinen, die dem Katalog und den Quelle-Paketen beigelegt sind. Darauf sind Ihre Anschrift und Kundennummer bereits vorgedruckt. Falls Sie keinen zur Hand haben, benutzen Sie bitte die Bestellkarte am Ende dieses Katalogs.

Ⓓ

Auch dieser modernste Einkaufsweg zur Quelle steht Ihnen offen, wenn Sie ein bildschirmtextfähiges Fernsehgerät besitzen und den entsprechenden Anschluß. Dann können Sie per Tastendruck (* 30 000 #) alles bestellen, was es bei Quelle gibt.

Quelle-Katalog

2. Welche Versandhandelsfirmen kennen Sie? Besorgen Sie sich bitte einen Katalog und beschreiben Sie die dort aufgeführten Bestellmöglichkeiten auf deutsch.

3. Vergleichen Sie bitte die Bestellmöglichkeiten mit denen der deutschen Versandhandelsfirma.

Bilden Sie bitte aus den nachstehenden Wörtern einen Satz, der zu der folgenden Überschrift paßt. **F2**

Kauf ohne Risiko

Artikel / bei / bei / vierzehn / oder / alle / Nichtgefallen / werden / gekauften / uns / umgetauscht / Tagen / anstandslos / von / zurückgenommen / innerhalb

1. Welche Ausgabenposten aus dem nachstehenden Schüttelkasten entsprechen Ihrer Meinung nach den einzelnen Zahlenangaben im Schaubild?

Die Rechnung mit dem Haushaltsgeld

Monatlich verfügbares Einkommen* mittlerer Arbeitnehmerhaushalte   (2 Erwachsene, 2 Kinder)

insgesamt **4 246 DM**

Quelle: Stat. Bundesamt

davon für:

793
111   696
121   516   443   267
179   354   288   478

*Einkommen aus allen Quellen (einschl. Kindergeld, Lehrlingsgehalt, Untermiete u.a.)

8419   © Globus

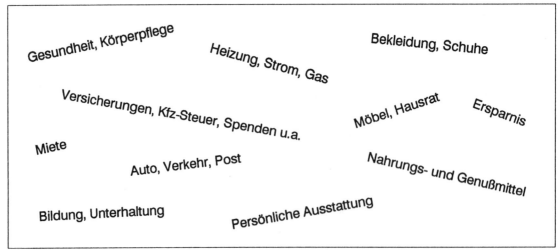

Gesundheit, Körperpflege

Heizung, Strom, Gas

Bekleidung, Schuhe

Versicherungen, Kfz-Steuer, Spenden u.a.

Möbel, Hausrat   Ersparnis

Miete

Auto, Verkehr, Post

Nahrungs- und Genußmittel

Bildung, Unterhaltung

Persönliche Ausstattung

2. Ihr Lehrer zeigt Ihnen anschließend das komplette Schaubild.

1. **Lesen Sie bitte zunächst nur den dritten Abschnitt des folgenden Textes (ab Z. 19) und markieren Sie im Text alle Informationen, die nicht in dem vorstehenden Schaubild enthalten sind.**

Ausgaben der Verbraucher

Etwa 1157,2 Milliarden Mark geben die privaten Haushalte in der Bundesrepublik jährlich aus. Damit gehört der private Konsum zu den wichtigsten Antriebskräften für
5 die konjunkturelle Entwicklung. Immerhin steht den gesamten privaten Verbrauchern pro Jahr mehr Geld zur Verfügung als allen öffentlichen Händen in Bund, Ländern und Gemeinden zusammen.
10 Die Ausgaben der Verbraucher sind natürlich je nach Einkommenshöhe recht unterschiedlich. Deshalb rechnen die Statistiker auch mit Durchschnittszahlen. Meistens werden solche Berechnungen am Beispiel
15 eines Vier-Personen-Arbeitnehmerhaushaltes mit mittlerem Einkommen durchgeführt, dem in der Bundesrepublik am häufigsten vorkommenden Haushaltstyp.

Wie das Statistische Bundesamt ermittelt
20 hat, gibt diese „Normalfamilie" monatlich 4246 DM für den privaten Verbrauch aus. Davon entfallen 793 DM, also knapp ein Fünftel, auf Nahrungs- und Genußmittel, weitere 267 DM (rund 6,3%) auf Kleidung
25 und Schuhe. Vor fünfzehn Jahren hatte der Anteil der Ausgaben für Essen und Trinken noch rund ein Drittel betragen. Auch für Kleidung und Schuhe wird heute relativ weniger ausgegeben als früher. Leicht ge-
30 stiegen sind die Ausgaben für Wohnungsmiete und Heizung, die immerhin 16,4% der Gesamtausgaben ausmachen. Der Anteil der Ausgaben für die verschiedenen Verkehrsmittel (Auto, öffentliche Verkehrs-
35 mittel, Post) ist mit 12,2% gesunken.

Nach: Wegweiser für Verbraucher

---

2. **Was haben die verschiedenen Informationen, die Sie markiert haben, inhaltlich gemeinsam?**

3. **Bei welchen Ausgabenposten ist im Vergleich zu den Zahlen von vor 15 Jahren der Anteil an den Gesamtausgaben gestiegen?**

_____

_____

_____

4. **Bei welchen ist er gesunken?**

_____

_____

_____

5. Im Text wird von der „Normalfamilie" gesprochen.
   Lesen Sie nun bitte den zweiten Abschnitt (ab Z. 10) und geben Sie dann auf englisch eine Definition der „Normalfamilie" in der Bundesrepublik.

6. Im folgenden englischen Text, der den ersten Abschnitt des deutschen Textes zusammenfaßt, sind einige Stellen unterstrichen.
   Unterstreichen Sie die entsprechenden Stellen im deutschen Text.

The sum of money spent by <u>private households</u> in the Federal Republic of Germany exceeds the entire budget available to the <u>state and to federal and local authorities</u>. Hence, <u>consumers</u> represent one of the most powerful driving forces in the country's <u>economic development</u>.

G3 *betragen – sich belaufen auf – ausmachen – entfallen auf*

1. Übersetzen Sie bitte ins Englische.

— Von den Gesamtausgaben entfiel ungefähr ein Fünftel auf Nahrungsmittel.
— Vor 15 Jahren hatte der Anteil der Ausgaben für Nahrungsmittel noch rund ein Drittel betragen.
— Die Ausgaben für Miete und Heizung machten 16,4 % der Gesamtausgaben aus.
— Die Ausgaben für Kleidung und Schuhe beliefen sich auf 267 DM.

2. Ergänzen Sie bitte.

— Die Ausgaben für Kleidung und Schuhe _____ 6,2 % der Gesamtausgaben.

— Die Ausgaben für Kleidung und Schuhe _____

  sich _____ 6,2 % der Gesamtausgaben.

— Die Ausgaben für Kleidung und Schuhe _____ 6,2 % der Gesamtausgaben _____ .

— 6,2 % der Gesamtausgaben _____ _____ Kleidung und

  Schuhe. _____ Kleidung und Schuhe _____ 6,2 % der

  Gesamtausgaben.

3. Formulieren Sie bitte die folgenden Sachverhalte jeweils mit allen vier obenstehenden Verben.

— im vergangenen Jahr – Ausgaben für Bildung und Unterhaltung – über 8 %
— vor 15 Jahren – Ausgaben für Verkehrsmittel – etwas weniger als 11 %.

H1 Im Schaubild auf S. 53 oben werden die Vertriebsstrukturen für Konsumgüter in englischer Sprache erklärt.
Füllen Sie bitte das zweite Schaubild in deutscher Sprache aus und benutzen Sie dazu die Lexik aus dem nachstehenden Schüttelkasten.

unabhängiger Fachhandel   Genossenschaften und Einkaufsgemeinschaften   Einzelhandel

Großhandel   zentralisierter Einkauf

mittelständische und große Einzelhandelsbetriebe   direkter Import

private Haushalte   Landwirtschaft

Industrie und Handwerk

Handelsvertreter   Großhandel

Market divisions and different levels of distribution of consumer goods in Germany

wholesale trade / centralised buying ⟶ retail trade ⟶ households

46% trade and industry
28% wholesale trade
16% buyers' cooperatives
5% commercial travellers
4% direct importation
1% agriculture

64% independent, specialist retailers
36% medium-sized and large retail outlets

Marktanteile beim Konsumgütervertrieb in Deutschland

⟶ ⟶

46%
28%
16%
5%
4%
1%

64%
36%

H2 Zusammengesetzte Wörter mit *Vertrieb*

1. In den vorstehenden Texten ist vom „Vertrieb" die Rede.
Vergleichen Sie bitte die beiden folgenden Wortbildungen:

das *Vertrieb*system — der Waren*vertrieb*

2. Bilden Sie bitte zusammengesetzte Wörter mit *Vertrieb* und schreiben Sie jeweils den Artikel dazu. Schauen Sie sich jedoch zuvor im Kapitel 1 die Übung H4 zum *Fugen-s* an.

Zeitschriften   Kosten   Lebensmittel   Organisation

Struktur   Form

Netz

Politik

Zigaretten   Markenartikel

Weg   Getränke

_____   _____
_____   _____
_____   _____
_____   _____
_____   _____

H3 Übersetzen Sie bitte!

Depending on their size and form of organisation, retail enterprises draw on different <u>sources for their supplies</u>. Specialised independent retail outlets, for example, <u>obtain their supplies from</u> intermediary sources such as wholesale traders and independent importers, buyers' cooperatives and also directly from <u>producers</u> and <u>manufacturers</u>. Medium-sized and large retail outlets (department stores, chainstores, mail order firms), on the other hand, <u>are</u> mainly <u>supplied</u> by centralised buying structures which exist within their organisations.

Bezugsquellen
der Bezug der Waren
erfolgt über

Erzeuger, Hersteller

die Waren beziehen

In jeder der folgenden Zeilen ist ein Wort aus dem Bereich des Handels versteckt, allerdings von rechts nach links geschrieben. Genau die Hälfte davon sind zusammengesetzte Wörter.

H4

F

N	I	E	L	U	A	T	N	E	M	I	T	R	O	S	E	B	A
R	E	H	C	Ä	L	F	S	F	U	A	K	R	E	V	E	L	K
N	E	L	E	K	I	T	R	A	N	E	K	R	A	M	E	N	U
T	F	Ä	H	C	S	E	G	R	E	V	N	U	S	E	G	E	B
N	E	G	N	U	R	E	D	N	U	K	E	N	I	E	T	N	A
N	E	N	N	I	R	E	F	U	Ä	K	R	E	V	I	E	R	P
R	E	R	E	S	S	A	K	N	A	T	S	I	E	D	Ü	L	O
L	L	E	D	N	A	H	D	N	A	S	R	E	V	E	G	E	S
E	G	N	U	R	E	R	H	Ü	F	T	K	R	A	M	N	I	E
E	M	R	O	F	S	B	E	I	R	T	R	E	V	R	O	E	N
T	L	A	N	O	S	R	E	P	S	E	I	R	T	R	E	V	E
T	I	E	H	G	N	I	T	E	K	R	A	M	R	E	Z	N	U
N	I	S	I	E	R	P	S	F	U	A	K	N	I	E	L	E	N
F	U	A	S	D	N	A	T	S	E	B	R	E	G	A	L	E	B
R	E	N	N	I	R	E	R	E	I	S	S	A	K	U	Z	E	G
N	E	L	L	E	T	T	I	M	S	N	E	B	E	L	N	E	I
N	E	T	N	I	R	E	M	U	S	N	O	K	E	G	Ö	L	A
T	S	U	A	H	N	E	R	A	W	I	N	E	R	E	P	N	A

Sortiment _____

_____

_____

_____

_____

_____

_____

_____

_____

_____

_____

_____

_____

_____

_____

_____

_____

I1 **1.** Im EG-Vergleich sind die Einzelhandelsgeschäfte in Großbritannien und Frankreich mit 58 bzw. 56 Stunden pro Woche am längsten geöffnet. In der Bundesrepublik Deutschland dagegen stehen die Läden nur 48 Wochenstunden für „König Kunde" offen. Hier werden die Öffnungszeiten der Geschäfte durch ein Gesetz, das sog. „Ladenschlußgesetz", geregelt.
Lesen Sie bitte den folgenden Text über das Gesetz, und geben Sie ihn kurz auf englisch wieder.

Ladenschlußgesetz

Bis Oktober 1989 waren die Öffnungszeiten von Einzelhandelsgeschäften und Verkaufsständen strikt per Ladenschlußgesetz (§ 3/1956) geregelt: Alle Geschäfte in der
5 Bundesrepublik mußten an Sonn- und Feiertagen, montags bis freitags vor 7 Uhr und nach 18.30 Uhr sowie samstags nach 14 Uhr (am ersten Samstag des Monats nach 18 Uhr) geschlossen sein.
10 Für Apotheken, Tankstellen, Kioske, Warenautomaten, Verkaufsstellen auf Personenbahnhöfen und Flughäfen, Kur- und Erholungsgebiete galten Sonderregelungen. Einzelne Großstädte genehmigten in Einkaufspassagen Öffnungszeiten bis 22 Uhr.
15 Diese Regelungen wurden jedoch 1982 vom Bundesverwaltungsgericht für rechtswidrig erklärt.

Am 10. Juli 1989 beschloß der Bundestag
20 zum 1. Oktober eine Gesetzesänderung, in der es in Art. 1 heißt:

Empfehlung für einen Dienstleistungsabend

Dienstleistungsbetrieben sowie den Dienststellen des Bundes mit regem Publikums-
25 verkehr wird empfohlen, an jedem Donnerstag, der kein gesetzlicher Feiertag ist, einen Dienstleistungsabend bis 20.30 Uhr einzurichten. Dies gilt nicht für den Gründonnerstag.

30 Die wöchentliche Gesamtöffnungszeit von in der Regel 64,5 Stunden (bzw. 68,5 Stunden mit langem Samstag) darf sich durch den Dienstleistungsabend nicht verlängern.

Die Reaktionen auf die Einführung des „langen Donnerstags" waren unterschiedlich:

a) Die Gewerkschaft

Dienstleistungsabend wird ein „Flop":

— Das Freizeitverhalten der Bürger, auch ihre Kaufgewohnheiten, machen deutlich, daß ein Dienstleistungsabend nicht angenommen wird ...
— Den Arbeitnehmern soll in Wirklichkeit Spät- und Nachtarbeit zugemutet werden ...
— Eine Umsatzausweitung wird es nicht geben, eine Mark kann man nur einmal ausgeben ...
— Über 25 % der Bevölkerung wird an einer aktiven Freizeitgestaltung gehindert ...
— Nur die „Großen" profitieren, klein- und mittelständische Betriebe werden immer mehr verdrängt ...

b) Die Einzelhändler im Innenstadtbereich

JEDEN DONNERSTAG

bis 20 Uhr 30

Was der lange Donnerstag alles erreichen konnte. Der ganzen Münchner Innenstadt hat er neuen Reiz verschafft. Er regt an. Er macht Spaß. Er hat sich so richtig zu einem echten »Münchner Stadtabend« entwickelt. Von den Münchnern sehnlichst erwünscht. Im alten Jahr gründlich ausprobiert. Jetzt ein ständiges Vergnügen. Genießen Sie's so oft wie möglich. Der nächste Donnerstag kommt bestimmt.

Der MVV-Service am Donnerstagabend:
S-Bahn bis 21 Uhr im 20-Minuten-Takt.
U-Bahn auf allen Linien 10-Minuten-Takt bis 1 Uhr früh.

AKM Robert Rasp Angelgeräte, Hermann-Lingg-Str. ● Parfümerie Albers, Theatinerstr. ● annas Moden, Sendlinger Str. ● Baby-Ansorge, Lindwurmstr. ● Bahlmann, Der Blumenladen im Rathaus ● Bally, 2x Theatinerstr.; Perusastr. u. Neuhauser Str. ● Bartu-Schuhe ● Ludwig Beck am Rathauseck ● Bernsteinladen, Marienplatz ● Betzler Herrenausstatter, Sendlinger Str. ● Modefriseur Blatter ● Böhmler Einrichtungshaus, Tal ● Bogner Haus, Residenzstr. ● Bonanza Jeans-Shop am Rindermarkt ● Breiter Hut + Moden, Kaufingerstr. ● Bärbel Brand Brautmode, Fürstenfelder Str. ● E. Braun & Co. Nachf., Wittelsbacherplatz ● Parfümerie Brückner-Bublitz, Weinstr. ● Burberrys, Perusastr. ● Burkhof-Kaffee, Marienplatz ● Cartier, Brienner Str. ● Ciro Perlen, Theatinerstr. ● Modehaus Classic, Theatinerstr. ● Danielle Baby- und Kindermode, Theatinerstr. ● Danmark-Gastronomie, Stachus-Einkaufszentrum ● Das Haus für den gesunden Schlaf, Theatinerstr. ● Der Kasladen von Tölz, Westenrieder Str. ● Die Einrichtung, Brienner Str. ● Die gute Form, Ludwigstr. ● Pfeifen-Diehl, Theatinerstr. ● Dirndl-Ecke im Platzl ● Douglas-Parfümerien ● Eckerle Herrenbekleidung, Theatinerstr. ● Elisenhof, Prielmayerstr. ● Woll-Engel, Marienplatz ● Fischer & Co., Rosenstr. ● Spiel + Freizeit Fischer am Stachus ● Elektro-Fröschl, Schwanthalerstr. ● Glashaus, Josephspitalstr. ● Viktoria Gmeiner Moden, Karlsplatz ● Hans Goltz Buchhandlung, Liebfrauenstr. ● Hallhuber, Kaufingerstr. ● Uhren Hauser, Marienplatz ● Hertie, Bahnhofsplatz ● Kunsthandlung Hecht, Herzogspitalstr. ● Buchhandlung Herder, Promenadeplatz ● Hettlage, Neuhauser Str. ● Otto Hierneis, Theatinerstr. u. Sendlinger Str. ● Hirmer, Kaufingerstr. ● Hugendubel, Marienplatz und Salvatorplatz ● i-Düpferl, Sendlinger Str. ● Charles Jourdan, Schuhe + Accessoires, Theatinerstr. ● Juwelier Fridrich, Sendlinger Str. ● Buchhandlung Kaiser, Marienplatz ● Karstadt Haus Oberpollinger ● Kaufhof, Marienplatz u. am Stachus ● Kartenvorverkauf Marienplatz-Untergeschoß ● Kaut-Bullinger, Rosenstr. ● Kinsi Sport & Sportswear, Residenzstr. ● Kissel Schmuck + Geschenke, Maffeistr. ● Konen, Sendlinger Str. ● Koron-Kerzen am Dom ● Franziska Krines Wäsche Mieder Bademoden, Residenzstr. ● Krines-Lingerie, Perusastr. ● Drogerie Kuffner, Gautsch + Femina, Tal ● Kübler Stoffe, Kaufingerstr. ● Küchen-Dross, Ludwigstr. ● F.S. Kustermann,

Viktualienmarkt ● van Laack-Haus, Residenzstr. ● Lacher, Neuhauser Str. u. Theatinerstr. ● La Via Schuhmoden, Sendlinger Str. ● Leder Franzl, Bayerstr. ● Les Petits, Schrammerstr. ● Josef Leute Holzwaren, Viktualienmarkt ● Lindberg, Sonnenstr. und Kaufingerstr. ● Linea B, Maximiliansplatz ● Loden-Frey, Maffeistr. ● Maendler, Theatinerstr. ● Marstaller Lederwaren, Pacellistr. ● Eduard Meier, Residenzstr. ● Portrait-Studio Meinen, Schrammerstr. ● Mey & Edlich, Theatinerstr. u. Weinstr. ● Miss M, Oberanger ● Leder-Moser, Herzogspitalstr. ● Müller im Tal, Heiliggeiststr. ● Münchner Geschenke-Stuben am Petersbergl ● Mühlhäuser-Mode, Kaufingerstr. ● Nal-Naturlederwaren, Prälat-Zistl-Str. ● Nova-Reisen, Herzog-Wilhelm-Str. ● Obletter-Spielwaren, Stachus und Marienplatz ● Peter Palmers, Dessous & Wäsche ● Max Platin, Maximiliansplatz ● Horst Popig, Altheimer Eck ● Prantl, Perusapassage ● Radspieler, Residenzstr. u. Hackenstr. ● Musik Rauscher, Tal ● Regina Schuhe, Theatinerstr. ● Foto Reiter im Rathaus ● Residenz-Bücherstube, Residenzstr. ● Rieger Pelze, Isartorplatz ● Rischart's Backhaus, Marienplatz ● Roeckl Handschuhe, Maffeistr. u. Sendlinger Str. ● Roeckl-Eck, Theatinerstr. ● Salamander, Färbergraben und Weinstraße ● Modehaus Sartorius, Theatinerstr. ● Foto Sauter, Sonnenstr. ● Shirokko Schallplatten, Ledererstr. ● Schirm Schönherr, Theatinerstr. ● Sport Münzinger im Rathaus ● Schuhmoden Schuster, Rosenstr. ● Schlichting Haus des Kindes, Weinstr. ● Schuh-Klein, Marienplatz ● Schwaiger's Wwe., Segelsport, Ledererstr. ● Spielwaren Schmidt, Neuhauser Str. ● Juwelier Schneider, Residenzstr. ● Staff-Mode, Neuhauser Str. ● Theatiner-Schuhhaus, Marienplatz ● Schuhhaus Thomas, Neuhauser Str. u. Perusastr. ● Tretter Schuhe ● Uhren Sonntag, Sendlinger Str. ● Mode Urban, Altheimer Eck ● Vereinigte Werkstätten, Briennerstr. ● Wallach, Dienerstr. ● Juwelier Wempe, Kaufingerstr. ● Buchhandlung Werner, Maffeistr. ● 'Western-Store, Herzog-Wilhelm-Str. ● Westner-Herrenmoden, Sendlinger Str. ● Wiedling Spielwaren, Theatinerstr. ● WMF, Weinstr. u. Neuhauser Str. ● Wöhrl, Sendlinger Str. ● WOM, Kaufingerstr. u. Sonnenstr. ● Woolworth, Kaufingerstr. ● Wormland, Kaufingerstr. ● WTS Travel Service Reisen, Kardinal-Döpfner-Str. ● Christine Zeder Kindermoden im Rathaus ● Zimmermann, Lederwaren-. Ledermoden, Brienner Str.

c) Die Verbraucher

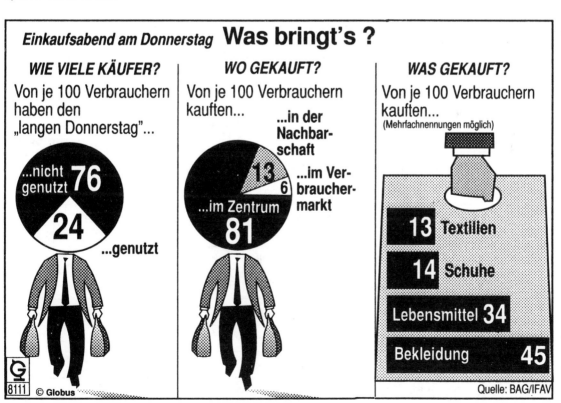

Einkaufsabend am Donnerstag **Was bringt's?**

WIE VIELE KÄUFER?
Von je 100 Verbrauchern haben den „langen Donnerstag"...
...nicht genutzt 76
24 ...genutzt

WO GEKAUFT?
Von je 100 Verbrauchern kauften...
...in der Nachbarschaft 13
6 ...im Verbrauchermarkt
...im Zentrum 81

WAS GEKAUFT?
Von je 100 Verbrauchern kauften...
(Mehrfachnennungen möglich)
13 Textilien
14 Schuhe
Lebensmittel 34
Bekleidung 45

8111 © Globus

Quelle: BAG/IFAV

2. Kreuzen Sie bitte in der Liste an, was Ihrer Ansicht nach geschehen würde, falls die Öffnungszeiten des deutschen Ladenschlußgesetzes in Ihrem Land eingeführt würden.

Man müßte beim Einkaufen mehr hetzen (to rush).	
Es gäbe weniger Teilzeit-Arbeitsplätze.	
Es gäbe weniger Konkurrenz zwischen den Geschäften.	
Man könnte die Angebote nicht mehr so gut vergleichen und würde weniger günstig einkaufen.	
Verkäufer und Verkäuferinnen könnten sich ihre Arbeitszeit nicht mehr nach eigenen Wünschen aussuchen.	
Im Handel würden Arbeitskräfte entlassen (to make redundant).	
Für Verkäufer und Verkäuferinnen würde die Arbeit weniger anstrengend.	
Für viele Läden würde sich die finanzielle Situation verbessern.	
Die Leute würden weniger kaufen.	
Viele Waren würden billiger.	
Die Waren würden teurer, weil es weniger Konkurrenz gäbe.	

3. Werten Sie bitte die Ergebnisse in Ihrer Gruppe aus. – Ihr Lehrer hat eine Vorlage.

12 **Vergleichen Sie bitte Ihre Ergebnisse mit denen einer Meinungsumfrage in der Bundesrepublik, bei der die folgende Frage gestellt wurde:**

Was, glauben Sie, würde geschehen, wenn die Öffnungszeiten nicht mehr festgelegt wären?	
Man müßte beim Einkaufen weniger hetzen.	68 %
Es gäbe mehr Teilzeit-Arbeitsplätze.	66 %
Es gäbe mehr Konkurrenz zwischen den Geschäften.	50 %
Man könnte die Angebote besser vergleichen und günstiger einkaufen.	40 %
Verkäufer und Verkäuferinnen könnten sich ihre Arbeitszeit mehr nach eigenen Wünschen aussuchen.	38 %
Im Handel würden mehr Arbeitskräfte eingestellt.	38 %
Für Verkäufer und Verkäuferinnen würde die Arbeit anstrengender.	35 %
Viele Läden kämen in finanzielle Schwierigkeiten.	25 %
Die Leute würden mehr kaufen.	24 %
Viele Waren würden teurer.	24 %
Die Waren würden billiger, weil es mehr Konkurrenz gäbe.	13 %

Stern

Spekulieren Sie bitte! Was wäre, wenn es nur noch Kaufhäuser und Supermärkte gäbe. **13**
Versuchen Sie bitte, so viele Konsequenzen wie möglich aufzuzählen.

Beispiel:

Wenn es nur noch Kaufhäuser und Supermärkte gäbe, dann gäbe es weniger Konkurrenz.

Zur Erinnerung:

Konkjunktiv II (3. Person, Singular)		
Infinitiv	**Imperfekt**	**Konjunktiv II**
lachen	lachte	lachte
gehen	ging	ginge
geben	gab	gäbe

Alternative Umschreibung mit *würde*:

Wenn man nur im Kaufhaus kaufen würde, würde man viel Zeit sparen.

1. Tragen Sie bitte die Buchstaben für die nachstehenden Pro- und Kontra-Argumente zur **14**
Verlängerung der Öffnungszeiten im Einzelhandel in die jeweils passende Rubrik der
Tabelle ein.

	pro	kontra
aus der Sicht des Verkaufs-personals	1. _____ 2. _____	1. _____
aus der Sicht der kleinen und mittelständischen Einzel-handelsbetriebe	1. _____	1. _____ 2. _____
aus der Sicht der Verbraucher	1. _____ 2. _____ 3. _____	1. _____

a) niedrigere Preise durch mehr Konkurrenz
b) stärkere Konkurrenz durch die „Großen"
c) Zwang zu unangenehmen Arbeitszeiten
d) größerer Umsatz
e) günstiger einkaufen durch mehr Vergleichsmöglichkeiten
f) höhere Personalkosten
g) Arbeitszeit nach eigenen Wünschen
h) höhere Preise durch steigende Personalkosten
i) mehr Teilzeit-Arbeit möglich
j) weniger Hetze

2. Für die Gegenüberstellung von Standpunkten verwendet man häufig *jedoch*, *aber*, *zwar ... aber*, *doch* oder *einerseits ... andererseits*.

Beispiel:
Für die kleinen und mittelständischen Einzelhandelsbetriebe wird der Umsatz zwar größer, aber die Personalkosten werden auch höher.

Bilden Sie bitte ähnliche Sätze mit den Argumenten aus 1.

3. Bilden Sie mit den folgenden Satzanfängen Sätze, die den Argumenten aus der Tabelle in 1. widersprechen.

> Man kann jedoch dagegen anführen ...
>
> Im Gegensatz dazu ...
>
> Im Widerspruch dazu steht, daß ...
>
> Es ließe sich aber auch anführen, daß ...
>
> Von anderer Seite aus betrachtet ...
>
> Das stimmt zwar, aber ...

4. Diskutieren Sie bitte die Einführung des Dienstleistungsabends in zwei Gruppen (Gewerkschaftsabordnung, Vorstand eines Kaufhauses).
Bereiten Sie Ihre Argumente zunächst in Ihrer Gruppe vor, und überlegen Sie gemeinsam, wie Sie Ihre Interessen am besten durchsetzen können.
Nehmen Sie sich für die Diskussion vor, unbedingt einen tragbaren Kompromiß auszuhandeln.

15 **1. Was stellt dieser Bildausschnitt wohl dar?**
Der nachstehende Text kann Ihnen bei der Beantwortung dieser Frage helfen.

2. Ihr Lehrer zeigt Ihnen anschließend das komplette Foto.

Dieses Schaubild zeigt die verschiedenen Komponenten der Verbraucherpolitik. **J1**
Ergänzen Sie bitte in dem nachstehenden Text die fehlenden Wörter anhand des Schaubildes.

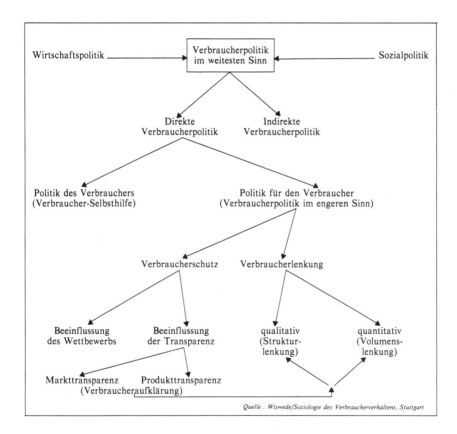

Quelle : Wiswede/Soziologie des Verbraucherverhaltens, Stuttgart

Verbraucherpolitik ist die Einflußnahme auf die Beziehungen zwischen Anbietern von Gütern

und Dienstleistungen und Verbrauchern sowie auf die Produktgestaltung zugunsten des Ver-

brauchers. Verbraucherpolitik im engeren Sinn läßt sich unterteilen

in _____ und _____ . _____ besteht aus

zwei Aktivitäten. Einerseits wird Einfluß auf den _____ , andererseits

auf _____ - und _____ transparenz genom-

men.
Der Schutz des Verbrauchers in der Marktwirtschaft

J2 Bei der Beschreibung von Strukturen und Gliederungen werden häufig die folgenden Redemittel verwendet:

... (Nom) läßt/lassen sich unterteilen in ... (Akk)
... (Nom) unterteilt/unterteilen sich in ... (Akk)
... (Nom) läßt/lassen sich gliedern in ... (Akk)
... (Nom) gliedert/gliedern sich in ... (Akk)
... (Nom) besteht/bestehen aus ... (Dat)
... (Nom) hat zwei Komponenten, ... (Akk) und ... (Akk)
... (Nom) hat Rückwirkungen auf ... (Akk)
... (Nom) führt zu ... (Dat)

Beispiel:
Verbraucherschutz läßt sich unterteilen in Beeinflussung des Wettbewerbs und Beeinflussung der Transparenz. Diese wiederum gliedert sich in Markttransparenz und Produkttransparenz.

Gliedern Sie anhand des vorstehenden Schaubildes die folgenden Stichpunkte und verwenden Sie dabei die obigen Redemittel.

— Verbraucherpolitik im weitesten Sinn
— direkte Verbraucherpolitik
— Verbraucherlenkung

J3 **Welche Informationsquellen würden Sie vor dem Kauf der folgenden Gegenstände benutzen? Kreuzen Sie bitte an und begründen Sie die Wahl Ihrer Informationsquellen.**

Informationsquellen für den Verbraucher			
	Wasch-mittel	Leder-jacke	Stereo-anlage
Zeitungsanzeigen			
Prospekte und Kataloge der Anbieter			
Schaufenster im Handel			
persönliche Gespräche mit Bekannten			
Werbeanzeigen in Zeitschriften und Illustrierten			
Testergebnisse in Verbraucherzeitschriften			
Beratung durch den Verkäufer			
Werbesendungen im Fernsehen und im Rundfunk			
Berichte in Fachzeitschriften			
Auskünfte in Verbraucherzentralen und Verbraucher-beratungsstellen			

Arbeitslehre Wirtschaft 9

1. Es folgt eine kurze Anzeige, in der sich eine deutsche Verbraucherzeitschrift vorstellt. Daneben stehen Informationen über eine englische Verbraucherzeitschrift. **J4**
Sind dort die gleichen Punkte enthalten? Kreuzen Sie bitte die entsprechenden Felder im Raster an (Mehrfachnennungen sind möglich).

STIFTUNG WARENTEST
test
Die Zeitschrift für den Verbraucher

1 prüft Waren und Dienstleistungen kritisch und neutral

2 vergleicht Preise und bringt Übersichten über das Marktangebot

3 gibt Ratschläge und Tips für den Einkauf

4 warnt vor unseriösen Verkaufspraktiken

A = Many people don't know that WHICH? is published by the Consumers' Association; that it receives no grants or subsidies from government, industry or anyone else. This means that we can be completely objective and outspoken in reporting our test results to you. Our responsibility is to <u>you</u>, the consumer.

B = All the goods we report on are bought for us by our own shoppers in different parts of the country, so they are typical of what anyone might buy; we don't accept them for testing from manufacturers, retailers or any other source.

C = All the different brands are then put through the same exacting tests to see how they compare for performance, for wear and tear, for ease and convenience in use, for safety, and, of course, value for money.

D = Laboratory tests are frequently followed up by user trials, by a panel of consumers. We also call on the experience of our subscribers and, where necessary, on the help of outside specialists.

E = Our fact-filled reports compare all the brands and models tested and tell you which ones give you value for money and, where possible, they name Best Buys.

Stiftung Warentest	Which?					
	A	B	C	D	E	nicht enthalten
1						
2						
3						
4						

2. Erfinden Sie bitte kurze deutsche Überschriften für A–E.

3. Welche Informationen stehen nur bei *Which*? Machen Sie bitte eine Aufstellung auf deutsch.

1. Lesen Sie bitte den folgenden Text.

Verbraucherzentralen und Verbraucherberatungsstellen

Verbraucherzentralen mit entsprechenden Beratungsstellen gibt es in allen Bundesländern. Die Beratungsstellen beraten den Verbraucher auf Wunsch persönlich, firmenunabhängig und kostenlos u. a. über folgende Punkte:

— Qualität und Eignung von Haushaltsgeräten (Geräteberatung),
— Wohnen und Einrichten (Wohnungsberatung),
— Reklamationsfälle (Reklamationsberatung).

Darüber hinaus haben sich die Verbraucherzentralen folgende Aufgaben gestellt:

— Sie erkunden Preise und decken Mißstände im Wettbewerb auf.
— Sie achten darauf, daß wichtige Verbraucherschutzgesetze eingehalten werden.
— Sie halten Vorträge und diskutieren mit Verbrauchern und Marktbeteiligten.
— Sie machen Ausstellungen und erarbeiten Broschüren zur Information des Verbrauchers.
— Sie vertreten die Interessen des Verbrauchers, wenn neue Gesetze in den Parlamenten vorbereitet und beschlossen werden.

Arbeitslehre Wirtschaft 9

---

2. Zwei der folgenden Aussagen sind falsch. Welche?

Wenn Sie einen Computer kaufen wollen, erfahren Sie von der Verbraucherzentrale,
a) daß Sie nur Markenware kaufen sollten,
b) welche Vor- und Nachteile die sich auf dem Markt befindlichen Computer haben,
c) welchen Computer von welcher Firma Sie am besten kaufen sollten.

3. Fassen Sie bitte schriftlich in ca. 40 Wörtern auf englisch die wichtigsten Informationen über deutsche Verbraucherzentralen zusammen.

4. Welchen Organisationen oder Institutionen entsprechen Verbraucherzentralen und Verbraucherberatungsstellen bei Ihnen? Office of Fair Trading? Citizens Advice Bureau? Consumers' Association?

5. Sammeln Sie bitte Informationen über Ihre Verbraucherschutzorganisationen und schreiben Sie kurz auf deutsch (ca. 100–150 Wörter) einen informativen Text über sie.

K1 Sie wissen, daß es in der deutschen Sprache sehr lange zusammengesetzte Wörter gibt. **Bilden Sie aus den folgenden Silben zusammengesetzte Wörter. Wer hat das längste Wort?**

BE—BENS—AB—DELS—DEN—DIE—EIN—HAN—LA—TEI—LE—MEN—MIT—LUNG— NEH — NUNGS — SELBST — TEL — TER — UN — ZEL

K2 **Welcher Begriff paßt nicht in die Reihe? Warum? Suchen Sie bitte jeweils einen Oberbegriff für die zusammengehörigen.**

Verbrauchermarkt — Kiosk — Warenhaus — Fachgeschäft — Großhandel

Tiefkühlkost — Aufschnitt — Backwaren — Kosmetik — Konfekt — Reformkost — Fertiggerichte

Fruchtsaft — Tabak — Wein — Bier — Spirituosen

Notieren Sie bitte in den folgenden Rubriken Wörter bzw. Ausdrücke aus dem gesamten Kapitel 2. Vergessen Sie bitte bei den Substantiven die Artikel nicht.

Substantive:

Wichtige Adjektive in Verbindung mit Substantiven:

ein konkurrenzfähiger Preis

Ausdrücke:

einen Umsatz erzielen

Verben:

Verben:

K3

65

Kapitel 3

Import, Export

A1 Welche Unternehmen gehören jeweils zu den im nachstehenden Raster aufgeführten Branchen?

The Guardian

 Deutsche Krankenversicherung AG

THYSSEN INDUSTRIE AG

Branche	Großbritannien	Deutschland
Automobilindustrie		
Chemische Industrie		
Elektroindustrie		
Stahlindustrie		
Flugzeugbau		
Parfum und Kosmetik		
Datenverarbeitung (EDV)		
Nahrungs- und Genußmittelindustrie		
Banken		
Medien		
Versicherungen		
Mineralölkonzerne		

Ordnen Sie bitte die Produkte den Branchen zu. Benutzen Sie evtl. Ihr Wörterbuch. **A2**

Produkte

1. Werkzeugmaschinen
2. Schrauben
3. Motorräder
4. Benzin
5. Hubschrauber
6. Kartons
7. Kupferrohre
8. Telefonanlagen

Branchen

a) Straßenfahrzeuge
b) Luft- und Raumfahrzeuge
c) NE-Metalle (Nichteisen-Metalle)
d) Maschinenbau-Erzeugnisse
e) EBM-Waren (Eisen-, Blech-, Metallwaren)
f) elektrotechnische Erzeugnisse
g) Mineralölprodukte
h) Papier, Pappe, Zellstoff

1	
2	
3	
4	g
5	
6	
7	
8	

1. Welche Produkte gehören Ihrer Meinung nach zu welchen Zahlen aus dem Schaubild?

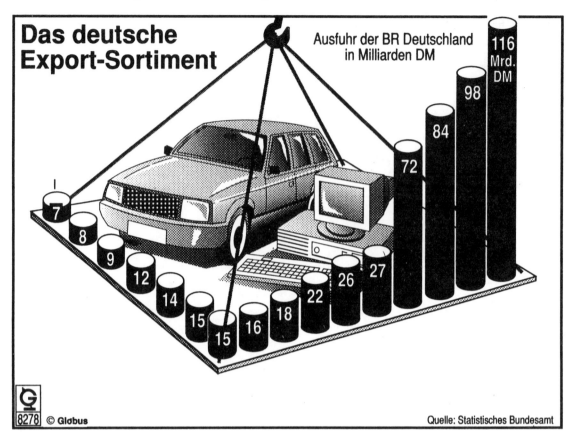

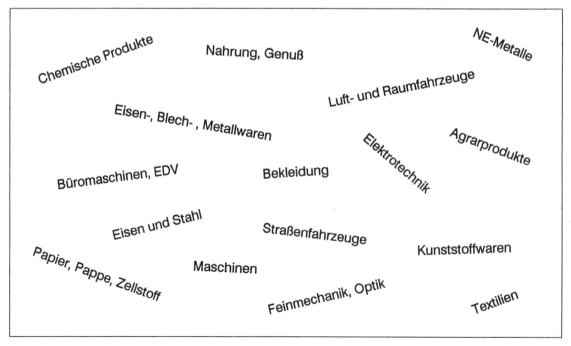

2. Ihr Lehrer zeigt Ihnen das komplette Schaubild.
Vergleichen Sie bitte den Inhalt des Schaubildes mit Ihren Spekulationen und ergänzen Sie den folgenden Text.

Die _____ machten rund ein Fünftel des gesamten Exportumsatzes

der Bundesrepublik aus. Auf dem _____ Platz folgten die Erzeugnis-

se der _____ bauindustrie, auf die _____ Milliarden DM

entfielen. Sie verdrängten die _____ auf Rang drei, die aber dennoch

84 Milliarden DM erzielten. Der Export der _____ belief sich

auf 72 Milliarden DM. Zusammen erreichten die „Großen Vier" im vergangenen Jahr

65 % d_____ _____ .

3. Vier Branchen exportieren mehr als alle anderen Branchen zusammen.
Welche Gründe sehen Sie für den Erfolg dieser vier Industriezweige auf dem Weltmarkt?

Welche der folgenden Punkte erscheinen Ihnen besonders wichtig für ein Unternehmen, das exportieren will, und warum? **A4**

a) Es handelt sich um technologisch hochentwickelte Produkte.

b) Der Kundendienst ist gut ausgebaut.

c) Der Export wird vom Staat gefördert.

d) Es wird viel Werbung gemacht.

e) Die Produkte sind von sehr guter Qualität.

f) Die Unternehmen investieren stark in Forschung und Entwicklung.

g) Die Produkte sind den Marktbedürfnissen angepaßt.

h) Die Unternehmen setzen moderne Technologien ein.

1. Ergänzen Sie bitte. (Siehe auch Kapitel 7, B2.) **B1**

With the exception of 'half', fractions in German are formed by replacing the final -te of the ordinals by -tel: vier – der Vierte – ein Viertel

1/2 die Hälfte	1/7 ein Siebtel	1/20 ein Zwanzigstel
1/3 ein Drittel	1/8 ein _____	1/100 ein _____
1/4 ein Viertel	1/9 ein _____	
1/5 ein _____	1/10 ein _____	

---

2. Beschreiben Sie bitte die statistische Übersicht „Deutsche Käufe auf dem Weltmarkt". Verwenden Sie die Redemittel aus Kapitel 1, G2 (Rangordnungen) und Kapitel 2, G3 (*betragen* usw.). Runden Sie bei Ihrer Beschreibung die Zahlen auf oder ab.

Beispiel: Die Deutschen führten Textilien für etwa 23 Milliarden DM ein.

18,9	= knapp, fast, beinahe 19, etwas weniger als 19
19,1	= gut, etwas mehr als, über 19
18,9/19,1	= rund, ca., etwa, ungefähr 19

Deutsche Käufe auf dem Weltmarkt in Milliarden D-Mark

Waren	1987	1988
Einfuhr		
Chemische Erzeugnisse	40,2	45,6
Elektrotechnische Erzeugnisse	37,5	42,4
Straßenfahrzeuge	32,0	35,2
Erzeugnisse der Land und Forstwirtschaft, Fischerei	30,1	30,1
Erzeugnisse des Ernährungsgewerbes, Tabakwaren	25,8	27,6
Maschinenbauerzeugnisse	23,8	25,5
Textilien	23,1	23,6
Erdöl, Erdgas und bituminöse Gesteine	22,6	20,3
NE-Metalle und -Metallhalbzeug	13,3	18,2
Bekleidung	16,4	16,9
Büromaschinen; Datenverarbeitungs- geräte und -einrichtungen	15,1	16,7
Eisen und Stahl	11,9	15,0
Holzschliff, Zellstoff, Papier und Pappe	10,6	12,0
Luft- und Raumfahrzeuge	9,6	11,5
Mineralölerzeugnisse	13,9	10,6
Sonstige Waren	83,9	88,5
Insgesamt	400,641	439,768

Statistisches Bundesamt

1. **Lesen Sie bitte diese gemischten Teile eines Textes und ordnen Sie: Welche Teile gehören zum Bereich Export, welche zum Bereich Import?**

2. **Für beide Bereiche: Ordnen Sie die Textteile so, daß sie einen richtigen Text ergeben. Beschreiben Sie dabei die Gründe für Ihre Entscheidungen. Welche sprachlichen Mittel haben Ihnen beim Ordnen geholfen?**

3. **Machen Sie jetzt bitte aus Ihren beiden „Texthälften" für die Bereiche Export und Import einen zusammenhängenden Text. Welche Hälfte kommt zuerst? Warum?**

(A) Kraftwagen, Produkte der chemischen und Elektroindustrie, Eisen und Stahl nehmen die vorderen Plätze ein.

(F) Ein Blick in die deutsche Exportstatistik macht klar, daß die Bundesrepublik Deutschland einer der großen industriellen Ausrüster der Welt ist.

(B) So ist Erdöl die Nr. 1 bei den Einfuhren, denn der Energiebedarf der deutschen Wirtschaft ist mit den Energievorkommen im eigenen Land bei weitem nicht zu decken.

(G) Zählt man noch die Nahrungs- und Genußmittel hinzu, so sind die Agrareinfuhren sogar gewichtiger als die Energieeinfuhren.

(C) Die Bundesrepublik Deutschland ist damit der größte Agrarimporteur der Welt.

(H) An zweiter Stelle der Einfuhren stehen Agrarerzeugnisse.

(D) Nicht weniger kennzeichnend für die deutsche Wirtschaft ist die Zusammensetzung der Einfuhren.

(I) Jede vierte Maschine auf dem Weltmarkt stammt aus den Fertigungsstätten deutscher Maschinenbauer.

(J) Obenan auf der Liste der deutschen Exportgüter stehen Maschinen.

(E) Aber auch das übrige Exportsortiment ist überwiegend industriell bestimmt:

Information Außenwirtschaft, Presse- und Informationsamt der Bundesregierung.

4. Ihr Lehrer zeigt Ihnen anschließend den Originaltext.

Vergleichen Sie jetzt bitte den Inhalt des Textes aus B2 mit den Informationen, die Sie aus A3 (Schaubild) und B1 (statistische Übersicht) entnommen haben. Der Text ist älter als das Schaubild bzw. die statistische Übersicht. Wodurch unterscheidet sich der Text von A3 und B1?

Schreiben Sie den Text so um, daß er dem aktuellen Stand entspricht.

B4 **1. Schreiben Sie bitte den Text neu und setzen Sie dabei die fehlenden Zwischenräume, Satzzeichen und Großbuchstaben ein.**

F

andauernde „schieflage"

dieschieflagedeswelthandelshieltauch1989unverändertandasriesendefizitinderusleistung
sbilanzwirdsich1989nachjüngstenschätzungenderoecd(organisationfürwirtschaftlichezusa
mmenarbeitundentwicklung)nurgeringfügigvermindernstattsichwieimjahrzuvoraufminus12
6,6milliardendollarzuhaltenwirdes1989aufminus122milliardensinkenauchdiegroßenübersc
hußländerbleibendiegleichenwie1988nämlichjapan(plus61milliardendollar)unddiebundesr
epublikdeutschland(ebenfalls61milliardendollar)unddochgabesdramatischeveränderunge
nbesondersbeidendefizitländerngroßbritannienaustralienkanadaitalienspanienundschwed
enrutschenseitjahrensehrschnellimmertieferinsminusdieaußenwirtschaftlichepositiongroß
britanniensistnochbedenklicheralsjenederusadenndasdefizitinderleistungsbilanzderbriten
erhöhtesichauf32milliardendollarwas3,9prozentderbritischenwirtschaftsleistungentspricht
demgegenüberkommtdasauf122milliardendollarangewachsenedefizitderamerikanerledigli
ch2,3prozentderuswirtschaftsleistunggleichdieaustralierleistensichmitihremauf16,8milliard
endollarangestiegenenminussogareindefizitinhöhevonsechsprozentihrerwirtschaftsleistu
ng

Globus

2. Ihr Lehrer zeigt Ihnen anschließend den Originaltext.

B5 **1. Schreiben Sie bitte aus B4 alle Wörter heraus, die man mit *increase, drop/fall* und *remain constant* übersetzen könnte. Kennen Sie noch andere deutsche Wörter/Ausdrücke dafür?**

2. Beschreiben Sie bitte die folgenden Informationen entsprechend dem Beispiel.

Beispiel:
Der Umsatz hat sich um 50 Mio. erhöht. Die Firma hat ihren Umsatz um 50 Mio. erhöht. Es ist eine Steigerung des Umsatzes um 50 Mio. zu verzeichnen. Der Umsatz ist von 400 Mio. auf 450 Mio. gestiegen.

	Vorjahr	dieses Jahr
Umsatz	400 Mio. DM	450 Mio. DM
Export	150 Mio. DM	120 Mio. DM
Marktanteil	10 %	11 %
Zahl der Filialen	8	9
Investitionen	10 Mio. DM	7 Mio. DM
Gewinn	15 Mio. DM	18 Mio. DM
Belegschaft	800	720

1. **Beschreiben Sie bitte die vier Schaubilder. Welche Unterschiede und Gemeinsamkeiten gibt es? Benutzen Sie die Redemittel aus B1.**

Beispiel:
Etwas weniger als ein Drittel der Importe in dem rechten Schaubild gehören in die Kategorie „Bearbeitete Waren".

Struktur des Außenhandels nach Warenklassen (in %)

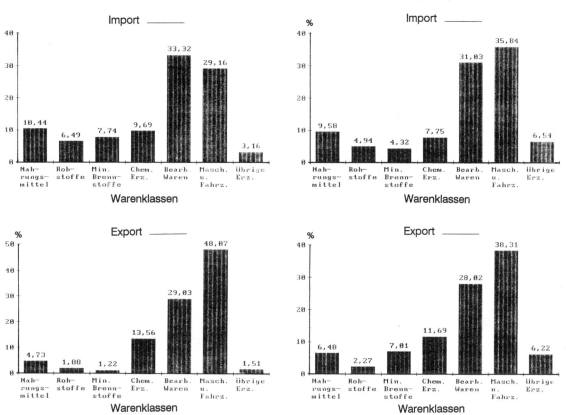

Nach: Statistisches Jahrbuch für die Bundesrepublik Deutschland

2. Bei den beiden Ländern handelt es sich um Großbritannien und die Bundesrepublik Deutschland.
   Zu welchem Land gehört welches Schaubild?

   Sie können überprüfen, ob Sie die richtige Lösung gefunden haben, indem Sie aus den folgenden Wörtern einen Satz bilden:

   britischen   Exporte   der   stehen   Importe

   Seite   auf   und   nicht   Die   linken

C2 Übersetzen Sie bitte den folgenden Text.

British-German Trade

— Great Britain, after France and Italy is the third most important export market for the Federal Republic of Germany today.

— The Federal Republic including West Berlin is Britain's second largest export market.

— The trade figures for January–June 1988 show Great Britain importing goods worth £8,229 million from the Federal Republic; exports to the Federal Republic from Britain were worth £4,542 million, leaving a balance of –£3,757 million.

— 15,000 West German companies do business with Great Britain; over half of these deal directly with British retail outlets or with the consumer from Germany.

— About 5.5% of German companies trading with Britain have set up branches there.

C3 Lesen Sie bitte auf der folgenden Liste die Anforderungen deutscher Kunden an ihre Lieferanten und den nachstehenden englischen Text zu demselben Thema. Kreuzen Sie diejenigen Anforderungen an, über die auch im englischen Text gesprochen wird.

Die zehn Gebote für den Export in die Bundesrepublik

1. einwandfreie Produktqualität ☐
2. attraktive und feste Preise ☐
3. Produkte mit langer Lebensdauer ☐
4. zuverlässiger Kundendienst ☐
5. leichte Wartung der Produkte ☐

6. technischer Vorsprung ☐
7. guter Ruf des Unternehmens ☐
8. strikte Einhaltung der Lieferfristen ☐
9. Eingehen auf individuelle Wünsche ☐
10. kurze Entfernung zum Kunden ☐

Exporting to Germany

Price is an important factor. If the price of home-produced goods is the same, the Germans prefer to buy locally. The price quoted must be calculated carefully and may not be subject to too frequent revision. It is advisable to quote prices which will be valid for one year.

Punctual delivery is very important to the Germans; it is essential for the maintenance of business relations over a long period of time.

The product supplied must be of impeccable quality.

Apart from these basic requirements, the following criteria are also important: the size of the enterprise, its plant, its reputation, its geographical proximity, its production capacity, its commercial policy, and the ability to conduct business in German.

In the case of products requiring after-sales service one further criterion must be taken into consideration: the Germans do not purchase goods which cannot be repaired locally and quickly.

76

Exportieren oder sich im Zielland ansiedeln?

1. **Lesen Sie bitte die beiden Anzeigen auf den Seiten 78 und 79. Machen Sie eine Aufstellung: Welche Argumente für eine Niederlassung im Ausland stehen in beiden Anzeigen, welche nur in der Anzeige für Schottland, welche nur in der für das Weser-Jade-Gebiet?**

nur Schottland	nur Weser-Jade	in beiden Anzeigen

2. **Was halten Sie von diesen Anzeigen? Geben Sie ausreichend Informationen? Vermissen Sie etwas? Welche Anzeige ist Ihrer Meinung nach attraktiver?**

Projekt D2

Stellen Sie sich vor, daß Sie in einer Firma arbeiten, die viel nach Deutschland exportiert. Es wurde der Vorschlag gemacht, daß Ihre Firma dort nun auch produzieren soll.

1. **Bilden Sie bitte zwei Gruppen; eine ist eher für die Produktion in Deutschland, die andere eher dagegen.**

2. **Legen Sie fest, um was für eine Firma es sich bei Ihnen handelt. Informieren Sie sich dann über die konkreten Exportbedingungen und über die Vor- und Nachteile der Produktion in Deutschland.**
   Berücksichtigen Sie dabei bitte die Entwicklungen in Deutschland seit dem 9. November 1989.

3. **Führen Sie danach ein Streitgespräch.**

Going to the Continent?

Does your company plan to expand and do you want to move to the Continent? Then the best place is right outside your front door – only 80 minutes by plane from London Heathrow. It is the coastal area Weser-Jade in Northern Germany.

182 sites at 64 places

The coastal area Weser-Jade comprises the state of Bremen and 12 towns and districts in Lower Saxony. 182 industrial and commercial parks at 64 different locations offer good opportunities to companies: Seven seaports equipped with special facilities which you will not find at any other European estuary; excellent transport connections ranging from rail links to motorways connecting the hinterland; ample supply of energy and water; and in addition superb leisure facilities.

These are the advantages of Weser-Jade:

- the major German seaport region
- efficient rail and motorway network
- secure energy supplies
- 8.000 ha of industrial and commercial sites for occupation
- high financial incentives from public sources
- skilled labour force

Information and assistance from one central source

The "Wirtschaftsförderungs-Gesellschaft Weser-Jade mbH" (Weser-Jade Economic Develop-

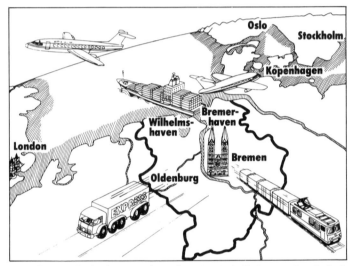

ment Corporation) whose services are free of charge, is at your disposal. It has all the facts and figures on industrial and commercial sites within its region collated in a location brochure. Ask for it!

The "Wirtschaftsförderungs-Gesellschaft Weser-Jade" advises you objectively and comprehensively. It cuts red tape with regard to public authorities and institutions. Experienced partners will evaluate your problems and work with you on solutions. This service is, of course, free of charge and confidential.

Wirtschaftsförderungs-Gesellschaft Weser-Jade mbH
Am Wall 187 · P.O.Box 10 03 69
2800 Bremen 1 · W.-Germany
Phone (04 21) 32 04 07

The Coastal Region of

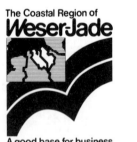

Weser-Jade

A good base for business

LASSEN SIE SICH IN SCHOTTLAND NIEDER.
IHR TOR ZUM BRITISCHEN MARKT.

Großbritannien ist die am schnellsten wachsende unter den größeren Volkswirtschaften in Europa. Wenn Sie diesen Markt erschließen wollen, sollten Sie nach Schottland kommen. Sie haben dann direkten Zugang zu einem hochentwickelten europäischen Markt mit 56 Millionen Menschen und zu einer blühenden Wirtschaft, die Sie beliefern und versorgen können. 300 ausländische Unternehmen haben sich schon hier niedergelassen, darunter europäische Firmen wie Heraeus, Oceano, Philips und Habasit. Für Unternehmen in den Bereichen Elektronik, Ingenieurswesen, Nahrungsmittelverarbeitung und Finanz sind zahllose Möglichkeiten vorhanden. Schottland heißt Investitionen aus Deutschland in der Form von Erzeugerwerken, Arbeitsgemeinschaften, Lizenzproduktionen und Vertriebs-einrichtungen willkommen. Unsere Hilfsquellen werden Ihnen dabei helfen, erfolgreich zu sein. Schottland ist eine hochindustrialisierte Nation mit moderner Infrastruktur und einer jungen, gut ausgebildeten Facharbeiterschaft. Die Verkehrsverbindungen innerhalb Großbritanniens und mit dem Rest Europas sind ausgezeichnet. Schottland ist Ihr Tor zum britischen Markt. Wenn Ihr Unternehmen nach neuen Märkten und neuen Möglichkeiten sucht, rufen Sie Gordon Aitken von der Scottish Development Agency in seinem Büro in Brüssel unter der Nummer (00) 322 539 27 74 an.

Scottish
Development
Agency

SCOTTISH DEVELOPMENT AGENCY, CHAUSEE DE CHARLEROI 27, BOITE 6, B-1060 BRÜSSEL, BELGIEN.
TELEFON (00) 322 539 27 74. FERNSCHREIBER 63061. FAX (00) 322 537 02 10.

1. Versuchen Sie bitte, die Lücken in dem folgenden Text zu füllen. Es kommt dabei keineswegs darauf an, jeweils das exakte Wort des Originaltextes zu finden. Jede dem Kontext entsprechende Lösung ist richtig.

Order through Standardisation

International and _____ standards reduce the obstacles to trade and _____ world trade. And this makes them particularly
5 _____ to a country such as the Federal Republic of Germany with its heavy _____ on _____ trade.

The _____ standards in
10 the _____ developed industrialised countries are a source of information on the latest _____ technology, and are _____ to all. They are _____ in
15 promoting the worldwide transfer of _____. And in so doing they also assist _____ cooperation with the Third World.

_____ standardisation is
20 essential for _____ with a wide range of technical and economic tasks; it provides all those involved in _____ and industry with a clearly defined, _____
25 basis for understanding.

Many protective functions (industrial safety environmental protection, consumer _____ etc.) would be _____ imposs-
30 ible without standardisation.

The use of _____ construction components in the development of new products and testing procedures accelerates the _____ of
35 new technical and scientific _____ into everyday application, as well as helping to _____ costs.

Standardised terminology and require-
40 ments, quality, safety and test criteria in the domestic market and in trade with other countries all help to _____ business efficiency on a domestic, European and
45 _____ level.

DIN Berlin

2. Ihr Lehrer zeigt Ihnen nun den Originaltext, so daß Sie überprüfen können, ob Sie den Sinn der fehlenden Wörter erkannt haben.

Dieses Beispiel soll Ihnen zeigen, daß es durchaus möglich ist, einen Text zu verstehen, in dem ein Teil der Wörter unbekannt ist.

1. Versuchen Sie bitte, im folgenden deutschen Text die Ihnen unbekannten Wörter ebenfalls aufgrund des Kontexts zu erschließen.

Eines der bekanntesten Symbole ist sicherlich das DIN-Zeichen, das dann verwendet werden darf, wenn die damit gekennzeichneten Erzeugnisse den für sie festgelegten
5 DIN-Normen genügen.

Das bekannteste Symbol für den Bereich der elektrischen Sicherheit dürfte das VDE-Zeichen sein. Es wird vom Verband Deutscher Elektrotechniker (VDE) heraus-
10 gegeben. Inzwischen gibt es mehrere tausend VDE-Vorschriften, und das VDE-Prüfzeichen hat einen hohen Bekanntheitsgrad.

Besondere Beachtung sollten Verbraucher
15 dem GS-Zeichen schenken. Die beiden Buchstaben stehen für „Geprüfte Sicherheit". Mit diesem Zeichen wurde ein einheitliches Prüfsymbol eingeführt, nicht zuletzt im Interesse der Verbraucher, die
20 durch die Vielfalt der bisherigen Zeichen kaum noch durchfanden. Da das GS-Zeichen alle Symbole, die bisher für geprüfte technische Arbeitsmittel vergeben wurden, ersetzt, brauchen die Verbraucher in Zu-
25 kunft, um ein sicheres Produkt zu kaufen, nur noch auf dieses eine Sicherheitszeichen zu achten.

Wegweiser für Verbraucher

2. Erklären Sie bitte auf englisch die verschiedenen Normen, von denen im Text die Rede ist.

Welche der beiden Personen könnte jeweils das Folgende sagen bzw. denken?

„Brüssel lebe hoch!"

„Die EG ist unser Ruin!"

„Gut, daß niemand merkt, was wir alles an der EG verdienen!"

„Wir Deutschen müssen immer für die anderen Europäer zahlen!"

„Eigentlich profitiert unsere Industrie ja doch ganz gut von der Europäischen Gemeinschaft!"

„Immer wollen die aus Brüssel unsere gute DM!"

Auf geht's zum Aufschwung

F2 **1. Lesen Sie bitte die beiden Texte und markieren Sie im deutschen Text die Wörter, die den im englischen Text unterstrichenen Wörtern entsprechen.**

West Germany climbs down over purity of sausages

The West German Government has made a significant climb-down from what it sees as its traditional right to protect the Federal Republic's frankfurter-loving citizens
5 against less wholesome foreign meat products.

Bonn has promised to change its meat purity laws to allow the import of meat containing a popular vegetable additive widely
10 used to give a firm consistency to the savoury jelly found in pies, tinned beef and ham. As a result, the commission has temporarily suspended a court case against the Bonn authorities for banning the import of
15 tinned Italian luncheon meat in contravention of EC free trade laws.

Like West Germany's unsuccessful legal battle last year to keep out 'impure' foreign beer, this dispute touches on emotive na-
20 tional feelings, both on the purity of food and drinks and on the future of the West German Länder, which administer food laws and which have been growing increasingly worried about seeing their powers
25 usurped by the national Government and by Brussels.

The Financial Times

Bier-Prozeß in Brüssel

Vor dem Europäischen Gerichtshof wird in dieser Woche über das deutsche Bier verhandelt. Genauer gesagt, geht es um das Reinheitsgebot des deutschen Bieres.

5 Weil die Deutschen darauf bestehen, daß auch importiertes Bier nach dem deutschen Reinheitsgebot gebraut sein muß, haben die EG-Kommissare die Bundesregierung verklagt. Die Brüsseler Behörde hält das
10 Bestehen auf dem Brau-Kodex aus dem Jahre 1516 – nach dem Bier nur aus Gerste, Hopfen, Hefe und Wasser bestehen darf – ganz einfach für einen Vorwand.

In Wahrheit wollten die Deutschen nach
15 Meinung der Brüsseler ihren Markt vor ausländischen Konkurrenten schützen. Für die Brüsseler steht fest, daß es der Bonner Regierung und den Bierbrauern nicht so sehr um reines Bier, sondern um reinen
20 Protektionismus geht.

Die Deutschen halten dagegen, die Einfuhrbeschränkungen für ausländische Biere, die statt mit teurer Braugerste auch mit billigem Mais und Reis oder gar mit Zu-
25 satzstoffen produziert würden, dienten vor allem der Gesundheit ihres biertrinkenden Volkes.

Der Spiegel

GLOSSAR

jdn. verklagen	to take someone to court for something
Gerste	barley
Hopfen	hops
Hefe	yeast
der Vorwand	the pretext

---

2. Im deutschen Text steht, daß es der Bonner Regierung und den Bierbrauern um reinen Protektionismus geht.
Ist auch der Regierung Ihres Landes schon einmal Protektionismus vorgeworfen worden? Worum ging es – ein Produkt oder eine Dienstleistung? Bitte berichten Sie.

3. Schreiben Sie bitte auf englisch eine kurze Zusammenfassung des deutschen Textes.

Lesen Sie bitte den deutschen Text und die englische Zusammenfassung. Stimmen Text und Zusammenfassung inhaltlich überein? **F3**

Gleiches Recht für alle

Selbst wenn der deutsche Grundsatz „Schnaps ist Schnaps, und Bier ist Bier" in allen EG-Staaten gelten sollte, <u>gehen</u> die Meinungen darüber, was Schnaps ist, erheblich <u>auseinander</u>.	to differ
5 <u>der</u>. Allen in diesem Zusammenhang interessierenden Getränken <u>gemein ist</u> nur eins: der Alkohol. Die <u>Besteuerung</u> alkoholischer Getränke aber ist in den EG-Mitgliedstaaten derart unterschiedlich, daß der Europäische Ge-	to have in common taxation
10 richtshof einige der diskriminierenden <u>Steuervorschriften</u> für <u>unvereinbar</u> mit dem EWG-Vertrag erklärte. So hatte Frankreich Whisky, Gin und Wodka mit einer <u>Sonderabgabe belegt</u> – wohl mit dem Ziel, daß die auf diese	tax regulations incompatible special tax; to levy
15 Weise verteuerten „Ausländer" weniger Konkurrenz für <u>einheimische</u> Getränke wie Cognac, Calvados und Armagnac sein würden. Italien hatte seine „Banderolensteuer" auf Whisky und Rum stark erhöht, die Steuer auf	home-produced
20 einheimischen Grappa und Weinbrand aber unverändert gelassen. Dänemark schützte auf ähnliche Weise seinen Aquavit. In allen Fällen <u>begünstigten</u> die EG-Staaten „ihre" Erzeugnisse durch „neutrale" Vorschriften, die „zu-	to favour
25 fällig" die ausländische Konkurrenz <u>benachteiligten</u>.	to be put at a disadvantage
Solche Maßnahmen <u>verstoßen</u> gegen Art. 95 EWG-Vertrag, der <u>untersagt</u>, daß auf Waren von Partnerstaaten <u>unmittelbar</u> oder <u>mittelbar</u>	to contravene to prohibit direct; indirect
30 höhere <u>Abgaben erhoben</u> werden als auf gleichartige einheimische Waren.	to tax

EG Magazin

Alcohol taxation regulations within the EC vary considerably from country to country. The European Court has decreed that despite the fact that this contravenes Article 95 of the EC contract, home-produced alcoholic beverages should be discriminated against positively and direct taxation levied on imported alcoholic products.

Der englische Ausdruck *to tax a product* **kann im Deutschen auf verschiedene Art ausgedrückt** **F4**
werden.
Ergänzen Sie bitte die folgenden Ausdrücke mit den entsprechenden Verben aus dem Text F3.

ein Erzeugnis *besteuern*

auf Waren Abgaben _____

ein Erzeugnis mit einer Abgabe _____

F5 Erweiterte Partizipialattribute

[Die durch Sonderabgaben verteuerten Getränke] sind keine Konkurrenz für einheimische Produkte.
1. [„   „   „   „]
2. Artikel   Bezugswort
3.   Partizip
4. Wie

Analyseschritte:

1. Identifizieren Sie die ganze Nominalgruppe *(Die ... Getränke)*
2. Identifizieren Sie den Kern: Artikel (falls vorhanden) plus Bezugswort *(die/Getränke)*
3. Identifizieren Sie das Attribut links vom Bezugswort (Partizip: *verteuert*)
4. Identifizieren Sie die Erweiterungen (wann, wo, wie, wozu?: *durch Sonderabgaben*)

Analysieren Sie bitte:

a) Er besuchte einen in einer Datenverarbeitungsfirma arbeitenden Informatiker.
b) Ein von dem neuen Mitarbeiter entwickelter Plan wurde kritisiert.
c) In der Datei fehlen noch die auf der letzten Messe gewonnenen Geschäftskontakte.
d) In diesem Buch finden Sie zu diesem Zweck konstruierte Übungen.
e) Die vom Statistischen Bundesamt ermittelten Zahlen sind sehr wichtig für die Wirtschaft.

Formen Sie bitte die Sätze so um, daß die Partizipialkonstruktionen in Relativsätze aufgelöst werden.

Beispiel:
Die durch Sonderabgaben verteuerten Getränke sind keine Konkurrenz für einheimische Produkte.
Die Getränke, die durch Sonderabgaben verteuert worden sind, sind keine Konkurrenz für einheimische Produkte.

F6 1. Ergänzen Sie bitte die folgende Übersicht mit den drei nachstehend angegebenen Steuerarten.

Abgaben in der Bundesrepublik Deutschland

direkte Steuern	Einkommensteuer:	Steuer auf die gesamten Einkünfte natürlicher Personen
	Lohnsteuer:	die Einkommensteuer, die bei Einkünften aus nichtselbständiger Arbeit an der Quelle durch direkten Abzug vom Arbeitslohn erhoben wird
	Körperschaftsteuer:	Einkommensteuer von juristischen Personen
	Kapitalertragsteuer:	Steuer, die auf Gewinnanteile und Zinserträge erhoben wird
	Vermögensteuer:	Steuer, die auf Geld und in Geld schätzbaren Besitz erhoben wird
	_____:	
	_____:	

indirekte Steuern	Mehrwertsteuer:	Umsatzsteuer, die nach dem Wertzuwachs, den eine Ware in einer Firma erfährt, berechnet wird
	_____ :	
Zölle	Einfuhrzoll:	Abgabe für aus dem Ausland hereingebrachte Güter
	Ausfuhrzoll:	Abgabe für Waren, die ins Ausland verkauft werden

	Kraftfahrzeugsteuer:	Steuer auf das Halten eines Kraftfahrzeugs, das zum Verkehr auf öffentlichen Straßen dient
	Gewerbesteuer:	Steuer, die Gewerbetreibende an die Gemeinden abführen müssen; Bemessungsgrundlage sind Ertrag, Kapital und Lohnsumme
	Mineralölsteuer:	Steuer auf Mineralöl

2. Geben Sie bitte nach dem gegebenen Muster die englischen Entsprechungen an.

_____	=	Einkommensteuer
P.A.Y.E. _____	=	Lohnsteuer
_____	=	Körperschaftsteuer
_____	=	Vermögensteuer
_____	=	Mehrwertsteuer
_____	=	Einfuhrzoll
_____	=	Ausfuhrzoll
_____	=	Kraftfahrzeugsteuer
_____	=	Kapitalertragsteuer
_____	=	Gewerbesteuer
_____	=	Mineralölsteuer

~~P.A.Y.E.~~ — wealth tax — capital gains tax — road tax/motor vehicle tax — import duty — V.A.T. — trade tax — corporation tax — tax on oil — export duty — income tax

F7 Sehen Sie sich bitte die Tabelle an und ergänzen Sie dann den Text.

Andere Länder – andere Steuern		
Von den Steuereinnahmen entfallen auf (in Prozent):		
	Steuern auf	
Einkommen	Vermögen	Umsatz, Verbrauch
Japan 66	14	20
USA 64	14	22
Schweiz 60	13	27
Bundesrepublik D. 56	4	40
Großbritannien 47	16	37
		Süddeutsche Zeitung

Etwa dreimal höher als in der _____ sind in _____, der

_____, den _____ und in Japan die Einnahmen aus der

Vermögensteuer. Andererseits spüren die Bundesbürger, aber auch die _____

den Zugriff des Fiskus bei den _____- und _____. Sie tragen

rund 40 % zum Steueraufkommen der zwei Staaten bei und übertreffen damit den ent-

sprechenden Anteil in Japan und den USA um fast hundert Prozent.

──────── **GLOSSAR** ────────

der Fiskus	treasury

Am 1.1.1990 trat in der Bundesrepublik die dritte Stufe der von der CDU/CSU/FDP-Regierung **F8**
entworfenen Steuerreform in Kraft. An der Gesamtentlastung der Steuerzahler bei den direkten
Steuern von etwa 44 Mrd. DM hat die dritte Stufe einen Anteil von 19 Mrd. DM (1. Stufe 1986:
11 Mrd. DM, 2. Stufe 1988: 14 Mrd. DM). Mit der Steuerreform wird u. a. eine Senkung des An-
teils der direkten Steuern (1986: 59,4 %) angestrebt.
Seit 1988 tritt die SPD für eine Erhöhung der Energieverbrauchsteuern und die Erhebung
besonderer Abgaben für umweltschädliche Produkte ein. Diese Mehreinnahmen sollen dann
für Investitionen im Umweltschutz eingesetzt werden.

**Was halten Sie von der Idee der „Ökosteuer"? Welche Produkte wären in besonderem
Maße betroffen? Glauben Sie, daß die Ökosteuer in Ihrem Land eine Chance hätte?**

1. Lesen Sie bitte den ersten Abschnitt des Textes und unterstreichen Sie darin die am **F9**
**häufigsten vorkommenden Substantive und Adjektive (auch wenn sie in Zusammenset-
zungen auftreten). Bilden Sie anhand der von Ihnen unterstrichenen Wörter eine Hypo-
these über den Inhalt dieses Abschnitts. Was sagen Ihnen diese Wörter über den Inhalt
des ersten Absatzes?**

Mit Inkrafttreten der Zollunion am 1. Juli 1968 wurde gleichzeitig im Handel mit der übrigen Welt ein Gemeinsamer Außenzoll-
tarif wirksam. Waren aus Drittländern un-
5 terliegen seither einem einheitlichen Zoll-
satz, ganz gleich über welchen Hafen –
Rotterdam, Hamburg oder Genua – oder
über welchen Grenzübergang sie in die Gemeinschaft eingeführt werden. Das Niveau
10 des Gemeinsamen Zolltarifs wurde aus
dem arithmetischen Mittel der nationalen
Zollsätze der Mitgliedstaaten, wie sie Anfang Januar 1957 gültig waren, festgesetzt.
Folglich mußten – und taten es auch – tra-
15 ditionelle Hochschutzzollländer wie Frankreich und Italien ihre Einfuhrzölle zum Teil
beträchtlich senken, die Bundesrepublik
und die Beneluxländer dagegen ihre
Zollsätze erhöhen. Die Schutzzollländer
20 öffneten damit ihre ehemals geschützten
Märkte stärker der Konkurrenz. Heute
zählt die Gemeinschaft zu den Gebieten mit
den niedrigsten Einfuhrzöllen in der Welt.
Die jetzt gültigen Sätze sind niedriger als
25 die des schon minimalen deutschen Zolltarifs von 1958.

Mit den Ländern der Europäischen Frei-
handelszone (EFTA = European Free
Trade Association). Finnland, Island, Liech-
30 tenstein, Norwegen, Österreich, Schweden
und der Schweiz hat die Europäische Gemeinschaft ein Freihandelsabkommen ge-

schlossen, womit ein ungehinderter Warenverkehr vom hohen Norden Europas bis
35 zum Mittelmeer möglich wird. Im Handel
mit den EFTA-Staaten weist die Statistik
einen Überschuß von knapp fünf Milliarden DM zugunsten der Gemeinschaft aus.
Über 300 Millionen Menschen profitieren
40 von dieser Übereinkunft.

Die Industrieländer sind auf die Entwick-
lungs- und Schwellenländer angewiesen,
nicht nur heute, sondern auch in Zukunft.
Rohstoffe gehören zu den Grundlagen des
45 wirtschaftlichen Geschehens in Europa. Ob
Kaffee, Baumwolle, Magnesium oder Kup-
fer: Die Gemeinschaft ist zu etwa 90 Prozent von der „Dritten Welt" abhängig. Andererseits sind die Industriestaaten Europas
50 an der Erschließung neuer Absatzmärkte
interessiert. Die „Dritte Welt" ist der
Hauptkunde der Gemeinschaft. 41 Prozent
der EG-Ausfuhren gehen in diese Staaten-
gruppe, dagegen nur 15 Prozent in die USA
55 und drei Prozent nach Osteuropa. Mit 65
Staaten des afrikanischen, karibischen und
pazifischen Raums (AKP-Staaten) sind die
zwölf durch das Abkommen von Lomé eng
verbunden. Die EG bietet diesen Staaten
60 zollfreie Einfuhren ohne mengenmäßige
Beschränkungen für fast alle Produkte.

Daten und Informationen
über die Europäische Gemeinschaft

2. Suchen Sie im Text die deutschen Entsprechungen.

the coming into force of _____

external (customs) tariff _____

third party, non-member countries _____

to be subject to _____

border crossing _____

European Free Trade Association _____

free trade agreement _____

free movement of merchandise _____

to reveal an excess _____

agreement _____

threshold countries _____

to be dependent on _____

raw materials _____

cotton _____

the opening up of new markets _____

exempt from customs duty _____

restriction _____

3. Suchen Sie bitte zu jedem der drei Abschnitte eine Überschrift und anschließend eine Überschrift für den Gesamttext.

1. Abschnitt: _____

2. Abschnitt: _____

3. Abschnitt: _____

Überschrift für den Gesamttext: _____

4. Tragen Sie bitte die Namen der EG-Länder und der anderen Staaten in die Karte ein. Die Namen dieser Länder lassen sich aus den nachstehenden Silben bilden.

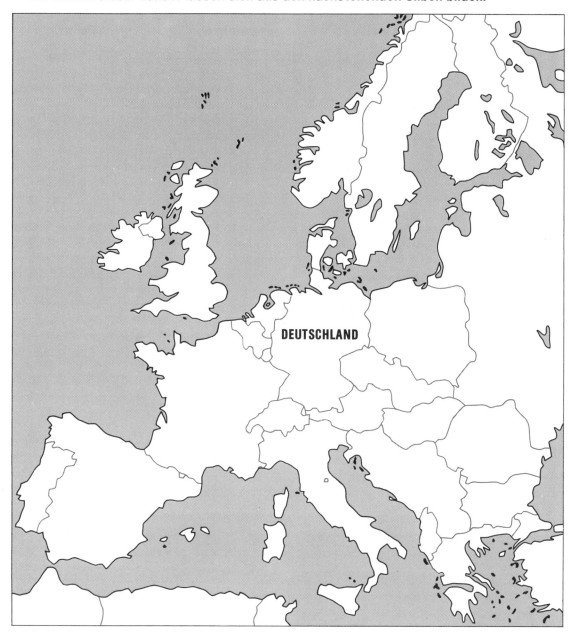

AL — BA — BEL — BRI — BUL — BURG — CHEN — CHO — DÄ — DE — DER — EN — EN — EN — EN — EN — EN — EN — EN — FRANK — GA — GAL — GARN — GI — GO — GRIE — GROSS — IR — ITA — JET — JU — KEI — LAN — LAND — LAND — LEN — LI — LU — MÄ — MARK — NE — NI — NI — NI — NI — NIE — ON — PO — POR — REICH — RI — RU — SLA — SLO — SOW — SPA — TAN — TSCHE — TU — UN — UNI — WA — WI — XEM

5. Für einige Länder haben Sie keinen Namen in die Karte eingetragen. Was wird zu diesen Ländern im Text auf S. 87 gesagt?

F10 Nachstehend finden Sie eine Liste mit Hauptstädten.
Füllen Sie bitte die leeren Spalten aus und benutzen Sie dabei evtl. Ihr Wörterbuch.

	Land	Einwohner	Adjektiv
Stockholm	*Schweden*	*der Schwede*	*schwedisch*
Helsinki			
Oslo			
Kopenhagen			
Reykjavik			
London			
Dublin			
Amsterdam	*die*		
Brüssel			
Luxemburg			
Paris			
Madrid			
Lissabon			
Bern	*die*		
Rom			
Wien			
Belgrad			
Tirana			
Athen			
Ankara	*die*		
Sofia			
Bukarest			
Budapest			
Prag	*die*		
Warschau			
Moskau	*die*		
Canberra			
Tokio			
Peking			
Neu-Delhi			
Teheran	*der*		
Bagdad	*der*		
Riad			
Kairo			
Tripoli			
Ottawa			
Washington	*die*		

Caracas	_____	_____	_____
Brasilia	_____	_____	_____
Edinburgh	_____	_____	_____
Cardiff	_____	_____	_____
Belfast	_____	_____	_____

> Nouns denoting nationality which end in *e* are weak masculine nouns and subsequently take an *n* in all cases except the nominative. *der Deutsche* is a nominalised adjective and hence takes the following forms:
> *der Deutsche — ein Deutscher*

G1

Die folgenden zehn Faktoren spielen für den Außenhandel eines Landes unterschiedlich wichtige Rollen.
Bitte bringen Sie sie in eine Reihenfolge, wobei an erster Stelle der für Sie wichtigste Faktor steht, an zehnter Stelle der am wenigsten wichtige. Begründen Sie Ihre Reihenfolge, und vergleichen Sie Ihre Ergebnisse in der Gruppe.

Vorhandensein von Rohstoffen	☐	niedriges Lohnniveau	☐
Vorhandensein von Energiequellen	☐	technologische Entwicklung	☐
klimatische Bedingungen	☐	Währungsparität	☐
Eigenschaften des Bodens	☐	Infrastruktur	☐
hochqualifizierte Arbeitskräfte	☐	Mehrsprachigkeit	☐

Für mich ist ... am wichtigsten, weil ...
Meiner Meinung nach hat ... besondere Bedeutung, denn ...; deshalb steht ... oben/unten in meiner Reihenfolge.
Da ..., spielt ... eine weniger wichtige Rolle.

G2

F

Der folgende Text enthält weitere Informationen über den Außenhandel der Bundesrepublik.
Schreiben Sie ihn bitte neu und setzen Sie dabei die fehlenden Zwischenräume, Satzzeichen und Großbuchstaben ein.

seitvielenjahrenstehendiewesteuropäischennachbarstaatenvorallemdiepartnerindereuropäis

chengemeinschaftandersspitzederlieferantenundkundenlistederbundesrepublikdeutschlandal

slieferantundkundeliegtfrankreichwieschon1988auch1989ganzvornzusammengenommenwic

keltdiebundesrepubliketwa70prozentihresaußenhandelsmitegländernabderanteilderentwickl

ungsländeramdeutschenaußenhandelbeträgtungefähr22prozentaberihrebedeutungistgrößer

alssichvondieserzahlablesenläßtdenndieeinfuhrenausentwicklungsländernbestehenzumgrö

ßtenteilauswichtigenrohstoffenundenergieträgernvondereneinfuhrdiefunktionsfähigkeitderde

utschenwirtschaftabhängt

Information Außenwirtschaft

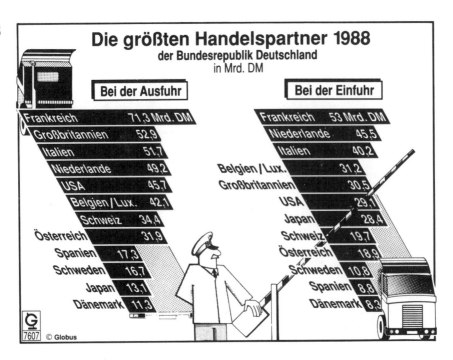

Die beiden Schaubilder zeigen die wichtigsten Handelspartner der Bundesrepublik Deutschland.

Beschreiben Sie bitte die Schaubilder, indem Sie a) die verschiedenen Länder als Kunden und Lieferanten und b) die Handelsergebnisse von 1988 und 1989 vergleichen. Verwenden Sie dabei bitte das sprachliche Material aus B1 und Konstruktionen wie:

Während ... Waren im Wert von ... in die Bundesrepublik lieferte, führte(n) es/sie für ... aus/belief sich der Import auf ...

Im Gegensatz zu den Einfuhren aus der Bundesrepublik, die ... erreichten, belaufen sich die Ausfuhren (nur) auf ...

Im Vergleich zu den Einfuhren aus ..., die ... ausmachten, betrugen die Exporte nach/in die ... fast/etwas mehr als ... soviel.

Während ... 1988 Waren im Wert von ... einführte/ausführte, stieg/fiel der Import/Export 1989 auf (um) ...

G4

Die folgende Übung mag Ihnen schwierig erscheinen, weil es sich um einen etwas komplizierten Sachverhalt handelt, nämlich den Waren- und Devisenverkehr eines Landes mit dem Ausland.

Lesen Sie bitte die Definitionen und ordnen Sie die nachstehenden Beispiele bzw. Erklärungen a–f jeweils der passenden Definition zu.

Handelsbilanz *(balance of trade):*
erfaßt den Warenverkehr mit dem Ausland
Einfuhren und Ausfuhren von Waren

Dienstleistungsbilanz *(balance on services):*
erfaßt den Austausch von Dienstleistungen mit dem Ausland

Übertragungsbilanz *(balance on transfer account):*
erfaßt den Austausch von unentgeltlichen Leistungen

Kapitalbilanz *(balance of capital transactions):*
erfaßt alle Zahlungen zum Zwecke der Kapitalanlage im Verkehr mit dem Ausland

---

Zahlungsbilanz *(balance of payments):*
erfaßt alle wirtschaftlichen Transaktionen mit dem Ausland

Leistungsbilanz *(balance on goods, services, unilateral transfers):*
erfaßt die drei wichtigsten Posten der Zahlungsbilanz

---

a) Zahlungen an internationale Organisationen; Überweisungen ausländischer Arbeitskräfte in ihre Heimatländer; Entwicklungshilfe
b) umfaßt die Handelsbilanz, Dienstleistungsbilanz, Übertragungsbilanz, Kapitalbilanz und Devisenbilanz
c) umfaßt die Handelsbilanz, Dienstleistungsbilanz und Übertragungsbilanz
d) ~~Einfuhren und Ausfuhren von Waren~~
e) Leistungen im internationalen Reiseverkehr; Transportleistungen; Kapitalerträge
f) direkte Investitionen; Kredite; Erwerb ausländischer Wertpapiere

G5 Ergänzen Sie bitte den Text mit den nachstehend aufgeführten Wörtern.

Die Folgen der Aufwertung *(revaluation)* und der Abwertung *(devaluation)*

Als Folge einer Abwertung werden Einfuhren _____ und Ausfuhren

_____ . _____ kann deshalb ein Mittel sein, die Handels-

und Dienstleistungsbilanz durch erhöhte _____ und verminderte

_____ zu verbessern. Als Folge einer _____ werden

Einfuhren billiger und Ausfuhren teurer. _____ kann ein Mittel sein, um

Leistungsbilanzüberschüsse zu beseitigen.

Wirtschaft auf einen Blick

Abwertung — Aufwertung — Aufwertung — billiger — Exporte — Importe — teurer

---

G6 Die fehlenden Buchstaben in der mittleren Spalte ergeben – von oben nach unten gelesen – eine wichtige Einrichtung im Außenhandel.

F

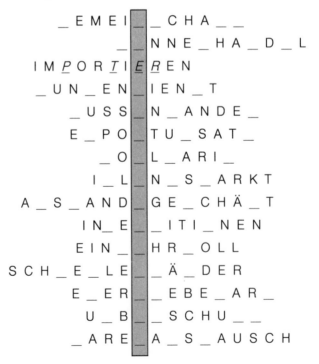

```
        _ E M E I _ _ C H A _ _
              _ N N E _ H A _ D _ L
      I M P O R T I E R E N
        _ U N _ E N _ I E N _ T
          _ U S S _ N _ A N D E _
        E _ P O _ T U _ S A T _
            _ O _ L _ A R I _
          I _ L _ N _ S _ A R K T
    A _ S _ A N D G E _ C H Ä _ T
          I N _ E _ _ I T I _ N E N
          E I N _ _ H R _ O L L
  S C H _ E _ L E _ Ä _ D E R
        E _ E R _ _ E B E _ A R _
          U _ B _ _ S C H U _ _
        _ A R E _ A _ S _ A U S C H
```

Aus den folgenden Silben lassen sich fünf Wörter bilden, die im internationalen Handels- **G7**
verkehr eine Rolle spielen.

1. hält Importe auf
2. neue Branche
3. 1990 wurde die BRD nicht nur Fußballweltmeister, sondern auch ...
4. zu viel
5. stehen am Anfang des Produktionsprozesses

ar — ber — bei — da — ex — fe — mei — mus — nis — port — pro — roh — sig — schüs
— ster — stof — tek — ten — tio — tung — ver — welt — ü —

Hier finden Sie sieben verschiedene Lieferbedingungen.   **H1**
Ordnen Sie sie bitte
a) nach dem Transportweg und
b) innerhalb der Rubrik nach der Höhe der Kosten, die für den Käufer zusätzlich zum Kauf-
   preis anfallen.

	Transport auf dem Landweg	Seetransport
geringste zusätzliche Kosten für den Käufer	1. *frei Haus* _____ 2. _____ 3. _____ 4. _____ 5. _____	1. _____ 2. _____

ab Bahnhof ... (des Lieferers)
Die Bahnfracht geht zu Lasten des Käufers.

frei Grenze
Der Verkäufer trägt alle Kosten bis zur Grenze.

cif ... (Bestimmungshafen)
Der Verkäufer trägt alle Kosten einschließlich der Seeversicherung bis zum Bestimmungshafen.

frei Haus
Der Verkäufer trägt alle Kosten bis ins Lager des Käufers.

fob ... (Verschiffungshafen)
Der Verkäufer trägt alle Kosten, bis sich die Ware an Bord des Seeschiffes befindet.

ab Werk
Der Käufer trägt alle Kosten.

frei Bahnhof ... (des Käufers)
Die Bahnfracht geht zu Lasten des Verkäufers.

H2 1. Lesen Sie den Text und markieren Sie bitte darin die Entsprechungen der nebenstehenden englischen Begriffe.

Wer heute technische Produkte erfolgreich in alle Welt verkaufen will, der muß sich auf internationalen Märkten bestens auskennen – und seinen Kunden den Service
5 vor Ort bieten können.
In der Bundesrepublik sichert der Export jeden fünften Arbeitsplatz – ein Indiz für die Bedeutung des Außenhandels. Diese Position zu sichern, erfordert auf dem
10 Weltmarkt künftig große Anstrengung. Hoesch ist dafür gerüstet. Schon heute steuert der Export mehr als 38 Prozent zum Umsatz bei. Wir sind mit Handels- und Exportunternehmen und unseren Niederlas-
15 sungen in den wichtigsten Märkten vertreten. Vor Ort, im In- und Ausland, liefern wir unseren Kunden praxisorientierte Lösungen. Wir beschränken uns nicht darauf, nur Produkte zu verkaufen, sondern wir
20 bieten ein umfassendes Serviceprogramm, von der Beratung über die richtige Materialauswahl bis zur schnellen Versorgung mit Ersatzteilen.

job
to be represented
to restrict oneself to
selection of material
branch
comprehensive range of services
to be prepared for something
supply of spare parts

HOESCH

2. Übersetzen Sie bitte die folgenden Sätze und verwenden Sie dabei jeweils ein Verb aus dem Text.

a) We also deliver abroad.
b) We do not want to restrict ourselves to this market.
c) This policy safeguards our high rate of turnover.
d) This necessitates a wide range of services.
e) This company sells its products all over the world.
f) We try to offer our clients the best possible service.
g) He knows a lot about the export market.

H3 1. Wofür wird in der folgenden Anzeige geworben? Kreuzen Sie bitte das richtige Wort an.

Transportsystem ☐

Produktionssystem ☐

Computersystem ☐

Zahlungssystem ☐

Ihre Spielzeug-Enten sitzen in irgendeinem Lagerhaus in Schweden. Und spanische Babys weinen sich vielleicht danach die Augen aus ?

Ein Produkt auf internationaler Ebene zu vertreiben, ist alles andere als ein Kinderspiel.

Wenn man in mehreren Ländern zugleich
5 tätig ist, benötigt man ein System, das einen ganz genau darüber informiert, was jederzeit an den einzelnen Standorten vor sich geht.

Wenn man auch nur in einem Land Ver-
10 brauchernachfrage und Marktversorgung aus den Augen verliert, läuft man Gefahr, aus dem Rennen zu sein. Wir haben die Antwort auf solche Probleme. Mit unserem universell einsetzbaren _____
15 können Sie alle Ihre Verwaltungs–, Fertigungs– und Vertriebsstätten zusammenschließen.

Wir können zum Beispiel einem schwedischen Spielzeugfabrikanten dabei helfen,
20 seine überschüssigen Gummi-Enten quer durch Europa in ertragreiche südeuropäische Märkte zu schicken.

Denn mit Hilfe unseres internationalen _____ können die Mitarbei-
25 ter der Niederlassungen in der ganzen Welt Aufträge buchen und Lagerbestände überprüfen, noch während sie mit dem Kunden telefonieren.

All das trägt zu einer besseren Verteilung
30 der Lagerbestände und niedrigeren Verwaltungskosten bei. Ganz gleich, ob Sie die Welt mit Spielzeug-Enten oder irgendeinem anderen Produkt beliefern.

2. Übersetzen Sie bitte! Für die unterstrichenen Wörter finden Sie die deutschen Entsprechungen im vorstehenden Text.

1. This company is internationally renowned.

_____

2. We must check our stock.

_____

3. Market supplies are insufficient.

_____

4. Production levels do not correspond to consumer demand.

_____

5. This system can be used in every country.

_____

6. We have lowered our administrative costs.

_____

7. Our products have not yet been distributed in Switzerland.

_____

8. The sale of excess products is a problem.

_____

9. We are waiting for the director of our Austrian branch.

_____

H4 Notieren Sie bitte in den folgenden Rubriken Wörter bzw. Ausdrücke aus dem gesamten Kapitel. Vergessen Sie bitte bei den Substantiven die Artikel nicht.

Substantive:

Wichtige Adjektive in Verbindung mit Substantiven:

Ausdrücke:

Verben:

Verben:

Kapitel 4

Banken

A1   **1.** Bei dem folgenden Text handelt es sich um Auszüge aus einer Anzeige der Deutschen Bank.
Sie werden den Text ohne weitere Hilfen ungefähr verstehen. Zum genaueren Verständnis soll Ihnen die darauffolgende Übung helfen.

---

db-Unternehmens-Service

Mittelständische Unternehmer erwarten heute von ihrer Bank eine kompetente Beratung.

Der Unternehmens-Service der Deutschen Bank wird diesem Anspruch gerecht. Er umfaßt Finanzplanung, Investitionsberatung, Marktanalysen sowie Informationen über technische Entwicklungen und Auslandsmärkte.

Persönlich & engagiert: Unsere Beratung

Bei Ihren finanziellen und unternehmerischen Entscheidungen unterstützt Sie unser Kundenbetreuer.
Nutzen Sie sein Wissen, sein Verständnis und sein Engagement bei allen wichtigen Fragen. Er sorgt dafür, daß Ihnen unser umfassender db-Unternehmens-Service voll zugute kommt.

Mit uns haben Sie immer die richtige Bank.

Deutsche Bank

---

2. Die folgenden Sätze geben jeweils den Inhalt eines Satzes aus der obigen Anzeige verkürzt wieder.
Schreiben Sie bitte die Buchstaben a–f jeweils neben die entsprechenden deutschen Sätze in der Anzeige.

a) Our advisors will help you to make your decisions.
b) The Deutsche Bank will inform and advise you in several areas.
c) Small businesses want to be advised by their bank.
d) You will benefit from the full range of our services.
e) You should use his knowledge and competence.
f) The Deutsche Bank meets these requirements.

A2   **1. Schreiben Sie bitte auf deutsch alle Tätigkeiten von Banken auf, die Ihnen einfallen.**

Beispiel: Geld wechseln

2. Schreiben Sie jetzt in Stichpunkten auf, was im Text alles über die Tätigkeiten von Banken angeführt wird. Benutzen Sie dazu bitte Nominalformen.

Beispiel: Banken nehmen Einlagen entgegen → Entgegennahme von Einlagen

---

Banken nehmen <u>Einlagen</u> in jeder Höhe und in verschiedenen Fristen entgegen, gewähren kurz-, mittel- und langfristige <u>Kredite</u> aller Größenklassen, führen <u>Wertpapiergeschäfte</u> aller Art durch – d.h. sie kaufen, verkaufen und verwahren Wertpapiere und beteiligen sich an Wertpapieremissionen –, wickeln den <u>Zahlungsverkehr</u> ab und führen <u>Devisen-</u> sowie <u>Münz- und Edelmetallgeschäfte</u> durch.

Das Bankwesen in Deutschland

BARCLAYPLUS: THE FACTS

Service: A special savings account for young people.

Who is it for?   Young people aged 14 and over.

Advantages: Interest on your savings. BarclayPlus card for cash-dispenser withdrawals. Free account opening pack. No bank charges. Standing order and direct debit facilities.

BARCLAYPLUS: THE DETAILS

Earn some interest.

Whatever you do manage to save in your BarclayPlus account will earn you a good rate of interest.
This is added to your account every three months, so even your interest could earn interest.

Cash when you need it.

Your money is your money. So we've made it easy to get your hands on it whenever you need it.

Our special BarclayPlus card which you can apply for lets you get cash out of thousands of machines all over the country, day or night, at Barclays, Lloyds, The Bank of Scotland and The Royal Bank of Scotland cash dispensers.
In fact it'll let you withdraw up to £30 a day, as long as you have sufficient funds in your account.
(For larger sums you should simply call in at your own branch.)

Managing your money.

As you start to have more money, so you may start to have more financial commitments.
That's why we've designed our BarclayPlus account to grow with your needs.
If, for example, you're 16 or over and you pay out regular sums of money to a club or other organisation, we can arrange to pay that sum automatically by standing order or direct debit so that you won't have to remember.
When you start work you may need a cheque book, if so we can turn your BarclayPlus account into a current account.
You'll still have the same account number but we'll give you a new cash card.

Free banking.

A BarclayPlus account and everything that goes with it is absolutely free.
There are no bank charges whatsoever on this account.
And you don't even lose interest on your savings when you decide to withdraw some money quickly.

What to do now.

You can open a BarclayPlus account with £1. Just fill in the BarclayPlus card application form and bring it along to your local Barclays Branch. We'll help you fill in your account opening form and have you signed up as fast as we can.

DAS BANKKONTO FÜR JUNGE LEUTE

Wer's hat – blickt durch.

PRIMAGIRO ist ein richtiges Bankkonto für junge Leute. Damit kann man prima mit seinem Geld umgehen und so selbständig, wie es die Erwachsenen mit ihrem Bankkonto tun.

Wer ein solches PRIMAGIRO-Konto hat, kann darauf einzahlen und davon abheben. Und Zahlungen, die immer wieder anfallen, zum Beispiel Vereinsbeiträge, einfach abbuchen lassen. Was sonst zu zahlen ist, wird locker überwiesen. Und wenn die Oma mal einen kleinen Geburtstags-Scheck einpackt, dann läßt man den gutschreiben.

Prima beim PRIMAGIRO-Konto ist aber auch der Dauerauftrag, mit dem die Eltern das Taschengeld überweisen. Das geht so pünktlich ein wie Vaters Gehalt auf seinem Konto. Man braucht niemanden daran zu erinnern und kann fest damit rechnen.

Eine prima Geldadresse also und eine prima Buchführung, denn auf den Kontoauszügen sieht man, was eingegangen ist und ausgegeben wurde und was noch darauf wartet, ausgegeben oder gespart zu werden.

Noch was Besonderes
an PRIMAGIRO :
Es kostet nichts.
Keine Gebühren.
Keine Spesen.
Nichts.
Bringt aber einiges.
Prima !

Wie man ein PRIMAGIRO-Konto eröffnet :
Den umseitigen Kontoeröffnungsantrag einfach ausfüllen und zu uns bringen.

Das Gironko wird dann sofort eröffnet, und alle Unterlagen bekommt man gleich in die Hand. Auch die PRIMAGIRO-Kundenkarte.

Eines Tages wächst natürlich jeder aus dem PRIMAGIRO-Konto heraus...

macht den Sprung ins Berufsleben... studiert... wird 18.

Dann wird das PRIMAGIRO-Konto automatisch zum Lohn- oder Gehaltskonto oder zur Geldadresse beim Studieren.

2. Kreuzen Sie nun bitte in der folgenden Tabelle an: Was gilt für Jugendliche in Großbritannien mit einem BarclayPlus Konto (Spalte GB), was für Jugendliche in der Bundesrepublik Deutschland mit einem Primagiro-Konto (Spalte D)?

you can:	man kann:	GB	D
withdraw money at the counter	Geld am Schalter abheben		
withdraw money from a cash machine	Geld am Geldautomaten abheben		
pay by standing order	Geld per Dauerauftrag abbuchen lassen		
transfer money	Geld überweisen		
pay by direct debit	per Einzugsermächtigung bezahlen		
pay money into an account	Geld auf ein Konto einzahlen		
pay by cheque	mit/per Scheck bezahlen		
your money earns interest	das Geld bringt Zinsen		
you don't have to pay bank charges	man muß keine Gebühren bezahlen		
it's a savings account	es handelt sich um ein Sparkonto		
it's a current account	es handelt sich um ein Girokonto		

3. In der folgenden Definition fehlt ein Wort. Welches? Das Vokabular der vorigen Übung kann Ihnen bei der Lösung helfen.

Girokonto: Bankkonto, über das jederzeit durch Einzahlung, Barabhebung, Scheck, _____ und Dauerauftrag verfügt werden kann – häufig auch als Kontokorrentkonto oder laufendes Konto bezeichnet. Girokonten für Lohn- und Gehaltsempfänger werden Gehaltskonten genannt.

B2 Bindestrich als Ergänzungszeichen bei zusammengesetzten Wörtern

*Devisen*einnahmen und *Devisen*ausgaben
im In*land* und im Aus*land*
ein*zahlen* und aus*zahlen*
in*ländisch* und aus*ländisch*

Deviseneinnahmen und -ausgaben
im In- und Ausland
ein- und auszahlen
in- und ausländisch

Where two or more compound nouns, adjectives, adverbs or verbs, usually joined by *und* or *oder*, have one component in common, its repetition is often avoided by means of a hyphen.

Schreiben Sie bitte entsprechend den Beispielen.

der Großhandel und der Einzelhandel

das Importgeschäft und das Exportgeschäft

die Kontonummer und die Schecknummer

die Werbemittel und die Werbeträger

hellgrüne und hellblaue Formulare

die Krankenversicherung und die
Unfallversicherung

die Preiserhöhungen und Preissenkungen

Obstkonserven und Gemüsekonserven

dreimonatige oder sechsmonatige
Kündigungsfrist

die Vorteile und die Nachteile

die Hinfahrt und die Rückfahrt

Geburtsort und Geburtsdatum

einmalig oder mehrmalig einzahlen

einsteigen und aussteigen

die Innenpolitik und die Außenpolitik

Zeitungsartikel und Zeitungskommentare

die Großstädte und die Kleinstädte

die Verbraucherinformation und die
Verbraucherberatung

Wenn Sie das nächstemal Ihre Bank

oder Sparkasse besuchen, fragen

Sie Ihren Berater doch einfach nach der

EUROCARD GOLD.

Die gibt es zu einem erstaunlich günstigen Jahres-

beitrag – mit attraktiven Leistungen. Durch den Verbund

mit MasterCard sind Sie in 170 Ländern bei

über 7 Millionen Akzeptanzstellen – mehr als

150 000 davon in Deutschland

– immer ein gerngesehener

Kunde und Gast. Mit der

EUROCARD GOLD Ihrer Bank

oder Sparkasse: mehr Leistung,

mehr Sicherheit, mehr Qualität.

1. **Lesen Sie bitte den Anzeigentext und übersetzen Sie ihn mit Hilfe eines Wörterbuchs ins Englische.**

2. **Wie gefällt Ihnen die Anzeige? Welche Assoziationen rufen die Abbildungen bei Ihnen wach?**

3. **Glauben Sie, daß diese Anzeige in Ihrem Land Erfolg hätte? Begründen Sie Ihre Meinung und machen Sie gegebenenfalls Vorschläge, welche Bilder Ihrer Ansicht nach in Ihrem Land besser geeignet wären.**

4. **Die Zahl der Kreditkartenbesitzer nimmt ständig zu. Welche Vor- und Nachteile sehen Sie in dieser Entwicklung? Machen Sie in Ihrer Gruppe eine Meinungsumfrage.**

C2 1. **Diesen Text werden Sie – ohne Hilfen – so weit verstehen, daß Sie eine Überschrift dazu finden können.**

„Bezahlen Sie einfach mit Ihrem guten Namen", wirbt American Express, Diners Club mit dem Slogan „Die Karte und mehr", Visa suggeriert „Visa ist alles, was
5 Sie brauchen" und Eurocard, die vierte im Bunde der großen Plastikgeldunternehmen, dient sich sogar als „Eintrittskarte für die Welt" an.
Die Werbung zieht. Schon 4,07 Millionen
10 Deutsche zücken in Hotels, Restaurants, Boutiquen und Warenhäusern die 5,4 mal 8,5 Zentimeter große Karte mit eingestanztem Namen und Kennziffer, wenn es ans Bezahlen geht.
15 Tatsächlich hat der Zahlungsverkehr per Kreditkarte seine Vorzüge. Die gängigen Karten werden nämlich rund um den Globus akzeptiert. So wirbt Diners Club mit 1 Million Vertragspartnern in der ganzen
20 Welt, American Express baut auf 3 Millionen. Visa ersetzt bei 7,7 Millionen Vertragspartnern das Bargeld. Eurocard bringt es auf 6,2 Millionen. Ganz gleich in welcher Währung, der Kartenkunde braucht über-
25 all nur einen Kugelschreiber, um seine Rechnung zu begleichen – seine Unterschrift auf dem Coupon ist so gut wie bares Geld.

Dafür zahlt er eine Jahresgebühr (Diners
30 150 Mark, American Express 140 Mark, Eurocard 40, Visa zwischen 33 und 90 Mark).
Abgerechnet wird einmal im Monat. Das bringt dem Kartenzahler den Vorteil eines
35 zinslosen Kredits – vom Zeitpunkt der Bezahlung bis zur Abbuchung auf dem Konto.
Ihre stattlichen Gewinne machen die Kartengesellschaften freilich nicht mit den Ge-
40 bühren der Kunden, sondern mit den Provisionen, die sie von ihren Vertragspartnern kassieren – zwischen drei und sechs Prozent der über die Karte erzielten Umsätze. Nicht wenige stöhnen unter dieser
45 Last, denn es dauert rund 10 Tage, bis das Geld von den Gesellschaften auf ihren Konten ist, und der Verwaltungsaufwand ist natürlich größer, als wenn der Kunde bar bezahlt.
50 Doch immer weniger Läden, Hotels und Restaurants der „Luxusklasse und des gehobenen Mittelstands" – die Zielgruppe der Kartengesellschaften – wollen auf die einladenden Embleme an der Tür verzich-
55 ten. Denn ...

Stern

---

2. Die folgende Übung soll Ihnen helfen, den Text im Detail zu verstehen.
Lesen Sie bitte den Text noch einmal, und schreiben Sie jeweils die passenden Textpassagen neben die englischen Entsprechungen.

the advertising is effective   _____

widely used cards   _____

interest-free credit   _____

to pay a bill   _____

to take commission   _____

it involves higher administrative costs   _____

to pay by cash   _____

to pull out (of pocket or wallet)   _____

the account is settled on a monthly basis   _____

luxury hotel   _____

annual charge   _____

until the account is debited   _____

3. Am Ende des Textes sind die Gründe weggelassen worden, warum die Geschäftsleute trotz allem großen Wert darauf legen, mit Kreditkartengesellschaften zusammenzuarbeiten. **Um welche Gründe könnte es sich handeln?**

1. Bei den beiden folgenden Texten handelt es sich um eine Erklärung aus einem Sachbuch und um einen Auszug aus einem Prospekt. **C3**
Lesen Sie bitte die beiden Texte und kreuzen Sie an, ob die folgenden Punkte in Text 1, in Text 2 oder in beiden Texten angesprochen werden.

	Text 1	Text 2
praktisches Zahlungsmittel im In- und Ausland		
eurocheque und eurocheque-Karte gemeinsam vorlegen		
sicheres Zahlungsmittel		
kein Bargeld notwendig		
Scheckempfänger überprüft Unterschrift		
Bank garantiert Einlösung		

Text 1

Der eurocheque und die eurocheque-Karte

Mit der eurocheque-Karte garantiert die Bank, daß jeder vom Kunden unter Vorlage der eurocheque-Karte ausgeschriebene eurocheque bis zu 400 DM oder dem entsprechenden Gegenwert in einer anderen Währung auf jeden Fall eingelöst wird.
Bei Annahme eines eurocheques prüft der Scheckempfänger, ob die eurocheque-Karte gültig ist und ob der Name des Kreditinstituts, die Kontonummer und die Unterschrift auf eurocheque und eurocheque-Karte übereinstimmen. Sodann vermerkt der Empfänger die Kartennummer auf der Rückseite des eurocheques.

Der bargeldlose Zahlungsverkehr

eurocheque

Weil Sie damit immer bei Kasse sind: beim Einkaufsbummel, am Wochenende, auf Reisen, im Urlaub - beinahe überall.

Mit eurocheques und eurocheque-Karte sind Sie jederzeit geldbereit - auch ohne Bargeld. Und Sie haben immer den richtigen Betrag dabei. Sie sind also vor Überraschungen sicher. Den eurocheque ausfüllen, unterschreiben und die ec-Karte vorlegen. Fertig!
Das ist einfach, praktisch, bequem und vor allem sicher.

eurocheques sind international.

Wer jung, mobil und viel auf Achse ist, für den sind eurocheques ideal. Denn damit kommen Sie beinahe überall durch. In rund 40 Ländern gibt es heute Geldinstitute, die eurocheques annehmen und einlösen. Außerdem akzeptieren viele Hotels, Restaurants, Kaufhäuser, Einzelhandelsgeschäfte, Tankstellen und Campingplätze im In- und Ausland eurocheques als Zahlungsmittel.
Überall, wo Sie das blau-rote eurocheque-Zeichen sehen, sind Sie als ec-Kartenbesitzer willkommen. Diesen Service sollten Sie nutzen.

GLOSSAR

bei Kasse sein (umgangssprachlich)	not short of money
auf Achse sein (umgangssprachlich)	to be on the move

2. Sie haben sicherlich bemerkt, daß sich die beiden Texte nicht nur im Inhalt, sondern auch in der Form unterscheiden.
Vergleichen Sie bitte die beiden Texte in bezug auf Form und Stil anhand der folgenden Kriterien:

— graphische Aufmachung
— Länge der Sätze
— persönlicher oder unpersönlicher Stil (an welchen Merkmalen erkennt man ihn?)

Sachbuchtext: _____

_____

_____

Prospekt: _____

_____

_____

Schreiben Sie bitte anhand der folgenden Punkte einen kurzen Text, mit dem Sie sich an die ec-Kartenbesitzer wenden. **C4**

zu jeder Tages- und Nachtzeit   persönliche Geheimzahl   täglich

ec-Karte

eintippen   Geldautomaten

bis zu 400 DM   plötzlich Bargeld brauchen   abheben

brauchen + Infinitiv   C5

Beispiel 1:
den eurocheque ausfüllen
den eurocheque unterschreiben
die ec-Karte vorlegen

Sie brauchen nur den eurocheque aus*zu*füllen, *zu* unterschreiben und die ec-Karte vor*zu*legen.

1. Bilden Sie bitte Sätze nach dem Beispiel 1.

bei der Autovermietung anrufen
Ihre Kreditkartennummer angeben

_____

auf das ec-Zeichen achten

_____

zur Bank gehen
das entsprechende Formular ausfüllen

_____

Beispiel 2:
keine Kaution zahlen
*Sie brauchen **keine** Kaution zu zahlen.*

2. Bilden Sie bitte Sätze nach dem Beispiel 2.

nicht sofort bezahlen

_____

erst am Monatsende bezahlen

_____

kein Bargeld mitnehmen

_____

weder Bargeld **noch** Ihr Scheckheft dabei haben

_____

3. Vervollständigen Sie bitte die folgende Regel.

> The phrase *it is sufficient/you only need to* is expressed in German using the verb
> _____ accompanied by _____ and the infinitive with *zu.*
>
> To express the idea of *not having to do something* the verb _____ is
> used with *nicht, kein* or an adverb (such as *erst, höchstens* etc.) and the infinitive with *zu.*

D1 **1.** Der folgende Artikel besteht aus Überschrift, Vorspann und drei Abschnitten (A–C). Der Vorspann dient dazu, den Inhalt des Artikels kurz einzuführen.
Ordnen Sie bitte die drei Abschnitte entsprechend der Reihenfolge der Informationen im Vorspann.

Bald brauchen die Käufer kein Bargeld mehr

Kreditinstitute und Computerfirmen dringen auf die Einführung des bargeldlosen Einkaufs auch in Lebensmittelgeschäften. Der Kunde braucht nur noch ein Magnetkärtchen in die Kasse zu stecken und sogleich wird der Rechnungsbetrag von seinem Konto abgebucht – wenn die erforderliche Deckung vorhanden ist. Kritiker sehen dabei bedenkliche Möglichkeiten zur totalen Überwachung der Kunden und des Mißbrauchs ihrer Konten. Und außerdem stellt sich die Frage, wer das alles bezahlen soll.

A) Klar ist, daß die Banken den größten Nutzen haben werden, die Händler aber zunächst die Kassen und Computer kaufen müssen. Immerhin aber haben sie erhebliche Vorteile in der Buch- und Lagerhaltung. Der Kunde und Käufer schließlich wird nur mitmachen, wenn der Vorteil der Unabhängigkeit von Bargeld nicht durch happige Bankgebühren aufgewogen wird.

B) Dem Vorteil, kein Geld mehr mitnehmen zu müssen, steht allerdings der Nachteil der totalen Überprüfbarkeit der Kunden gegenüber und die Gefahr des Mißbrauchs der Magnetkarten. Zum ersten Mal würde es dann nicht nur möglich sein, genau zu überprüfen, wer wann wo was gekauft hat, sondern es ergäbe sich eine Möglichkeit, das System zu knacken und über die Bankkonten der Teilnehmer zu verfügen.

C) Mit einem derartigen System braucht der Kunde kein Bargeld mehr, nur eine mit einem Magnetstreifen versehene Plastikkarte, vergleichbar den eurocheque-Karten, mit denen auch Geldautomaten benutzt werden können. An der Kasse müßte er seine Karte in den Terminal stecken, der eine Verbindung zum Zentralrechner der Bank herstellt. Nachdem der die Bonität des Kunden festgestellt hat, wird die Einkaufsrechnung elektronisch beglichen – in ganzen zehn Sekunden.

Frankfurter Rundschau

2. **Lesen Sie bitte den Text noch einmal und kreuzen Sie danach an, welche der vorgegebenen Umschreibungen richtig ist.**

Beispiel:

der Mißbrauch der Konten
— jemand gibt eine falsche Kontonummer an
— jemand verfügt unerlaubt über ein Konto   ☒

ein System knacken
— ein System verändern
— sich unerlaubt Zugang zu einem System verschaffen   ☐

auf etwas dringen
— etwas verlangen
— etwas fördern   ☐

die erforderliche Deckung ist vorhanden
— auf dem Konto ist genug Geld
— die Unterschrift ist nicht gefälscht   ☐

die Überwachung
— die Beeinflussung
— die Kontrolle   ☐

die Bonität des Kunden feststellen
— feststellen, bei welcher Bank der Kunde sein Konto hat
— feststellen, ob der Kunde genug Geld auf seinem Konto hat   ☐

die Überprüfbarkeit des Kunden
— der Kunde kann kontrolliert werden
— der Kunde kann beeinflußt werden   ☐

happige Bankgebühren
— niedrige Bankgebühren
— hohe Bankgebühren   ☐

3. **Machen Sie eine Gegenüberstellung der Vor- und Nachteile des bargeldlosen Einkaufs per Magnetkarte. Würden Sie lieber per Magnetkarte bezahlen?**

D2 Von Verben abgeleitete Adjektive auf *-bar*

Man *kann* etwas überprüfen. Etwas ist überprüf*bar*.

1. Bilden Sie bitte entsprechende Adjektive und übersetzen Sie sie.

Verb	Adjektiv	Übersetzung
verwenden	*verwendbar*	*usable*
liefern		
tragen		
denken		
machen		
verfügen		
vermeiden		
austauschen		
trennen		
erklären		
realisieren		
reparieren		
durchführen		
essen		
trinken		
übersetzen		
vergleichen		
annehmen		
vorhersehen		

2. Vervollständigen Sie bitte die folgende Regel.

Adjectives formed from verbs and the suffix *-bar* usually correspond to English adjectives with the suffix _____ or _____ .

In jeder der folgenden Zeilen ist – von rechts nach links geschrieben – ein Wort aus dem **D3** Bereich „Geld und Banken" versteckt.

N	E	N	N	E	T	N	O	K	K	N	A	B	E	G	R	E	V
E	N	I	E	T	R	A	K	T	I	D	E	R	K	K	A	R	F
T	N	E	K	C	E	H	C	S	T	S	O	L	R	E	B	Ü	T
R	E	G	N	U	S	I	E	W	R	E	B	Ü	B	A	S	B	A
L	E	I	R	E	M	M	U	N	O	T	N	O	K	N	A	E	B
N	I	N	N	E	S	I	V	E	D	E	N	I	E	E	T	N	U
O	N	R	E	T	L	A	H	C	S	A	R	T	E	B	T	N	A
E	R	O	I	T	A	M	O	T	U	A	D	L	E	G	E	D	U
N	E	R	R	E	V	**Z**	**T**	**A**	**S**	**S**	**N**	**I**	**Z**	N	I	E	N
E	G	A	L	N	A	D	L	E	G	B	U	R	H	A	Z	E	B
E	G	N	E	R	A	P	S	G	N	U	R	E	T	N	O	K	A
R	A	B	S	N	O	I	T	A	L	F	N	I	N	I	E	K	I
T	I	E	H	N	E	B	E	H	B	A	R	E	N	E	G	I	L
E	R	H	E	K	R	E	V	S	G	N	U	L	H	A	Z	R	E
T	S	G	N	U	R	H	Ä	W	E	G	T	I	D	E	R	K	A
E	N	E	C	I	V	R	E	S	T	R	A	T	A	S	N	U	L
N	E	G	N	U	R	E	I	P	A	P	T	R	E	W	N	U	N
E	G	A	R	T	F	U	A	R	E	U	A	D	S	E	G	I	E

Zinssatz

1. Lesen Sie bitte die Redemittel zur Angabe eines bestimmten Zeitpunktes **E1**

mit Präposition	ohne Präposition
zu einem bestimmten Zeitpunkt	—
zu dieser/jener Zeit	—
zur Zeit	—
um 17 Uhr	—
am Morgen/Vormittag/Nachmittag/Abend	—
am Donnerstag	—
am Donnerstag, dem (den) 11.11.	Donnerstag, den 11.11.
am letzten/nächsten Donnerstag	letzten/nächsten Donnerstag
am/zu Anfang der Woche/des Monats/des Jahres (aber: zu Beginn ...)	Anfang der Woche/des Monats/des Jahres
am Ende der Woche/des Monats/des Jahres	Ende der Woche/des Monats/des Jahres
—	Anfang Januar/Februar/usw.
in der letzten/in dieser/in der nächsten Woche	letzte/diese/nächste Woche

im letzten/in diesem/im nächsten Monat/Jahr	letzten/diesen/nächsten Monat
	letztes/dieses/nächstes Jahr
im Januar/Februar usw.	—
im Jahre 1988	1988
—	Mitte letzter/dieser/nächster Woche
—	Mitte letzten/dieses/nächsten Monats/Jahres
—	Mitte Januar/Februar usw.

2. Ein Spiel

Nachstehend ist der Terminkalender von Direktor Braun (Frankfurter Kreditbank) abgedruckt. Jemand versucht, einen Termin bei Direktor Braun zu bekommen. Er spricht mit dessen Sekretärin, die ihm zunächst anhand des Terminkalenders erklärt, daß es schwierig sein wird, einen Termin zu finden. Dann versuchen die beiden gemeinsam, doch noch eine Möglichkeit zu finden.

Verfassen Sie bitte – in Partnerarbeit – einen Dialog, und verwenden Sie dabei möglichst viele Zeitangaben.

Februar

Mo	1.	*9.00 Abteilungsleiter-Konferenz/14.00 Peters, Banken-Verlag*
Di	2.	*10.30 Eröffnung Zweigstelle Goethestr.*
Mi	3.	*10.00 Besprechung Dr. Weiß (Bayer. Hypothekenbank)/15.00 Dr. Paul*
Do	4.	*9.30 Dr. Braun (Finanzmin.)/14.30 Pressekonferenz*
Fr	5.	*Sitzung Banken-Kommission (Bonn)*
Sa	6.	
So	7.	
Mo	8.	
Di	9.	
Mi	10.	
Do	11.	*Tokio*
Fr	12.	
Sa	13.	
So	14.	
Mo	15.	*9.00 Abteilungsleiter-Konferenz/13.30 Nippon-Bank*
Di	16.	*12.00 Arbeitsessen Prof. Werner/15.30 Mayer (Commerzbank)*
Mi	17.	*10.00 Interview Hessischer Rundfunk/17.30 Vortrag Universität Frankfurt*
Do	18.	*10.30 Dr. Weiß (in München)*
Fr	19.	*Sitzung Banken-Kommission (Bonn)*
Sa	20.	
So	21.	
Mo	22.	
Di	23.	
Mi	24.	*Urlaub*
Do	25.	
Fr	26.	
Sa	27.	
So	28.	

3. **Terminspiel am Telefon. Arbeiten Sie bitte zu zweit.**

a) **Jeder von Ihnen „besetzt" in seinem Terminkalender von Montag bis Freitag zwischen 8.00 und 20.00 Uhr an jedem Tag sieben Stunden mit drei verschiedenen Terminen** (z.B. 12.30–14.00 Essen mit auswärtigem Kunden, 15.00–17.30 Besprechung anliegende Kreditgewährungen; 18.00–20.00 Empfang und Vortrag Dr. Bohr).

b) **Sie telefonieren miteinander** (Achtung: Sie sollten dabei mit dem Rücken zu Ihrem Gesprächspartner sitzen). **Sie müssen für diese Woche drei Termine vereinbaren, und zwar in der folgenden Reihenfolge:**

1. **Vorbesprechung** (45 Minuten)
2. **ausführliche Diskussion** (120 Minuten)
3. **Nachbesprechung** (ca. 30 Minuten)

Versuchen Sie zuerst, drei Termine zu finden, an denen Sie beide Zeit haben. Da die Termine sehr wichtig sind, müssen Sie, falls das nicht geht, am Ende evtl. andere Termine verschieben oder ausfallen lassen.

	Montag	Dienstag	Mittwoch
8.00			
9.00			
10.00			
11.00			
12.00			
13.00			
14.00			
15.00			
16.00			
17.00			
18.00			
19.00			
20.00			

	Donnerstag	Freitag	Samstag
8.00			
9.00			
10.00			
11.00			
12.00			
13.00			
14.00			Sonntag
15.00			
16.00			
17.00			
18.00			
19.00			
20.00			

E2 Substantive mit den folgenden Endungen sind feminin (von ganz wenigen Ausnahmen abgesehen):
-heit, -keit, -schaft, -ung, -ion, -in, -enz, -ei, -ie, -ik, -tät, -ur.
Feminin sind auch die von Verben abgeleiteten Substantive auf -e und -t.

Schreiben Sie bitte jeweils drei weitere Substantive in die einzelnen Rubriken.

-heit	**-keit**	**-schaft**	**-ung**
die Neuheit	die Möglichkeit	die Wirtschaft	die Lösung

-ion	**-in**	**-enz**	**-ei**
die Konstruktion	die Sekretärin	die Konkurrenz	die Partei

-ie	**-ik**	**-tät**	**-ur**
die Ökonomie	die Fabrik	die Qualität	die Struktur

von Verben abgeleitet auf -e	**von Verben abgeleitet auf -t**
die Anlage	die Unterschrift

F1 **1. Informieren Sie sich aus Fachlexika und Wörterbüchern über die folgenden Begriffe:**

— Haushaltsrechnung
— Schufa
— Bonitätsprüfung
— Kreditwürdigkeit
— öffentlicher Dienst
— Beamter

2. Machen Sie jetzt den Test. Würden Sie problemlos einen neuen Kredit erhalten?

Test: Das sind Sie Ihrer Bank wert.

Bevor es Bares gibt, müssen Sie prüfen lassen, ob Sie eines Kredits würdig sind. Das Ergebnis Ihrer Haushaltsrechnung, bei der Sie alle Einkommen und Verpflichtungen offenlegen müssen, entscheidet über die Kreditfähigkeit. Nur wenn unter dem Strich einige Mark mehr als die neue Rate übrigbleiben, ist diese erste Hürde genommen. Nach Prüfung Ihrer Angaben erkundigt sich das Kreditinstitut bei der Schufa über Sie.

Einige Institute verfahren bei der Bonitätsprüfung wie bei einem Test, dessen Antworten mit Punkten bewertet werden. Damit Sie nicht von der Neugier Ihres Geldgebers überrascht werden, stellt Ihnen **Capital** solch einen Test mit den wichtigsten Fragen einer Bonitätsprüfung vor. Rechnen Sie sich für jede Antwort die entsprechende Punktzahl an. Die Summe daraus, das Ergebnis Ihrer Haushaltsrechnung und die Schufa-Auskunft entscheiden am Ende über Ihre Kreditwürdigkeit.

Haushaltsrechnung.

	Mark
Monatliches Nettoeinkommen	
+ Sonstiges regelmäßiges Einkommen	
= Gesamteinkommen	
− Miete, inklusive Nebenkosten	
− Ausgaben für Haushalt	
− Ausgaben für Auto	
− Raten für Bausparverträge, Versicherungen, sonstige Kredite	
− Sonstige regelmäßige Ausgaben	
= Frei verfügbares Einkommen	
− Neue Rate	
= Überschuß	

Kredit-Scoring.

Alter

18 bis 28	7
bis 40	10
bis 60	15
älter	12
Ihre Punktzahl	

Familienstand

Alleinstehend	5
Verheiratet	8
Ihre Punktzahl	

Anzahl der Personen im Haushalt

1; 2	8
3; 4	5
5 und mehr	3
Ihre Punktzahl	

Beruf

Hilfsarbeiter	4
Arbeiter	6
Gelernter Handwerker, technischer/kaufmännischer Angestellter	8
Öffentlicher Dienst, Beamte, Spezialisten wie Ärzte, Ingenieure	11
Ihre Punktzahl	

Beschäftigungsdauer

Bis 2 Jahre	3
Bis 6 Jahre	6
Bis 10 Jahre	10
Darüber	15
Pensionäre	10
Ihre Punktzahl	

Geschäftsbeziehung mit der Bank

Ordentliche Kontoführung	10
Neuer Kunde	0
Ihre Punktzahl	

Einkommen des Ehepartners

Regelmäßig	5
Kein Einkommen	0
Ihre Punktzahl	

Sachvermögen (zum Beispiel)

Auto	3
Edelmetalle	10
Nicht vorhanden	0
Ihre Punktzahl	
Ihr Ergebnis	

Lösung.

Bis 30 Punkte: Kreditvergabe gefährdet.

30 bis 60 Punkte: Unter Umständen eingeschränkte Kreditvergabe.

Über 60 Punkte: Kreditvergabe voraussichtlich unproblematisch.

F2

Das deutsche Wort *die Rate* hat zwei Bedeutungen, die man ins Englische übersetzen kann mit:
— instalment
— rate

1. Welche Bedeutung hat *Rate* in der folgenden Aufstellung?

Kreditform	Kreditbetrag	Laufzeit	Zinssatz	Rückzahlung
Über-ziehungskredit	— flexibler Rahmen — bis zu 5 Gehältern	— unbefristet	— variabel	— variabel
Ratenkredit	— fester Betrag — bis DM 50 000,— — ab DM 50 000,—	— fest — bis 72 Monate — bis 96 Monate	— fest	— feste Raten

2. Erklären Sie bitte – auf deutsch oder englisch – den Unterschied zwischen den beiden Kreditformen.

F3

In a statistical context, the English word *rate* has two equivalents in German
der Satz: a *rate* which is fixed
die Rate: a *rate* which describes an evolutionary process

Bilden Sie bitte zusammengesetzte Wörter mit *-satz* und *-rate*

Zuwachs- *(increase)*	Diskont- *(discount)*	Beitrags- *(membership)*
Prozent- *(percentage)*	Inflations- *(inflation)*	Steuer- *(tax)*
Teuerungs- *(price increase)*	Geburten- *(birth)*	Zins- *(interest)*
Wachstums- *(growth)*		

-satz   **-rate**

_____   _____

_____   _____

_____   _____

_____   _____

Sie kennen natürlich die Struktur *A ist größer als B.* Nachstehend werden drei andere Verwendungen des Komparativs aufgezeigt.

1. *more and more ... / fewer and fewer ...* can be expressed in German using *immer* and the comparative form of the adjective. In the negative *immer* is followed by *weniger* and the positive (basic) form.

Beispiele: Computer werden immer billiger.
Sparbücher werden immer weniger attraktiv.
Immer mehr Leute benutzen eine Kreditkarte.
Sie lernen immer komplexere Strukturen kennen.

Übersetzen Sie bitte:
He is doing more and more work.
We have fewer and fewer problems.
The banks are aiming their advertising more and more at young people.
The work we are doing is getting more and more complicated.

2. Proportion can be expressed in German using *je ... desto (um so) ...*

Beispiele: Je höher die Zinsen sind, desto (um so) attraktiver wird das Sparen.
Je mehr Kunden mit der Kreditkarte bezahlen, desto (um so) schneller arbeiten die Kassiererinnen an der Kasse.

Vervollständigen Sie bitte die folgende Regel:

Je and *desto/um so* are immediately followed by the _____ form of the
adjective or by _____ or *weniger* if there is no adjective.

Bilden Sie Sätze mit *je ... desto (um so)*.

Das Geld wird langfristig angelegt. — Die Zinsen sind hoch. Die Sicherheiten sind gut. — Man bekommt leicht einen Kredit. Die Verkaufsfläche ist groß. — Der Umsatz ist hoch. Eine Firma exportiert wenig. — Sie ist nicht vom Dollarkurs abhängig. Die Industrie investiert viel. — Viele Arbeitsplätze werden geschaffen. Das Angebot ist groß. — Die Ware ist billig.

3. The absolute comparative does not imply comparison with other persons or things, but merely a fair degree of the quality in question.

Beispiele: eine größere Bank   a fairly/rather/quite big bank
eine größere Summe   a fairly large sum of money

Ergänzen und antworten Sie bitte:

Ist ein älteres Auto _____ als ein altes Auto?

Ist eine kürzere Reise _____ als eine kurze Reise?

Ist eine ältere Person _____ als eine alte Person?

Ist ein größerer Auftrag _____ als ein großer Auftrag?

G1 Hier ist wichtiges Vokabular aus dem Bereich „Kredit":

einen Kredit aufnehmen (einen Kredit in Anspruch nehmen)	to borrow/to take out a loan
einen Kredit gewähren	to grant credit
einen Kredit kündigen	to withdraw credit facilities
die Kreditwürdigkeit	credit rating
der Kreditnehmer	borrower
der Kreditgeber	creditor
das Kreditinstitut	credit institution
die Kreditkarte	credit card
etwas auf Kredit kaufen	to buy something on credit
die Sicherheit	security
die Hypothek	mortgage
etwas mit einer Hypothek belasten	to mortgage something
das Zahlungsziel	period allowed for payment

Bitte übersetzen Sie:

a) We cannot allow ourselves to borrow any more money.
b) Credit institutions are constantly increasing their advertising.
c) The creditor generally asks for a security.
d) The loan has to be paid back before the end of the year.
e) We are going to have to take out a loan.
f) Too many people are buying on credit.

G2 **1. Welcher Begriff paßt nicht in die Reihe? Warum? Suchen Sie bitte einen Oberbegriff für die anderen.**

Scheck — Kontoauszug — Kreditkarte — Wechsel — Bargeld

2. Was kann man mit Geld *nicht* tun?

Geld   abheben
einzahlen
überweisen
sparen
erhöhen
abbuchen lassen
wechseln
anlegen

3. Was kann man mit Zinsen *nicht* tun?

Zinsen   zahlen
berechnen
erhöhen
senken
bekommen
wechseln
gutschreiben

1. Die beiden folgenden Texte behandeln eine Kreditart, die im Geschäftsleben besonders **G3** häufig vorkommt.

Lesen Sie bitte die beiden Texte und schreiben Sie nachstehend neben die aus dem englischen Text entnommenen Begriffe die Entsprechungen aus dem deutschen Text.

Wechsel	Bill of exchange
Wertpapier, das ein Zahlungsversprechen bzw. eine Zahlungsverpflichtung enthält. Nach dem Wechselgesetz (WG) sind zwei Formen zu unterscheiden: 1. Der gezogene Wechsel (→ Tratte, nach Annahme → Akzept) enthält die unbedingte Anweisung des Ausstellers an den Bezogenen (Wechselschuldner), bei Fälligkeit des Wechsels eine bestimmte Geldsumme an eine im Wechsel genannte Person oder Firma (Wechselnehmer → Remittent) oder deren Order zu zahlen (Art. 1 ff. WG). 2. Der eigene Wechsel (→ Solawechsel) enthält das Versprechen des Ausstellers, selbst an den im Wechsel genannten Wechselnehmer oder dessen Order bei Fälligkeit des Wechsels eine bestimmte Geldsumme zu zahlen. Neben der Zahlungsmittelfunktion übernimmt der Wechsel eine Kreditfunktion (Hinausschieben einer Zahlungsverpflichtung bzw. Beschaffung finanzieller Mittel durch Einlösung (Diskontierung) des Wechsels bei einem Kreditinstitut (→ Diskontkredit), das sich seinerseits bei Erfüllung bestimmter Bedingungen bei der Deutschen Bundesbank refinanzieren kann). *Großes Wirtschaftslexikon*	An I.O.U. used in INTERNATIONAL TRADE by which the drawer makes an unconditional undertaking to pay to the drawee a sum of MONEY at a given date, usually three months ahead. In principle a bill of exchange is similar to a post-dated CHEQUE, and like a cheque it can be endorsed for payment to the bearer or any named person other than the drawee. A bill of exchange has to be 'accepted' (endorsed) by the drawee before it becomes negotiable. This function is normally performed by an ACCEPTING HOUSE, but bills may also be accepted by a bank (it is then known as a *bank bill*) or by a trader *(trade bill)*. Once accepted, the drawee does not have to wait for the bill to mature before getting his money. *The Penguin Dictionary of Economics*

bill of exchange   _____

to endorse/accept a bill of exchange   _____

drawer   _____

drawee   _____

at the given date   _____

2. In beiden Texten werden die zwei Möglichkeiten genannt, die ein Wechselbesitzer hat, um an sein Geld zu gelangen.
   Notieren Sie bitte auf deutsch und in kompletten Sätzen diese zwei Möglichkeiten.

   a) _____

   _____

   _____

   b) _____

   _____

   _____

1. Finden Sie bitte für die folgenden englischen Wörter deutsche Entsprechungen.

F

insurance	_____
savings deposits	_____
fixed-interest security bonds	_____
cash, money in current accounts	_____
pension funds	_____
building society deposits	_____
stocks and shares	_____

2. Ergänzen Sie bitte das Schaubild.
Es zeigt, auf welche Formen der Geldanlage in der Bundesrepublik in zwei aufeinanderfolgenden Jahren jeweils wieviel Geld entfiel.

Sparer schichten um
Neuanlagen der privaten Haushalte
in Mrd. DM

1989

sonstiges + 10,1

+ 62,6 + 53,3 + 50,1 + 45,3 + 13,2 + 7,6 - 7,0 - 21,1

zum Vergleich: 1988

+ 48,0 + 46,8 + 45,6 - 0,7 + 13,2 + 23,3 + 2,6 + 20,5

sonstiges + 4,4

© Globus 8331

Erwerb von Wohnungseigentum durch Bausparen

Aktien

Termingelder, Sparbriefe

Lebensversicherungen u.ä.

Betriebliche Pensionsfonds

Festverzinsliche Wertpapiere

Spareinlagen

Bargeld, Geld auf Girokonten

3. Ihr Lehrer zeigt Ihnen jetzt das komplette Schaubild.
Vergleichen Sie bitte Ihre Ergebnisse und die Angaben des Schaubilds.

4. Wie Sie dem Schaubild entnehmen können, haben sich die Geldanlageformen in den beiden Jahren z.T. erheblich verändert.
a) Beschreiben Sie diesen Wandel.
b) Spekulieren Sie über die Gründe für das veränderte Anlageverhalten der Sparer.
c) Glauben Sie, das Anlageverhalten der bundesdeutschen Sparer gleicht dem der Sparer in Ihrem Land?

5. Kennen Sie auch noch andere Anlageformen, die im Schaubild nicht vorkommen? Welche Anlageformen sind das? Warum werden diese Anlageformen im Schaubild wohl nicht genannt?

Sie können überprüfen, ob Sie die richtige Antwort gefunden haben, indem Sie aus den nachstehenden Silben bzw. Wörtern einen Satz bilden.

an — an — delt — es — geld — gen — gen — han — la — la — nicht — sach — sich — um — um — und

Welche Vor- und Nachteile haben Geldanlagen   **H2**
— **in Aktien,**
— **in festverzinslichen Wertpapieren,**
— **in Versicherungen,**
— **auf Sparkonten?**

1. Lesen Sie bitte die nachstehenden Texte und füllen Sie anschließend das Raster aus.   **H3**
Was wird zu den folgenden Anlageformen in den Texten gesagt?

Over the past year the level of share ownership has remained comparatively static at nine million, the equivalent of 20% of the adult population. Although tax breaks un-
5 doubtedly help in the spread of share ownership, the all-important factor is whether potential shareholders believe that they are likely to make worthwhile profits. Higher interest rates will not encourage pri-
10 vate investors to the stock market. On the contrary, deposit rates at building societies in excess of 13% may act as a positive disincentive to investing in utility stocks yielding about 6 or 7%.
15 Money poured out of National Savings in February when savers cashed in more than £200 million of matured fixed interest savings certificates. Although the Government is undoubtedly alarmed by the worrying
20 slump in the savings ratio, it has no need to use National Savings as a fund-raising arm.

The Observer

Zinsbewußt und auf Nummer Sicher – das war die Devise der Sparer im vergangenen Jahr. So wurden beispielsweise von den niedrig verzinsten Sparguthaben er-
5 hebliche Beträge abgezogen. Dafür wurden verstärkt festverzinsliche Wertpapiere gekauft, die wesentlich höhere Erträge abwerfen. Bei den zinsgünstigen Termingeldern gab es einen riesigen Zugewinn. Kaum Ver-
10 änderungen zeigten sich dagegen bei jenen Geldanlagenformen, die der langfristigen Zukunftssicherung dienen – die also für materielle Sicherheit im Alter und für ein sorgenfreies Wohnen in den eigenen vier
15 Wänden bestimmt sind. Für Versicherungen (vor allem Lebensversicherungen) wandten die Bundesbürger 1989 rund 50 Milliarden DM auf. Fast ebenso hoch, nämlich gut 45 Milliarden DM, waren die
20 Mittel für den Erwerb von Wohnungseigentum durch Bausparen. Dazu zählen die Aufstockung von Bausparguthaben und die Tilgung von Bauspardarlehen.

Globus

	Sparen in der Bundesrepublik	Sparen in Großbritannien
Aktien		
festverzinsliche Wertpapiere		
Spareinlagen		
Versicherungen		

H4

F

1. **Bitte sehen Sie sich das Foto auf S. 125 an und lesen Sie den Text. Wie Sie sehen, handelt es sich um eine Anzeige der Dresdner Bank. Suchen Sie bitte eine passende Überschrift.**

2. Dieses oder ein ähnliches Bild werden auch Sie am 9. November 1989 bzw. unmittelbar danach in den Zeitungen und im Fernsehen gesehen haben.
   Beschreiben Sie bitte Ihre ersten Reaktionen darauf.

3. Der Text der Dresdner Bank hat einen optimistischen Tenor. Es ist vom bevorstehenden „Richtfest für das ‚europäische Haus‘" die Rede.

   a) **Wie schätzen Sie die Folgen der Vereinigung der beiden deutschen Staaten mit Blick auf die Situation in Deutschland im ersten Jahrzehnt danach ein?**
   Die Übersicht über die wichtigsten Vertragsinhalte des Staatsvertrages zwischen der Bundesrepublik Deutschland und der Deutschen Demokratischen Republik liefert Ihnen für die Diskussion dieser Frage ein paar Stichpunkte:

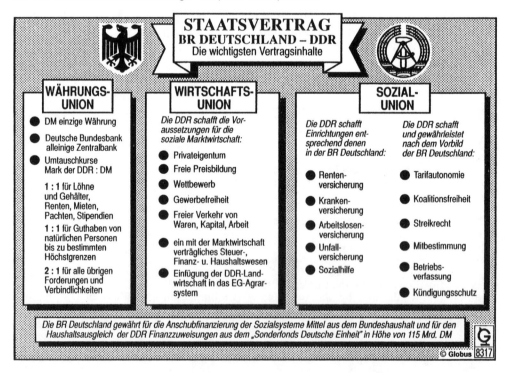

b) **Wie wird sich Ihrer Meinung nach ein vereinigtes Deutschland auf Europa auswirken?**

124

Die Menschen in der DDR haben es allen bewiesen: Freiheitswille ist stärker als der härteste Beton.

Und sie haben uns gezeigt, welche Dynamik sich aus friedlichen Veränderungen entwickeln kann.

Wir meinen, daß sich hier auch Chancen bieten, über Europa weiter nachzudenken. Denn die Zeit ist reif:

Nur noch drei Jahre trennen uns von einem ganz neuen Europa. Auch das erschien lange als kaum möglich.

Heute wissen wir: Das Richtfest für das „europäische Haus" steht unmittelbar bevor.

Alles dies verlangt nicht nur die modernsten und bewährtesten Mittel des Marktes und der Finanzierung. Es verlangt auch ein neues Nachdenken über die Aufgaben.

Und über die Wege, sie zu lösen. Friedlich, gemeinsam, mit ganzer Kraft.

Hier sehen wir unsere Verantwortung.

Kein einzelner Staat, keine private Wirtschaft schafft das allein. Wir alle brauchen deshalb ganz Europa für den Neuanfang.

Dresdner Bank

Ihr Lehrer zeigt Ihnen anschließend die Originalanzeige.

4. Das folgende Schaubild markiert die wichtigsten Stationen der deutsch-deutschen Geschichte bis zur Vereinigung.
Informieren Sie sich bitte über die einzelnen Wegmarken und erläutern Sie sie mündlich und/oder schriftlich.

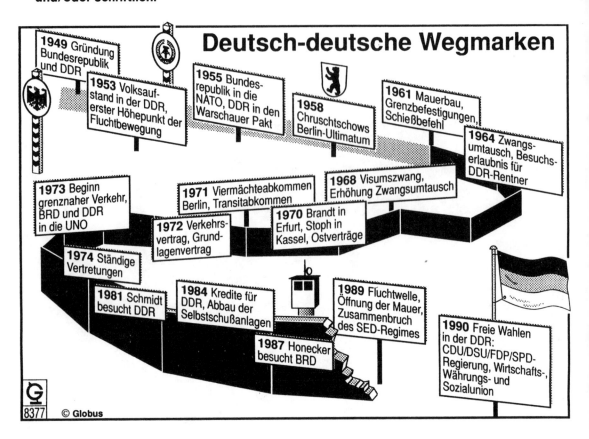

I1 Substantive, die wie Adjektive dekliniert werden

Nominativ Singular
der Selbständige
der freiberuflich Tätige

ein Selbständiger
ein freiberuflich Tätiger

Nominativ Plural
die Selbständigen
die freiberuflich Tätigen

Selbständige
freiberuflich Tätige

1. Nachstehend finden Sie eine Liste mit denjenigen Substantiven dieses Typs, die häufig in Presse- und Wirtschaftstexten vorkommen.
Vielleicht kennen Sie noch andere derartige Substantive; notieren Sie diese dann anschließend.
Bitte übersetzen Sie die Begriffe ins Englische.

der Angestellte _____

der Beamte _____

der Industrielle _____

der Sachverständige _____

der Berufstätige (Erwerbstätige) _____

der Jugendliche _____

der Erwachsene _adult_____

der Vorsitzende _____

der Arbeitslose _____

der Arbeitsuchende _____

der Staatsangehörige _____

der Deutsche _____

der Reisende _____

_____   _____

_____   _____

_____   _____

_____   _____

2. Ergänzen Sie bitte.

a) Die Erklärung des Vorsitzend_____ enthielt keine neuen Zahlen.

b) In der Bundesrepublik sind alle Angestellt_____ sozialversichert.

c) Die Zahl der Arbeitslos_____ ist gestiegen.

d) Der Anteil der Jugendlich_____ bei den Arbeitslos_____ ist relativ hoch.

e) Für Berufstätig_____ ist das Ladenschlußgesetz ungünstig.

f) Zu dieser Frage wurde ein Sachverständig_____ interviewt.

g) Reisend_____ in Richtung München müssen hier umsteigen.

h) Jugendlich_____ unter 16 Jahren dürfen diese Bar nur in Begleitung von
   Erwachsen_____ betreten.

i) Diese Regelung gilt nur für Beamt_____.

j) Er ist deutsch_____ Staatsangehörig_____.

k) Er ist Deutsch_____.

12 Notieren Sie bitte in den folgenden Rubriken Wörter bzw. Ausdrücke aus dem gesamten Kapitel. Vergessen Sie bitte bei den Substantiven die Artikel nicht.

Substantive:

_____
_____
_____
_____
_____
_____
_____
_____
_____
_____

Wichtige Adjektive in Verbindung mit Substantiven:

_____
_____
_____
_____
_____
_____
_____
_____

Ausdrücke:

_____
_____
_____
_____
_____
_____
_____
_____
_____

Verben:

_____

Verben:

_____

Kapitel 5

Post, Telekommunikation, Datenverarbeitung

A1 **1.** Nachstehend sind einige Dienstleistungen der Post bildlich dargestellt.
**Lesen Sie den nachstehenden Text und kreuzen Sie bitte diejenigen Dienstleistungen
an, die hier *nicht* bildlich dargestellt sind.**

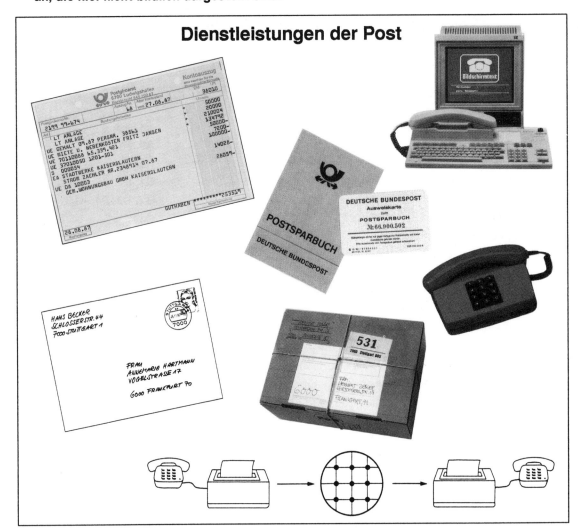

Dienstleistungen der Post

Nachrichten übermitteln
— **Briefsendungen**
— **Telegramme**
— **Telefongespräche**
— **Fernschreiben** (Telex)
— **Fernkopien** sind die über Fernmeldenetze der Post übermittelten Texte und Zeichnungen. Dieser Dienst heißt Telefax.
— **Teletex** („elektronische Briefe") sind gespeicherte Schreibmaschinentexte, die vom Absender zum Empfänger über das Fernmeldenetz übermittelt werden. Die Übermittlung einer Seite dauert nur Sekunden.
— **Bildschirmtext** (Btx) ermöglicht es, Informationen über das Telefonnetz auf den Bildschirm zu übertragen, wobei der Btx-Teilnehmer Informationen sowohl abrufen als auch absenden kann.

Geldbeträge übermitteln
- **Postanweisungen** sind Aufträge an die Post, eingezahlte Beträge den Empfängern bar auszuzahlen.
- **Zahlkarten** sind Aufträge an die Post, eingezahlte Beträge dem Postscheckkonto des Empfängers gutzuschreiben.
- **Postgirokonten** dienen den Kunden zum Überweisen, Einzahlen und Auszahlen von Geldbeträgen.

Sparkonten führen
- **Postsparbücher** ermöglichen es, Geld bei der Post zinsbringend zu sparen und bei Reisen im In- und Ausland Geld abzuheben.

Pakete befördern (Pakete bis 20 kg und Päckchen bis 2 kg)

Zeitungen befördern

Fernmeldewege vermieten
Neben den Fernmeldeeinrichtungen für alle stellt die Post Übertragungseinrichtungen für besondere Zwecke bereit, z. B. für Radio- und Fernsehsendungen, für Verbindungen zwischen Computern, für Polizei oder Feuerwehr.

Unsere Post

2. Die folgende Übung enthält sowohl Wörter aus dem vorstehenden Text als auch neue Wörter, für die Sie Ihr Wörterbuch benutzen können.
Schreiben Sie bitte neben die englischen Begriffe jeweils das passende deutsche Wort aus dem nachstehenden Schüttelkasten.

telephone conversation _____

stamp _____

registered letter _____

telecommunications network _____

local call _____

long-distance call _____

transmission _____

printed matter _____

telex _____

post/zip code _____

express delivery _____

sender _____

recipient _____

cash on delivery (COD) _____

payment counterfoil _____

Nachnahmesendung   Fernmeldenetz   Drucksache   Absender   Empfänger

Ferngespräch   Postleitzahl   Eilsendung   Fernschreiben   Zahlkarte   Briefmarke

Telefongespräch   Übermittlung   Einschreibebrief   Ortsgespräch

A2 **1. Lesen Sie bitte den folgenden Text und machen Sie sich Notizen. Welche Informationen erhalten Sie über welche Bereiche? Gibt es eine positive oder negative Entwicklung?**

Beispiel:

Postdienst	*verglichen mit Fernmeldedienst an Umsatz verloren*	*Entwicklung: negativ*

Die Entwicklung der einzelnen Dienstleistungsbereiche der Deutschen Bundespost

Am Umsatz gemessen, verlor der Post- gegenüber dem Fernmeldedienst in den letzten drei Jahrzehnten ständig an Boden. Doch wäre es falsch, daraus auf die ab-
5 nehmende Bedeutung dieses Dienstzweiges zu schließen. Tatsächlich stieg z. B. die Zahl der beförderten Briefsendungen in diesem Zeitraum um mehr als die Hälfte, und auch der Postzeitungsdienst stieß auf
10 eine wachsende Nachfrage. Einbußen gab es allerdings im Paketverkehr, den die Post im Wettbewerb mit privaten Unternehmen abwickelt, und im Gelddienst (Postanweisungen und Zahlkarten), dessen Leistungen
15 zunehmend durch den bargeldlosen Zahlungsverkehr ersetzt werden. Im Postscheck- und Postsparkassendienst setzte sich die positive Entwicklung fort. Eigentlicher Wachstumsträger bleibt aber der Fern-
20 meldedienst, auf den inzwischen mehr als zwei Drittel der Umsatzerlöse der Deutschen Bundespost entfallen.

Leistungen der Deutschen Bundespost,
Zahlenbilder 831521, Erich Schmidt Verlag

GLOSSAR

die Einbuße	loss
eigentlicher Wachstumsträger	actual growth area
der Umsatzerlös	gross profit on income from turnover
entfallen auf ...	the share of ... is

2. Um eine Entwicklung in ihrer Tendenz auszudrücken, benutzt man häufig das Partizip I der folgenden Verben:

abnehmen	zunehmen
sinken	wachsen
nachlassen	steigen
fallen	

Beispiele: — die *abnehmende* Bedeutung
— die *wachsende* Nachfrage

Bilden Sie bitte zwei Beispiele für jedes Verb.

Lesen Sie bitte den folgenden Text und markieren Sie die Wörter, die Sie nicht kennen.
Schlagen Sie die drei Wörter nach, die für Ihr Textverständnis am wichtigsten sind.
Fassen Sie bitte kurz auf englisch zusammen, worin die wesentliche Erneuerung der Bundespost besteht.

Die Neuordnung der Bundespost

Im April 1988 verabschiedete der Deutsche Bundestag ein Gesetz zur Neuorganisation der Bundespost. In Teilbereichen soll Wettbewerb zwischen Post und privaten Anbie-
5 tern möglich sein. Die Reform wurde mit dem Ziel begründet, die Konkurrenzfähigkeit der Post in Europa zu verbessern.
Am 1. 7. 1989 wurde die Bundespost in drei selbständige Teilunternehmen gegliedert:
10 In den *Postdienst* (Briefe und Pakete), die *Postbank* und die *Telekom* (Telefon- und Fernmeldebereich). Die Unternehmen blieben unter staatlicher Verwaltung. An die Stelle des bisherigen Postministeriums trat
15 ein Bundesministerium für Post und Telekommunikation, das die betrieblichen Aufgaben (z.B. Angebot der verschiedenen Dienste) an die drei Postunternehmen ab-

gibt. Das Ministerium übt die Rechtsauf-
20 sicht aus und nimmt politische Aufgaben wahr.
Das Monopol der Bundespost für Briefverkehr, Fernmeldenetz und Telefondienst bleibt unbefristet bestehen. Alle neuen
25 Dienste der Telekommunikation und der Verkauf der von den Fernmeldeteilnehmern benutzten Endgeräte wurden ab 1. 7. 1990 für private Anbieter freigegeben (Privatisierung).
30 Durch die unterschiedlichen Einnahmen der Postdienste ist ein Finanzausgleich zwischen den drei Postunternehmen notwendig. Der Fernmeldezweig wird weiterhin die Defizite der Brief- und Paketpost aus-
35 gleichen.

Aktuell '90

Hier sind die Tätigkeitsbereiche der Post schematisch dargestellt.
Schreiben Sie bitte die folgenden Begriffe jeweils in das passende Kästchen. Die Reihenfolge der untersten Ebene hat dabei keine Bedeutung.

Briefe und Postkarten
Postbank
Deutsche Bundespost
Postdienst

Pakete
Päckchen
Telekom
Zeitungen und Zeitschriften

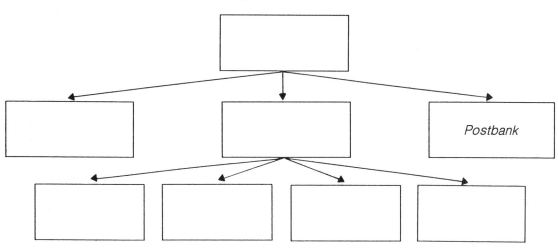

A5 **Worin sehen Sie die Hauptunterschiede zwischen der Bundespost und der Post in Ihrem Land?**
Was halten Sie von Privatisierung im Bereich der Post?

A6 **1. Im Text der folgenden Anzeige sind einige Wörter weggelassen worden.**
Sie können diese Wörter mit Hilfe der Überschrift und des Bildes sowie natürlich aus dem Kontext herausfinden.

F

„Täglich holen wir jetzt Ihre Pakete ab", sagte der Kundenberater der Post.

Mo 15⁰⁰

Di 15⁰⁰

Mi 15⁰⁰

Do 15⁰⁰

Fr 15⁰⁰

Sa 10³⁰

Mit der __(1)__ bekommen Sie Ihre Versandprobleme besser in den Griff. Im Rahmen einer individuellen __(2)__ vereinbarung __(3)__ die __(4)__ Ihre __(5)__-sendungen __(6)__ bei Ihnen __(7)__. Sogar zu einer festgelegten __(8)__. Und darauf können Sie sich verlassen. Denn die __(9)__ ist __(10)__ außer __(11)__ für Sie im Einsatz. Sie __(12)__ Ihre __(13)__ auch am __(14)__ pünktlich, wie vertraglich festgelegt, __(15)__, liefert aus und schafft Ihnen so einen Tag Vorsprung. Nutzen Sie den „Sechs-__(16)__-Service" der __(17)__ im __(18)__-

versand. Im Endeffekt ist es Ihr Gewinn.
Nur wer die Wege und vielfältigen Angebote der __(19)__ kennt, kann sie optimal nutzen. Mehr sagt Ihnen unser __(20)__, wenn Sie uns den Beratungs-Coupon zusenden.

✉ Post

Das
Postpaket
Schnell und sicher

---✂---

Beratungs-Coupon

Wir wünschen spezielle Beratung für unseren Paketversand.

Thema : _____
Vorherige Terminabsprache mit

Frau/Herrn _____ Telefon _____

Unsere Anschrift : _____

_____

Straße und Haus-Nr. oder Postfach

Postleitzahl   Bestimmungsort

An die Deutsche Bundespost, PTZ Vw 23-2a,
Postfach 1180,
6100 Darmstadt

2. Ihr Lehrer zeigt Ihnen anschließend den Originaltext.

1. Lesen Sie bitte den Text und ergänzen Sie – in Stichworten – das nachstehende **B1**
Schema.

Information aus der „Steckdose"

Das Telefon ist heute Kommunikationsmedium Nr. eins. Es steht inzwischen nicht nur in nahezu jedem deutschen Haushalt. Längst hat es auch den Brief als Nachrich-
5 tenmittel überflügelt. Seit Anfang der siebziger Jahre übersteigt die Zahl der Telefongespräche die der Briefe.

Daran, daß das Telefon dem Briefverkehr den Rang abgelaufen hat, wird sich auch
10 künftig nichts ändern. Schon deshalb, weil das Telefonnetz mit der technischen Entwicklung Schritt gehalten hat und neben dem normalen Gespräch eine Fülle neuer Kommunikationsmöglichkeiten bietet:
15 ● Die Telefonleitung kann zur Datenübertragung zwischen Computern genutzt werden.

● Kopien können übertragen werden.
● Mit Hilfe eines Fernsehers lassen sich
20 ganze Textseiten abrufen (Btx). Neuerdings kann dieser Service auch mit Hilfe spezieller Telefone genutzt werden, die mit einem Sichtschirm ausgerüstet sind (Multitel, Minitel).
25 ● Die neuen Techniken machen das Telefon außerdem mobiler: Durch die Einführung eines neuen Mobilfunk-Systems können die in Autos, Zügen und auf Binnenschiffen eingesetzten mobi-
30 len Telefone mehr als 130 000 Teilnehmern verfügbar gemacht werden.

Informationsdienst des Instituts
der Deutschen Wirtschaft

GLOSSAR
---

die Steckdose	socket, here: telephone socket	**Schritt halten mit**	to keep up with
überflügeln	to overtake	**abrufen**	to retrieve
den Rang ablaufen	to overtake	**der Sichtschirm**	screen

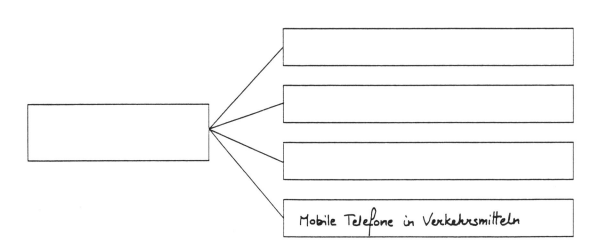

Mobile Telefone in Verkehrsmitteln

**2. Beschreiben Sie bitte kurz die einzelnen Kommunikationsmöglichkeiten: Welche Vor-
und Nachteile haben sie? In welchen Situationen sind welche Kommunikationsmöglichkeiten am besten?**
Glauben Sie, daß das Schreiben in Zukunft eher ab- oder zunehmen wird?

3. Schreiben Sie bitte zu den nachstehenden Wörtern die Artikel und die englischen Entsprechungen auf. Benutzen Sie evtl. Ihr Wörterbuch.

_____	Telefonleitung	_____
_____	Telefonnetz	_____
_____	Telefongespräch	_____
_____	Telefonverbindung	_____
_____	Telefonapparat	_____
_____	Telefonbuch	_____
_____	Telefonzelle	_____
_____	Telefongebühr	_____
_____	Telefonauskunft	_____
_____	Telefonnummer	_____

B2

F

Ergänzen Sie bitte in diesem Text die Rubriken „Verbindungsaufbau" *(trunking scheme – how the connection is established)* und „Gesprächsgebühr" *(charge)* mit den Angaben aus dem nachstehenden Schüttelkasten.

Nachrichten übermitteln		Telefongespräch
Über das Telefon können Informationen mitgeteilt und im Gespräch ausgetauscht werden. Gezielt vorbereitete und in gebührenbegünstigten Zeiten geführte Gespräche sparen Kosten.		
Gesprächsart	Verbindungsaufbau	Gesprächsgebühr
Ortsgespräch Verbindung mit Hauptanschluß im selben Ortsnetz		
Nahgespräch Verbindung mit Hauptanschluß in einem Ortsnetz des Nahbereichs		
Inlandsferngespräch Verbindung mit Hauptanschluß in einem ferneren Ortsnetz der Deutschen Bundespost		
Auslandsferngespräch Verbindung mit einem Hauptanschluß im Ausland		

Unsere Post

A) unterschiedliche Sprechdauer je Gebühreneinheit, abhängig von Entfernungszone, Tag und Tageszeit

B) Selbstwahl der Auslandskennzahl (Länderkennzahl und Ortsnetzkennzahl) und der Rufnummer des gewünschten Anschlusses, z. B. (00 46 35) 83 47

C) unterschiedliche Gesprächsdauer für eine Gebühreneinheit (8 bzw. 12 Minuten), abhängig von Tag und Tageszeit (wie bei Ortsgespräch)

D) unterschiedliche Gesprächsdauer für eine Gebühreneinheit (8 bzw. 12 Minuten), abhängig von Tag und Tageszeit

E) Selbstwahl der Vorwählnummer (Ortsnetzkennzahl) und der Rufnummer des gewünschten Anschlusses, z.B. (0 61 51) 3 56 78

F) Selbstwahl der Rufnummer des gewünschten Anschlusses, z.B. 7 35 68

G) unterschiedliche Sprechdauer je Gebühreneinheit, abhängig vom Land, zum Teil auch von Tageszeit und Entfernungszone.

Ergänzen Sie bitte mit Wörtern aus dem vorstehenden Text.   **B3**

Wenn Sie innerhalb Hamburgs, d. h. also im selben _____ anrufen, dann brauchen Sie nur die _____ der betreffenden Person zu wählen. Die Zahl der _____ richtet sich danach, wie lange das _____ dauert, zu welcher _____ und an welchem _____ Sie das _____ führen.

Wenn Sie dagegen von Hamburg aus jemanden in München anrufen, müssen Sie zuerst die _____ von München und dann die _____ wählen. Bei Ferngesprächen richtet sich die _____ außerdem auch noch nach der _____ . Bei *Auslandsferngesprächen* muß zusätzlich noch die _____ gewählt werden.

Bilden Sie bitte aus den nachstehenden Silben vier zusammengesetzte Wörter.   **B4**

aus — büh — ein — fern — ge — ge — hei — ka — kei — kenn — kom — lands — lich — mög — mu — netz — ni — ons — orts — ren — spräch — ten — ten — ti — zahl

[F]

_____

_____

_____

_____

Ihr Lehrer zeigt Ihnen anschließend eine mögliche Lösung.

C1 Nachstehend sind eine deutsche und eine britische Übersicht (von Mercury Telephone Service) über die Telefongebühren für Auslandsgespräche mit einigen europäischen Ländern abgedruckt.

Lesen Sie bitte die deutsche Übersicht und benutzen Sie dann die darin enthaltenen Redemittel, um einem Deutschen die in der britischen Übersicht enthaltenen Informationen zu erklären.

Einheitlicher Telefonzeittakt

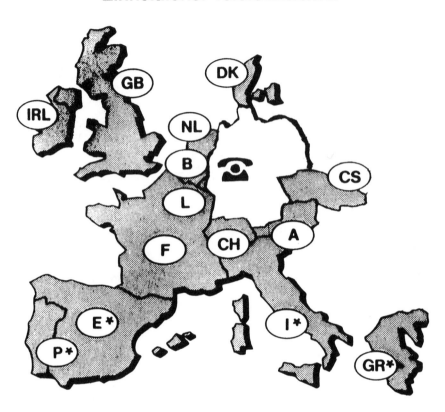

Für Gespräche in alle EG-Staaten und die an Deutschland angrenzenden Länder gelten einheitlich der Normaltarif mit einem Zeittakt von 12 Sekunden und der Billigtarif mit einem Zeittakt von 16 Sekunden.

Tarife
EG-weit und für alle an Deutschland angrenzenden Länder

Normaltarif
Mo-Fr   8-18 Uhr
* bzw.   8-20 Uhr
12 Sekunden

Billigtarif
alle übrigen Zeiten
16 Sekunden

Deutsche Bundespost

Calls to International Destinations

Rates: Pence per minute for directly dialled calls

GROUP ROUTES	STANDARD	ECONOMY
	0800-2000 Monday to Friday	All other hours Monday to Friday, weekends and public holidays
A	36.666	29.333
A2	41.892	34.046
B	47.558	39.111

INTERNATIONAL DESTINATIONS - GROUP ROUTES

Country	Group	Country	Group
Belgium	A	Luxembourg	A
Denmark	A	Netherlands	A
France	A	Portugal	A2
Greece	B	West Germany	A
Italy	A2	Spain	A2

Informationszettel Mercury Communications

Der Griff zum Hörer

Telefon-Hauptanschlüsse je 100 Einwohner

(ausgewählte Länder)

Schweden	66
Schweiz	54
Dänemark	53
USA	52
BR Deutschland	45
Frankreich	44
Niederlande	43
Großbritannien	41
Japan	40
Österreich	38
Italien	33
Spanien	26
DDR	10
UdSSR	10

© Globus

Quelle: Siemens

7846

C2 **1. Lesen Sie bitte den Text „Telefonkomfort? Was bedeutet das?", und übersetzen Sie die folgenden Sätze.**

He lifts the receiver.

_____

All you have to do is press a button.

_____

He is trying to reach you.

_____

The line is engaged.

_____

There is no answer.

_____

Don't forget the area code.

_____

Telephones with built-in loudspeakers are available.

_____

You can dial a number without lifting the receiver.

_____

You can store telephone numbers.

_____

„Telefonkomfort? Was bedeutet das?"

Hier erfahren Sie alles über die Leistungsmerkmale intelligenter Telefone mit moderner Mikroprozessortechnik. Kreuzen Sie bitte an, was Sie von Ihrem Telefon erwarten.

Wahlwiederholung. Ist die Leitung Ihres Gesprächspartners besetzt, weil er gerade ein anderes Gespräch führt oder meldet er sich nicht, gibt es die Wahlwiederholung: Die von Ihnen zuletzt gewählte Rufnummer wird nach Druck auf eine Taste erneut angewählt.

Kurzwahl. Sie können die zehn Menschen, mit denen Sie am häufigsten telefonieren, schon durch einen kurzen Druck auf zwei Tasten erreichen. Eine Rufnummer – bei Bedarf mit Vorwählnummer – wird vollständig eingetippt und durch einen Tastendruck gespeichert. Wenn Sie die Nummer beim nächsten Mal anrufen wollen, geht's schneller. Ein kurzer Druck auf zwei Tasten genügt.

Namentasten. Gesprächspartner, mit denen Sie oft telefonieren, erreichen Sie noch einfacher, direkt über die Namentaste, namentlich beschriftet.

Notizbuchfunktion. Während des Telefonierens, z. B. mit der Auskunft, brauchen Sie keine Rufnummer auf Zetteln zu notieren. Sie tippen die eben gehörte Nummer einfach ins Telefon ein. Sie kann auf Tastendruck gespeichert oder sofort automatisch angewählt werden.

Direktruf. Mit dem Direktruf (auch „Babyruf" genannt) kann eine bestimmte, zuvor eingespeicherte Rufnummer automatisch gewählt werden, sobald der Hörer abgenommen und eine beliebige Zifferntaste gedrückt wird. So kann Sie z. B. Ihr Kind unter der gespeicherten Nummer anrufen – auch wenn es noch keine Zahlen kennt.

Anzeige der gewählten Rufnummer (Display). Telefone mit Display zeigen Ihnen an, welche Rufnummer – ggf. mit Vorwählnummer – Sie gerade selbst oder automatisch (bei Wahlwiederholung oder per Kurzwahl) wählen. Sie erkennen schnell, welche Rufnummer Sie eingespeichert haben und können die Wahl unterbrechen, wenn Sie sich einmal verwählt haben.

Gebührenanzeige. Sie können während eines Gesprächs oder danach schnell mal Ihre Telefongebühren kontrollieren, die Gebühren eines Gesprächs oder die Summe über eine bestimmte Zeit.

Anschlußmöglichkeit für einen Zweithörer (Hörmuschel). Wenn bei Ihren Gesprächen öfter jemand mithören muß oder es in Ihrer Umgebung manchmal laut ist, sollten Sie einen Zweithörer ans Telefon anschließen lassen.

Lauthören. Über einen eingebauten Lautsprecher im Telefon können Sie andere im Raum zuhören lassen oder am Gespräch beteiligen.

Wahl bei aufliegendem Hörer. Sie haben noch eine Hand frei, wenn Sie wählen. Erst wenn der andere Teilnehmer sich meldet, brauchen Sie den Hörer abzunehmen. So haben Sie mehr Zeit, um sich auf ein Gespräch vorzubereiten.

3-Ton-Ruf. Besonders wohlklingendes Anrufsignal. Es besteht aus drei verschiedenen Tönen. Die Lautstärke ist einstellbar. Bei einigen Modellen auch die Tonfolge. Die unterschiedliche Tonfolge wird auch von Personen mit Hörbehinderung besser wahrgenommen.

Sperrschloß. Damit können Sie das Telefon gegen unerwünschte Benutzung durch andere abschließen. Ankommende Rufe können aber jederzeit entgegengenommen werden.

Freisprechen. Sie können telefonieren, ohne den Hörer abzunehmen. Also wählen, hören und frei sprechen bei aufliegendem Hörer. Beide Hände bleiben frei für die Unterlagen, die Sie für das Gespräch evtl. benötigen.

Automatische Hinweisansage. Telefone mit einem Textmodul können automatisch jedem Anrufer Auskunft geben, wann Sie wieder zu sprechen sind. Wochentag und Stunde sind einfach mit dem Kodierschalter einstellbar.

Das Telefonprogramm der Post

2. Diskutieren Sie bitte, welche Leistungsmerkmale des Telefons für wen besonders wichtig sind.

3. Tragen Sie bitte in die Kästchen am rechten Rand ein, wie nützlich die einzelnen Merkmale für Sie persönlich sind und vergleichen Sie danach die Ergebnisse in der Gruppe.

> 0 = nicht nützlich
> 1 = kaum nützlich
> 2 = ziemlich nützlich
> 3 = sehr nützlich
> 4 = absolut notwendig

C3 1. **Vergleichen Sie bitte die Telefon-Sonderdienste und Ansagen der Bundespost mit den Sonderdiensten und Ansagen der Telefongesellschaft(en) in Ihrem Land. Was gibt es bei Ihnen nicht? Was hat die Bundespost nicht?**

2. **Welche Anrufe sind gebührenfrei? Warum?**

Telefon-Sonderdienste und Telefonansagen

 Notruf Polizei **110**

 Feuerwehr 112

Telefon-Sonderdienste

☎ⓘ	Telefonauskunft	national	11 88
		international	00 11 8
☎	Telefonaufträge (Erinnerungs-, Benachrichtigungs- und Weckaufträge; in bestimmten Ortsnetzbereichen auch Abwesenheitsaufträge)		11 41
☎	Fernamt	national	0 10
		international	00 10
🚢	Satelliten-Seefunkdienst zu Schiffen im (Vorwahlnummer und anschließend Schiffsnummer wählen)	Atlantischen Ozean	00 871
		Pazifischen Ozean	00 872
		Indischen Ozean	00 873
☎	Störungsannahme für Telefon, Bildschirmtext		11 71
	Störungsannahme für Telex, Teletex, Datendienste und Telefax		11 72
	Störungsannahme für Kabelanschluß, Ton- und Fernsehrundfunk, Funkdienste, Cityruf, Eurosignal		11 74
✉	Telegrammaufnahme		11 31
Cityruf	Cityruf	Funkrufannahme	01 69 51
		Zugangskennzahlen Alphanumerik	01 691
		Numerik	01 68
		Nur-Ton	01 64

Weitere Dienststellen siehe unter „Post"

Telefonansagen

♥ⓘ	Aktuelles aus dem Gesundheitswesen		1 15 02
	Bestsellerlisten des Deutschen Musikmarktes		1 15 07
📈	Börsennachrichten	aus dem Inland	11 68
		aus dem Ausland	1 16 08
🚄	Fahrplanhinweise (Fernverkehr) – (Einzelheiten siehe unter „Deutsche Bundesbahn")		
📺	Fernsehprogramme		1 15 03
⚽	Fußballtoto		11 61
🎭	Kabarett, Varieté und sonstige Veranstaltungen		1 15 18

| **Fernamt** | telephone exchange | **Uraufführungstheater** | cinema that shows premieres |
| **Störungsannahme** | fault repair service | **Klassenlotterie** | lottery |

Telefonansagen

	Kinophon (Neues vom Kino)		1 16 04
	Kinoprogramme	Stadtmitte, Anfangsbuchst. A–K	1 15 11
		Stadtmitte, Anfangsbuchst. L–Z	1 15 12
		Rechts der Isar	1 15 13
		Nord-West	1 15 14
		Süd-West	1 15 15
	Kirchliche Informationen (kath. u. evang.)		11 57
	Klassenlotterien		1 16 07
	Küchenrezepte		11 67
	Lokalnachrichten für Blinde		11 55
	Medizinmeteorologische Hinweise/Pollenflugvorhersage		1 16 01
	Nachrichten vom Tage (Telefonnachrichtendienst)		11 65
	Pferdetoto und Rennsportergebnisse		11 52
	Reisevorschläge		1 15 39
	Reisewettervorhersage/Wintersportwetterbericht		1 16 00
	Alpenwetterbericht		1 15 09
	Segelflug-Wettervorhersage		1 15 06
	Sonderansagen (bei Bedarf)		11 66
	Sonderveranstaltungen, Ausstellungen und Messen		1 15 16
	Sportnachrichten		11 63
	Stellenangebote des Arbeitsamtes		1 15 01
	Straßenzustandsbericht (bei Bedarf)/ADAC-Verkehrsservice		11 69
	Theater- und Konzertveranstaltungen		1 15 17
	Verbraucher- und Einkauftips		1 16 06
	Wettervorhersage		11 64
	Witterungshinweise für die Landwirtschaft		11 54
	Zahlenlotto/Rennquintett		11 62
	Zeitansage		11 91

Beachten Sie bitte:

Der Anruf ist gebühren-
frei. Bei Anrufen von
öffentlichen Münz-
telefonen aus werden
die Münzen nach
Gesprächsende zu-
rückgegeben.

Wichtige Rufnummern
für Ihren Ortsnetz-
bereich finden Sie
in der Beilage
„Gesprächsgebühren"
zum AVON.

143

C4 **1.** Das folgende Bild stammt aus einer Anzeige.
Stellen Sie bitte Vermutungen darüber an,
— **wo und wann sich diese Situation abspielt,**
— **wer dort mit wem telefoniert und**
— **warum.**

2. Ihr Lehrer nennt Ihnen anschließend den Auftraggeber der Anzeige und sagt Ihnen den Text, der *über* dem Bild steht.
Was könnte der dort genannte Service sein?

3. Ihr Lehrer zeigt Ihnen nun die komplette Anzeige.
An wen wendet sich diese Anzeige Ihrer Ansicht nach?

C5 **Erklären Sie bitte auf deutsch kurz den Inhalt dieses Textes.**

How can you get more customers to contact you without increasing your advertising budget or sales force?

Simple. Pay them a call with Freefone.

Freefone is British Telecom's unique operator controlled service that gives your customers the extra motivation to find out more about your goods or services.

By picking up the telephone, dialling 100 and asking for your Freefone name or number, the customer is put through to your office or answering facility at no cost to themselves.

With no complicated dialling codes to remember and no money to pay, the customer gets a big incentive to call you.

British Telecom

Übersetzen Sie bitte den folgenden Text, der zu dem Bild C4 gehört. **C6**

Ihre Kunden würden gern mit Ihnen sprechen. Wenn da nicht die Ferngebühren wären. Mit Service 130 telefonieren Ihre Kunden zum Nulltarif mit Ihnen. Von Essen genauso wie von Kiel oder aus Oberbayern. Die Gebühren übernehmen Sie und bekommen dafür ein persönliches Gespräch. Am Telefon wird man sich schnell einig. Von Anfrage über Kundendienst bis Verkauf. Mit Service 130 ist Ihre Geschäftsstelle nie weiter als das nächste Telefon. Einfacher und direkter können Verkaufsförderung und Kundendienst nicht sein. Was Service 130 kostet und wie man Teilnehmer wird, erfahren Sie unter 01 30-01 01. Natürlich zum Nulltarif.

Service 130. Nachfrage zum Nulltarif.

Führen Sie bitte kurze Telefongespräche miteinander. Sitzen Sie dabei mit dem Rücken zu Ihrem Gesprächspartner. Verwenden Sie, wo sie passen, die folgenden Redemittel. **C7**

1. Eröffnungen

Angerufener:

Müller und Müller. Guten Tag.
Firma Meyer. Guten Morgen. Mit wem möchten Sie sprechen?
Schulz und Söhne. Technische Abteilung, Dirk Schlegel. Guten Tag.

Hier ist der automatische Anrufbeantworter des Übersetzungsbüros Dressler. Wir sind leider momentan nicht zu erreichen. Hinterlassen Sie bitte Ihren Namen und Ihre Telefonnummer. Wir rufen zurück. Danke.

Anrufer:

Shaw, Belfast hier. Guten Tag. Ich hätte gern Frau Westphal gesprochen.
Gracewell's, Toronto. Versandabteilung. Können Sie mich bitte mit dem Einkauf verbinden?
Guten Tag, Herr Schlegel. Schön, Sie gleich am Apparat zu haben. Wir haben hier ein kleines Problem ...
Oh, Entschuldigung, da muß ich mich verwählt haben.

Peter Braun. Medizinische Geräte. Die Übersetzung des Begleittexts zu unseren Akupunkturgeräten ist schon zwei Tage überfällig. Wir bitten um sofortigen Rückruf.

2. Auf das Ende hinsteuern

Ich sehe gerade, daß ich noch ein Gespräch auf der anderen Leitung habe, vielleicht könnten wir ...
Telefonisch kommen wir hier nicht weiter, ich schicke Ihnen einmal einen Entwurf, und dann ...
Tut mir leid, aber ich muß langsam zum Schluß kommen, ich habe nämlich noch ...
Vielleicht sollten wir das doch lieber in einem persönlichen Gespräch weiter verfolgen, ...

3. Beenden

Vielen Dank für Ihre Hilfe. Auf Wiederhören.
Wir hören wieder voneinander.
Ja, dann alles Gute bis zu unserem Treffen auf der Messe, auf Wiedersehen.

D1 In dem folgenden Text wird eine Reihe von neuen Kommunikationstechnologien erwähnt. **Schreiben Sie bitte die Namen dieser Technologien nachstehend in die linke Spalte und fügen Sie die englischen Entsprechungen aus dem Schüttelkasten in der rechten Spalte hinzu.**

Kontakte zur Zukunft

Stärker als viele andere setzt die Post auf neue Kommunikationstechnologien. Teletex, Bildschirmtext, die Digitalisierung, der Aufbau eines integrierten Netzes, Glasfaser- und Satellitentechnik machen deutlich, wo zukünftig Schwerpunkte gesetzt werden. Damit wird kontinuierlich die Leistungsfähigkeit der Post gesteigert. Damit wird für unsere Kunden Kommunikation schneller, sicherer, vielfältiger und komfortabler.

 Post

---

1. _____   _____
2. _____   _____
3. _____   _____
4. _____   _____
5. _____   _____
6. _____   _____

---

teletex

satellite technology

prestel

the setting up of an integrated network

glass fibre technology

digitalisation

D2

1. **Lesen Sie bitte die folgende Anzeige und unterstreichen Sie in jedem Absatz die Stellen, die Ihrer Meinung nach die wichtigsten Informationen enthalten.**

2. **Versuchen Sie bitte, für jeden Absatz eine Überschrift oder ein Stichwort zu finden.**

3. **Vergleichen Sie bitte Ihre Ergebnisse in der Gruppe.**

4. **Fassen Sie bitte in ca. 40 Wörtern auf englisch die Grundaussage der Anzeige zusammen.**

Wie alle großen Ideen ist auch ISDN verblüffend einfach

Punkt und Strich gehören zu den wichtigsten Erfindungen der Menschheit. Diese beiden einfachen Zeichen nämlich sind die Grundlage des Morsealphabets. Darin hat
5 jeder Buchstabe seine eigene, unverwechselbare Kombination aus Punkten und Strichen – damit die Information per Draht übermittelt werden kann : in Form von kurzen und langen elektrischen Impul-
10 sen. Samuel Morse machte mit diesem einfachen Prinzip die Telegrafie zur ersten schnellen, unkomplizierten und wirtschaftlichen Telekommunikationsübertragung.
Heute, fast 150 Jahre später, sorgt eine
15 ebenso einfache Idee für die Telekommunikation der Zukunft : ISDN. Die Abkürzung steht für „Integrated Services Digital Network", und das bedeutet, daß bald alle Telekommunikationsdienste eine gemein-
20 same Sprache haben : digital.
Dafür wird die herkömmliche Technik durch moderne und zukunftsweisende Elektronik ersetzt. Das erfreuliche Ergebnis : Sprache, Text, Daten und Bilder
25 können in einem universellen Netz kostengünstig zum Teilnehmer übermittelt werden.
Mit ISDN hat die Post Ihnen aber noch viel mehr zu bieten : Sie werden nur noch
30 eine universelle Anschlußdose für alle Ihre Endgeräte haben – zum Beispiel Telefon, Computer, Telefax, Teletex und Btx. Sie werden bis zu 8 Endgeräte über eine einzige Anschlußleitung betreiben können. Sie
35 werden nur noch eine Telekommunikationsnummer haben – und eine einzige, übersichtliche Telekommunikati-
40 onsrechnung im Monat. Und bald werden Sie neue Telekommunikati-
45 onsdienste wie Fernsprechen mit Bildübertragung nutzen können.

Integrated Services Digital Network heißt die Idee der Zukunft. Dieses diensteintegrierende, digitale Fernmeldenetz ermöglicht Sprach-, Text-, Bild- und Datenkommunikation über ein einheitliches Netz.

Hinzu kommt : ISDN arbeitet mit noch mehr Präzision und Qualität als die her-
50 kömmliche Technik. Mit anderen Worten : Sie werden künftig komfortablere, bessere und schnellere Dienstleistungen erhalten. Und wohlgemerkt : All das schafft die Post, ohne ein
55 neues Kabel verlegen zu müssen. Sondern nur durch die Verwirklichung einer einfachen
60 Idee.

Wenn Sie mehr über die Post von morgen wissen wollen, dann fordern Sie unsere Broschüren zum Thema ISDN an : „Informationsservice ISDN", Postfach 3020, 6600 Saarbrücken.

ISDN macht es Ihnen einfach.

- ✂ - -

Name _____

Firma _____

Straße/Postfach _____

PLZ/Wohnort _____

Branche _____

🔴 Post

147

D3 **1.** Der Text in D2 enthält eine Anzahl von Adjektiven und Partizipien, deren Bedeutung Ihnen bei der Lektüre des Textes vielleicht nicht immer ganz klar war. Einige von ihnen sind hier noch einmal aufgeführt.
Überlegen Sie sich, welche Bedeutung sie haben könnten und nehmen Sie dazu auch die entsprechenden Textstellen zu Hilfe.
Schreiben Sie bitte die englischen Entsprechungen unter die deutschen Angaben.

verblüffend einfach

_____

eine unverwechselbare Kombination

_____

eine unkomplizierte und wirtschaftliche Telekommunikationsübertragung

_____

eine gemeinsame Sprache

_____

eine herkömmliche Technik

_____

die zukunftsweisende Elektronik

_____

ein erfreuliches Ergebnis

_____

etwas kostengünstig übermitteln

_____

eine übersichtliche Telekommunikationsrechnung

_____

2. Welche der vorstehenden Adjektive und Partizipien passen zu den folgenden Substantiven? Manchmal sind mehrere Kombinationen möglich.

Stil	_____
Schema	_____
Einzelhandel	_____
Angebot	_____
Transportmittel	_____
Übung	_____
Effekt	_____
Erfindung	_____
Entscheidung	_____
Nachricht	_____

Lesen Sie bitte den Text und die englische Zusammenfassung. Stimmen Text und Zusammenfassung inhaltlich überein?

Das ist Btx.

Btx steht als Abkürzung für „Bildschirmtext". Btx ist ein neuer Dienst der Post, bei dem Informationen über das Telefonnetz direkt auf den Bildschirm des Fernsehers oder eines Multitel-Gerätes übertragen werden. Btx verbindet
5 zwei überall bekannte Einrichtungen : das Telefon und den Bildschirm. Mit dieser Verbindung ist das Abrufen und Absenden von Informationen und auch der Dialog mit anderen Teilnehmern möglich. Schon heute können Sie als Bildschirmtext-Teilnehmer viele Anbieter von Waren und
10 Dienstleistungen sowie kommunale und soziale Einrich-
tungen erreichen, aktuelle Nachrichten abrufen und sogar die 30 Millionen Telefonnummern im Bereich der Deutschen Bundespost er-
fragen. Und das rund um
15 die Uhr ! Den Anwendungs-möglichkeiten von Btx sind praktisch keine Grenzen gesetzt.

Prospekt der Deutschen Bundespost.

Btx is a telecommunications service operated from a separate cabled network. It facilitates the reception and transmission of information as well as communication with other subscribers by telephone onto a screen.

Im Deutschen kann man mit verschiedenen Strukturen ausdrücken, daß etwas möglich ist. **E2**

Beispiel:
mit diesem System – Informationen abrufen

— Mit diesem System *ist* das Abrufen von Informationen *möglich*.
— Dieses System *ermöglicht/erlaubt es*, Informationen ab*zu*rufen.
— Dieses System *ermöglicht/erlaubt* das Abrufen von Informationen.
— Dieses System *macht es möglich*, Informationen ab*zu*rufen.
— Dieses System *macht* das Abrufen von Informationen *möglich*.
— Dieses System *bietet die Möglichkeit*, Informationen ab*zu*rufen.
— Mit diesem System *können* Informationen abgerufen werden.
— Mit diesem System *können* Sie Informationen abrufen.

Beschreiben Sie nun mündlich die folgenden Vorzüge eines Telefons.

Mit diesem Telefon ...
— bei aufliegendem Hörer wählen
— die zuletzt gewählte Nummer wiederholen
— die Gebühren des Gesprächs anzeigen
— zehn Telefonnummern speichern und durch Kurzwahl abrufen
— die Lautstärke des Klingelzeichens verändern
— die gewählte Nummer auf der Anzeige sehen.

E3

Liberalisierung im britischen Fernmeldemarkt

Merkur am Horizont

Für den Verwender hat sich die konsequente Liberalisierung des britischen Telekommunikationsmarktes und die Privatisierung von British Telecom bisher gelohnt. Einerseits wurde das politische Ziel erreicht, weite Kreise der Bevölkerung an dem wirtschaftlichen Erfolg des bis dahin staatseigenen Telefonunternehmens zu beteiligen und andererseits führte die Öffnung des Marktes zu einer deutlichen Belebung in allen Bereichen dieser Industrie, die wiederum dem Verwender durch einen gesteigerten Nutzen dient.

Solange ein Produkt den grünen Genehmigungs-Aufkleber von British Telecom trägt, ist sein Anschluß an das Telefonnetz zulässig und jeder Teilnehmer hat die Möglichkeit, 'sein' persönliches Telefon oder Peripherie-Gerät einfach daheim in die Kommunikationssteckdose zu stöpseln.

So sind Erwerb und Betrieb von Multifunktionstelefonen, Telefaxgeräten, Anrufbeantwortern oder Computermodems nach der Anschaffung mit keinerlei Wartefristen belastet und durch Kauf der Geräte fallen regelmäßig wiederkehrende Gebühren fort (von British Telecom und anderen Anbietern sind jedoch auch Mietgeräte erhältlich).

S/S   S/1000/3/F/500164

Der frühere Monopolist British Telecom sah sich zudem einem zunehmenden Wettbewerb im Gerätemarkt ausgesetzt und er war gezwungen, sich mit seinen Preisen und mit seinem Produktdesign den internationalen Standards anzupassen; auch der Service-Bereich wurde so stark

verbessert, daß Telecom heute bei verspäteter Reparatur Bargeld-Entschädigung anbieten kann.

Billigste einteilige Telefone mit kleinem Speicher und Wahlwiederholung werden in Tankstellen und Kaufhäusern bereits für unter £10 angeboten, schnurlose Telefone gibt es auch bei Telecom ab ca. £80 und für ganze £145 Kaufpreis (bzw. £13 Miete im Vierteljahr) bietet Telecom das attraktive Komfortterminal 'Super 10' mit Digitaltechnik.

Im Servicebereich kam vor vier Jahren als Alternative zu British Telecom die Mercury Communications Ltd., eine Tochtergesellschaft der weltweit tätigen Cable & Wireless-Unternehmensgruppe, hinzu und bietet eine Reihe von Dienstleistungen, vor allem im kommerziellen Bereich an (eigenes Kabelnetz, Telefon-, Telex- und Datenverbindungen, Personenrufdienst u.ä.). Mercury konzentriert sich gegenwärtig auf die britischen Zentren und vertraut dabei besonders auf die Faseroptik. Als Großkunden konnten u.a. die British Broadcasting Corporation und British Petroleum (BP) gewonnen werden.

Insgesamt steht Mercury mit ca. 16.000 Kunden aber noch sehr am Anfang und es wird wohl noch einige Zeit dauern, bis im ganzen Land Mercury-Telefonzellen zu finden sind.

Die Komfortterminal-Modelle '10' und 'Super 10' von British Telecom.

1. Lesen Sie bitte den nebenstehenden Text und beantworten Sie dann die Fragen.

a) Was bedeutet „Liberalisierung des britischen Telekommunikationsmarktes"?
b) Warum hat sich die Liberalisierung nach Meinung des Verfassers des Artikels gelohnt?
c) Inwieweit gibt es auf dem Telekommunikationsmarkt Wettbewerb?
d) Was sind die Vorteile für den Verbraucher?
e) Wie wird in dem Artikel die Rolle der Firma Mercury beschrieben?
f) Stimmen Sie den Meinungen, die in diesem Artikel vertreten werden, zu?

2. Schreiben Sie bitte einen kurzen Aufsatz. Wählen Sie aus, was Sie schreiben wollen:

a) eine Reaktion auf den Artikel „Merkur am Horizont",
b) einen Bericht über Ihre Erfahrungen mit Ihrem und/oder dem deutschen Telefonsystem,
c) einen Essay über ein allgemeines Thema wie „Stirbt die Kunst des Briefeschreibens aus?".

In jeder der folgenden Zeilen ist, von rechts nach links geschrieben, ein Wort aus dem Bereich des Post- und Fernmeldewesens versteckt.

E4

F

N	R	E	T	R	A	K	L	H	A	Z	E	B	H	C	O	N	K
E	T	S	S	O	P	X	E	L	E	T	R	E	F	S	T	R	O
E	N	R	E	Z	N	E	T	T	E	K	A	P	B	A	W	E	N
G	N	U	R	E	H	C	E	R	P	S	N	R	E	F	N	A	K
E	T	T	X	E	T	M	R	I	H	C	S	D	L	I	B	E	G
L	E	R	H	Ü	B	E	G	E	B	I	E	G	R	E	T	N	U
E	T	S	S	U	L	H	C	S	N	A	R	E	V	E	S	B	A
E	L	L	I	M	R	E	T	F	U	R	N	A	E	B	R	O	V
E	L	H	A	Z	T	I	E	L	T	S	O	P	S	E	B	M	A
T	N	R	E	W	E	H	C	A	S	K	C	U	R	D	L	A	Z
E	T	T	F	N	U	K	S	U	A	R	A	P	I	R	D	N	I
N	E	G	N	U	K	I	N	O	R	T	K	E	L	E	M	A	K
O	R	E	T	A	R	E	B	N	E	D	N	U	K	O	S	T	S
R	E	G	N	U	T	I	E	L	N	O	F	E	L	E	T	S	E
T	I	E	K	H	C	Ä	R	P	S	E	G	S	T	R	O	M	E
T	R	E	B	S	G	N	U	D	N	I	B	R	E	V	B	O	L
N	E	T	N	A	R	E	B	R	E	D	N	E	S	B	A	K	E
R	E	R	E	I	P	O	K	N	R	E	F	R	E	Z	R	O	V

Postleitzahl

F1

Wie kommt ein Dokument
im Nu von der
Elbe an die Ruhr ?

in no time

Sie können minutenschnell korrespondie-
ren. Schwarz auf weiß – per Fernkopierer
und Telefon. Für die Verbindung zahlen
Sie nicht mehr als die normalen Telefonge-
5 bühren. Der Telefaxdienst macht's möglich. Ob Sie Korrekturen, Handnotizen,   whether
Zeichnungen, Diagramme, Tabellen, Ge-
schäftsbriefe oder andere Vorlagen (Origi-   documents
nale bis zum Format A 4) auf Reisen
10 schicken, Ihr Partner bekommt alles
schwarz auf weiß, minutenschnell. Und
das, soweit das Telefon reicht. Denn Fern-   for the whole area covered by the
kopierer werden einfach zusätzlich zum   telephone network
Telefon an das Telefonnetz angeschlossen.
15 Besondere Leitungen sind nicht nötig. Alle
Fernkopierer im Telefaxdienst arbeiten rei-
bungslos zusammen. Ihre Telefax-Partner   are fully compatible with each other
und deren Rufnummern finden Sie im
amtlichen Telefaxverzeichnis der   official, directory
20 Deutschen Bundespost – gegebenenfalls   if necessary
hilft Ihnen auch die Telefonauskunft
weiter.

Die Geräte zum Telefaxdienst.
Die Geräte können Sie natürlich bei der
25 Post mieten. Oder privat beschaffen. Dabei
können Sie zwischen manuellen und automatischen Fernkopierern wählen – je nach
Ihrem Kommunikationsvolumen. Mit den
automatischen Geräten können Sie auch
30 ohne Bedienungskraft Sendungen empfan-   operator
gen und mehrere Vorlagen – einmal einge-   inserted
legt – automatisch senden.

Telebrief – die Ergänzung.
Im Telefaxdienst können Sie zunehmend
35 mehr Teilnehmer problemlos anwählen.
Und selbst wenn Ihr Geschäftspartner
noch nicht mit einem Fernkopierer arbeitet, können Sie den Kommunikationskreis
schließen : Als Telefaxteilnehmer wählen
40 Sie eins der 600 Postämter an, die mit
Fernkopierern ausgestattet sind. Von dort
wird Ihre Telefaxnachricht als „Telebrief"
auf Wunsch per Eilboten dem Empfänger   by special delivery
zugestellt.
45 Möchten Sie Ihre Korrespondenz wirtschaftlicher gestalten ? Rufen Sie doch   organise
einfach die Technische Vertriebsberatung
bei Ihrem Fernmeldeamt an. Die Rufnum-   telecommunications centre
mer steht im Telefonbuch unter Post.

Post
Partner für Telekommunikation

152

1. **Lesen Sie bitte den nebenstehenden Text und versuchen Sie herauszufinden, an wen sich diese Anzeige wendet. Markieren Sie beim Lesen diejenigen Textstellen, an denen Sie die Zielgruppe erkennen können.**

2. **Beantworten Sie bitte die folgenden Fragen:**

Wie funktioniert der Telefaxdienst?

_____

_____

_____

Was ist ein Telebrief?

_____

_____

_____

F2

Konstruktionen mit *ohne* ... bzw. *arm an* ... lassen sich im Deutschen durch Adjektive ausdrükken, die mit dem entsprechenden Substantiv und den Nachsilben *-los*, *-frei* oder *-arm* gebildet werden.

-los		**-frei**	**-arm**
arbeitslos	mühelos	alkoholfrei	waldarm
bargeldlos	ergebnislos	nikotinfrei	vitaminarm
zinslos	problemlos	chlorfrei	kalorienarm
nutzlos	geräuschlos	gebührenfrei	industriearm
erfolglos	zweifellos	zollfrei	wasserarm

1. **Schreiben Sie bitte die englischen Entsprechungen neben die folgenden Adjektive. Arbeiten Sie evtl. mit dem Wörterbuch.**

erwerbslos _____	mittellos _____
bedeutungslos _____	kostenlos _____
reibungslos _____	aussichtslos _____
bedenkenlos _____	zwecklos _____
geschmacklos _____	sinnlos _____
wirkungslos _____	grundlos _____
tadellos _____	verantwortungslos _____
fristlos _____	rücksichtslos _____
konkurrenzlos _____	ausnahmslos _____
bleifrei _____	störungsfrei _____
rostfrei _____	steuerfrei _____
einwandfrei _____	zuschlagfrei _____
atomwaffenfrei _____	frachtfrei _____
fettarm _____	bevölkerungsarm _____
verkehrsarm _____	sauerstoffarm _____

2. Ordnen Sie bitte jedem Substantiv einen unbestimmten Artikel und ein Adjektiv aus dem Schüttelkasten zu. Achten Sie auf die richtige Endung des Adjektivs.

____	_____	Zahlungsverkehr	____	_____	Nahrungsmittel
____	_____	Einfuhr	____	_____	Gegend
____	_____	Stahl	____	_____	Wollstoff
____	_____	Entlassung	*ein konkurrenzloser* _____		Preis
____	_____	Beratung	____	_____	Verhandlung
____	_____	Kredit	____	_____	Reklamation
____	_____	Maßnahme	____	_____	Getränk
____	_____	Jugendliche			

erwerbslos   ergebnislos   grundlos   industriearm   alkoholfrei   kalorienarm

bargeldlos   ~~konkurrenzlos~~   zinslos

fristlos   einwandfrei   kostenlos   zollfrei   rostfrei   wirkungslos

F3   Welches der folgenden Wörter existiert nicht? Warum?

Telefongespräch
Ferngespräch
Fernsprechnummer
Fernsprechgebühren
Telefonfernsprecher
Telefonverbindung

1. Wo könnte diese Szene spielen? Was könnte der eine Mann zu dem anderen sagen?

2. Ihr Lehrer zeigt Ihnen anschließend den Originaltext.

Lesen Sie bitte die folgenden Sätze und kreuzen Sie diejenigen Aussagen an, denen Sie zustimmen. Begründen Sie bitte jeweils Ihre Meinung.

— Ich glaube, daß die Computer neue Arbeitsplätze schaffen. ☐

— Ich glaube, daß durch die Computer zahlreiche Menschen ihren Arbeitsplatz verlieren werden. ☐

— Ich möchte gerne mit einem Computer arbeiten. ☐
— Arbeit mit dem Computer finde ich langweilig. ☐

— Ich glaube, daß die Computer die Lebensqualität verbessern werden. ☐
— Ich finde es nicht gut, wenn wir immer mehr von der Technik abhängig werden. ☐

— Ich fürchte, daß mit den Computern unser Privatleben immer stärker überwacht wird. ☐
— Ich finde, daß der Staat möglichst viel über jeden einzelnen wissen sollte; wer ein ruhiges Gewissen hat, hat ja nichts zu befürchten. ☐

— Ich meine, daß jeder auf der Schule lernen sollte, wie man mit einem Computer umgeht. ☐
— Ich meine, daß nur Spezialisten Computerkenntnisse brauchen. ☐

G3 1. **Markieren Sie bitte alle englischen Wörter in der Collage.**

2. **Was für einen Artikel haben sie? Lesen Sie anschließend die englische Erklärung.**

Die EasyGEM-Library:

Der fertige Sound-Sampler

Desktop Publishing auf dem EDV-Buchmarkt

If a foreign noun appears in a German text a gender has to be attributed to it. This not only applies when 'foreign' words become part of the system of the German language, but also when they are 'quoted' in it, as in: *Die 'Personal Computer Exhibition' war ein großer Erfolg.* In this case it is *die*, because the German word for 'exhibition' – *Ausstellung* – is feminine.

There are two problems which make attributing a gender to a foreign word difficult:

1. The German language doesn't provide sufficient rules regarding the choice of gender to cover all or even most German words.

2. The choice of gender to be attributed to a foreign word can be influenced by several different 'rules', e. g.
   — morphological similarity (i. e. it should have the same gender as German words with the same ending),
   — semantic similarity (i. e. it should have the same gender as the nearest German equivalent in meaning),
   — the 'sounds-like' rule.

Thus when the word 'computer' entered the German language there were two morphological possibilities: *das* (as in *das Lager*) or *der* (as in *der Träger*). As *der* is the gender more frequently attributed to *-er* endings and as there is also a semantic similarity (*der Rechner*), it was clear that it should become *der Computer*. However, it isn't always as obvious — just listen to the different genders Germans attribute to 'pub'!

Viele hilfreiche Funktionen sowie ein Editor sollen den Programmierer in seiner Arbeit unterstützen.

... und die Software

Das AT-modular-Board

Ihr persönlicher Personal-Computer

An der Hardware von Careen 68k/PC gibt es nichts auszusetzen

Das kleine Assembler-Listing

Der stolze Besitzer einer neuen Harddisk steht aber noch vor einem anderen Problem:

eine wunderschöne Halterung für den Controller.

Britischer Compiler

Die Terminals werden auf ähnlich flexible Weise angepaßt.

Bis zum Erscheinen der Mega STs auf dem deutschen Markt war dieser Chip hierzulande nahezu unbekannt.

Dann brauchen Sie das Powerpack von COMPUTER 2000!

---

3. **Lesen Sie bitte die oben angeführten Auszüge aus deutschen Zeitungen nun noch einmal. Welche Gründe könnte es Ihrer Meinung nach für die Wahl des Artikels zu den verschiedenen englischen Ausdrücken geben?**

4. **Machen Sie bitte eine Liste mit englischen Wörtern, die Ihrer Ansicht nach schwer ins Deutsche zu übertragen sind und aus diesem Grund am besten „in Anführungsstriche" gesetzt in deutsche Sätze übernommen werden sollten. Mit welchem Artikel würden Sie sie anführen?**

1. In dieser IBM-Anzeige werden in einem recht langen, aber sehr übersichtlich gegliederten **G4**
Text elf Vorzüge eines bestimmten Computer-Modells aufgeführt.
Markieren Sie bitte in jedem Abschnitt die Wörter, mit denen die Ihrer Ansicht nach wichtigste Information ausgedrückt wird, und notieren Sie dann nachstehend – auf englisch – jeweils die Kerninformation eines jeden Abschnitts.

Die elf Stärken des IBM PC AT.

Erstens: Der starke IBM Personal Computer, der IBM PC AT, ist so leistungsfähig, daß er bis zu 41 200 000 Zeichen abspeichern kann. Anders ausgedrückt, können Sie bis zu 20 000 Schreibmaschinenseiten Daten und Text in seinem Speicher ablegen. Das ist genug, um große Informationsmengen in Ihrem Bereich zu verarbeiten.

Zweitens: Der IBM PC AT kann 100 000 Rechenschritte in einer Sekunde ausführen. Das heißt, daß Sie mit ihm in kurzer Zeit große Informationsmengen in Ihrem Betrieb bewältigen können. Denn je schneller Ihr Personal Computer arbeitet, desto früher können Sie sich anderen Aufgaben zuwenden.

Drittens: Auf dem IBM PC AT können Sie ohne Schwierigkeiten alle IBM PC Programme laufen lassen. Insgesamt gibt es schon über 1000 PC-Programme, die er verarbeiten kann: zum Beispiel für Ihre Finanzbuchhaltung, für Ihre Lohn- und Gehaltsabrechnung und sogar ganz spezielle Branchenanwendungen für Schreiner, Immobilienmakler und für das Elektrohandwerk.

Viertens: Den IBM PC AT gibt es in zwei unterschiedlichen Ausführungen. Wählen Sie zwischen dem AT mit großem Speicher für die tägliche Arbeit und dem AT mit ganz großem Speicher für außergewöhnliche Informationsmengen.

Fünftens: Die vielen Informationen, die Sie im IBM PC AT abgespeichert haben, wollen Sie möglicherweise schützen. Dazu nehmen Sie einfach den mitgelieferten Schlüssel und sperren damit Ihren AT sicher ab.

Sechstens: Die neugestaltete Tastatur zum IBM PC AT ermöglicht Ihnen eine einfache und bequeme Eingabe. Denn sie schließt häufig benutzte Daten- und Textverarbeitungsfunktionen ein.

Siebtens: Drei kleine Kontrollämpchen an der Tastatur helfen Ihnen, Informationen fehlerfrei einzugeben und abzurufen. Das erspart Ihnen Zeit und Mühe.

Achtens: Wenn Sie den IBM PC AT mit dem IBM PC Farbbildschirm kombinieren, haben Sie die Möglichkeit, Graphiken in 16 leuchtenden Farben darzustellen. Vorausgesetzt, Sie wollen mit Programmen arbeiten, mit denen Sie Graphiken erstellen können.

Neuntens: Wenn Sie den schnellen IBM PC AT mit dem IBM PC Graphikdrucker II kombinieren, können Sie sich Ihre Texte, Notizen und Ihre gesamte Korrespondenz an jedem Arbeitsplatz schnell ausdrucken lassen.

Zehntens: Der IBM PC AT spricht fünf Sprachen. Sie können mit ihm in Deutsch, Englisch, Französisch, Italienisch und Spanisch arbeiten.

Elftens: Sie können den IBM PC AT zum Zentrum eines Netzwerks machen. Das heißt, Sie verbinden alle IBM Personal Computer in Ihrem Betrieb mit dem AT. Dadurch können Sie auf die aktuellen Datenbestände aller Bereiche zugreifen und haben so laufend den Gesamtüberblick.

Probieren Sie am besten selbst einmal den starken IBM Personal Computer, den AT und die passenden Programme, zum Beispiel die neuen Branchenlösungen, bei einem Vertragshändler für IBM Personal Computer oder in einem IBM-Laden aus. Der Schlüssel für Sie steckt bereits. Und fragen Sie auch gleich nach den IBM PC Seminaren. Die genauen Adressen erfahren Sie telefonisch zum Ortstarif von Hallo IBM: 01 30-45 67.

IBM

---

2. **Eine Frage für Computerspezialisten: Woran kann man erkennen, daß der Text aus der Sicht der 90er Jahre etwas veraltet ist?**

H1 Bei diesem Bild handelt es sich um einen Ausschnitt aus einer Werbeanzeige von IBM.

F **1. Wie könnte man von dem Bild ausgehend zu einer Werbung für IBM-Produkte kommen? Notieren Sie bitte in Stichpunkten, mit welchen Argumenten dabei geworben werden könnte.**

2. Ihr Lehrer zeigt Ihnen anschließend die Anzeige mit dem Text.

3. Notieren Sie bitte die Tätigkeiten, bei denen IBM dem Schreiner helfen will.

1. _____   4. _____
2. _____   5. _____
3. _____

H2 **Lesen Sie bitte den Text und ergänzen Sie dann das nachstehende Schema.**

Moderne Technik im Vertrieb

Immer mehr Bestellungen erreichen den Lieferer inzwischen nicht mehr auf dem Briefweg, sondern über die modernen Telekommunikationseinrichtungen der Post.
5 Sie werden direkt im Computer gespeichert und die in ihnen enthaltenen Angaben werden dazu benutzt, Frachtpapiere, Lieferscheine und Rechnung auszufertigen, desgleichen den Auftrag an das Auslieferungs-
10 lager. Enthält die Bestellung keine Preise, können sie aus dem Computerspeicher eingesetzt werden. Der Computer berechnet zugleich die Mehrwertsteuer. Außerdem wird die Bestellung der Buchhaltung ge-
15 meldet und automatisch auf dem Kundenkonto notiert. Damit kann der Computer selbsttätig Mahnungen ausfertigen, wenn die Überweisung des Rechnungsbetrages durch den Kunden ausbleibt. Verglichen
20 mit früher, als alle diese Arbeiten von Hand erledigt und getippt werden mußten, ist das eine ganz beachtliche Arbeits- und Kostenersparnis.

Frankfurter Rundschau

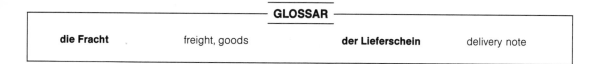

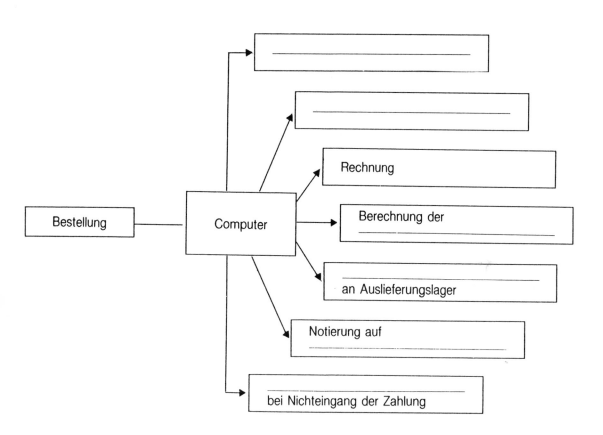

Bestellung → Computer →

- _____
- _____
- Rechnung
- Berechnung der _____
- _____ an Auslieferungslager
- Notierung auf _____
- bei Nichteingang der Zahlung _____

Konditionalsätze ohne *wenn*   H3

Beispiel:

Wenn die Bestellung keine Preise enthält, (so) können sie aus dem Computerspeicher eingesetzt werden.

Enthält die Bestellung keine Preise, (so) können sie aus dem Computerspeicher eingesetzt werden.

1. Vervollständigen Sie bitte die folgende Regel.

In conditional sentences without *wenn* the _____ clause must be placed before the _____ clause; the conjugated verb is then located at the _____ of the subordinate clause.

2. Bilden Sie bitte mit den folgenden Elementen Sätze entsprechend der obigen Regel:

a) der Anschluß ist besetzt
   die Nummer wird automatisch wieder angewählt

b) der Rechnungsbetrag wird nicht rechtzeitig überwiesen
   der Computer kann selbsttätig Mahnungen ausfertigen

c) Ihr Geschäftspartner arbeitet noch nicht mit einem Fernkopierer
   Sie können ihm einen Telebrief schicken

d) Sie rufen ins Ausland an
   Sie müssen die Vorwahl des entsprechenden Landes wählen

e) Sie sind auf eine schnelle Lieferung angewiesen
   Sie sollten unseren Paket-Service nutzen

f) Sie benötigen weitere Informationen
   rufen Sie uns einfach an

g) Sie haben irgendwelche Versandprobleme
   wir beraten Sie gerne

H4

F

1. Sie sehen hier einen Ausschnitt aus einer Werbeanzeige einer Computerfirma.
Wer, glauben Sie, sind diese beiden Personen und welche Beziehung könnte zwischen ihnen bestehen?

2. Der mittlere Teil der Zeichnung ist hier weggelassen worden.
Wie, glauben Sie, sieht die Verbindung zwischen den beiden Personen *zeichnerisch* aus?

3. Ihr Lehrer liest Ihnen nun den – sehr kurzen – Text vor, der zu dieser Anzeige gehört.
Überprüfen Sie bitte, ob die von Ihnen aufgestellten Hypothesen zu dem Text passen. Falls nicht, überlegen Sie sich andere Möglichkeiten.

4. Diskutieren Sie bitte die Lösungen in Ihrer Gruppe.

5. Ihr Lehrer zeigt Ihnen anschließend die komplette Anzeige.

Lesen Sie bitte den folgenden Text und schreiben Sie die deutschen Entsprechungen aus dem Text neben die nachstehend aufgeführten englischen Ausdrücke. **I 1**

Was kann der IBM-Kundenberater für Sie tun?

Er hilft Ihnen bei der Auswahl von Programmen, mit denen Ihre Finanzbuchhaltung, Lohn- und Gehaltsabrechnung oder die Fakturierung und Lagerbestandsführung reibungslos abgewickelt werden kann. Oder er zeigt Ihnen spezielle Branchenlösungen, die zum Beispiel Immobilienmaklern, Schreinern und Elektrohandwerkern die Arbeit erleichtern können.

10 Er erklärt Ihnen, mit welchen Programmen man Texte bearbeitet, Grafiken erstellt, Tabellen strukturiert und Daten verwaltet, ohne EDV*-Profi zu sein. Und er zeigt Ihnen, wie man mit dem IBM 15 PC auf Datenbanken zugreift, Personal Computer untereinander zu einem kleinen Netz verbindet und mit Bildschirmtext arbeitet.

IBM

* EDV: elektronische Datenverarbeitung

---

payroll work   _____

invoicing   _____

stock keeping   _____

estate agent   _____

joiner   _____

information, data   _____

to manage data   _____

a professional   _____

to have access to   _____

Ordnen Sie bitte zu.   **I 2**

1. Daten (Pl.)	a) transfer of data	1 — e
2. die Datenverarbeitung	b) exchange of data	2
3. die Datenbank	c) to feed data into a computer	3
4. der Datenschutz	d) to record data	4
5. der Datenträger	e) data	5
6. die Datenübertragung	f) to evaluate/exploit data	6
7. Daten erfassen	g) data processing	7
8. Daten eingeben	h) to read back data	8
9. Daten speichern	i) data protection	9
10. Daten abrufen	j) to evaluata/exploit data	10
11. Daten auswerten	k) data bank	11
12. Daten verwerten	l) to store data	12
13. Daten austauschen	m) data carrier	13

13 Der folgende Text ist nicht ganz leicht. Sie brauchen beim Lesen aber auch nur in groben Zügen die verschiedenen darin aufgezählten Vorteile des Computers für Klein- und Mittelbetriebe zu verstehen.

Schreiben Sie bitte diese Vorteile – auf englisch – jeweils in Form eines kurzen Satzes neben die entsprechenden deutschen Textabschnitte.

Wettbewerbsfähiger mit Computer	
Anders als in Großunternehmen ist der Computer in Klein- und Mittelbetrieben noch längst keine Selbstverständlichkeit. Dabei kann gerade die EDV die Wettbewerbs- 5 fähigkeit des Mittelstands beträchtlich verbessern.	
● Routinearbeiten werden maschinell erledigt, was Zeit und damit Personalkosten spart. An einem typischen Sekretariatsplatz 10 ist bereits wenige Wochen nach Einführung des Computers eine Kapazitätsreserve von 20 Prozent nachweisbar.	_____
● Produktion und Lagerhaltung sind auch in kleineren Betrieben entscheidende 15 Kostenfaktoren. Eine bedarfsorientierte Produktionsplanung in Verbindung mit einer optimierten Lagerwirtschaft lassen die „Luft" aus diesen Kosten.	_____
● Je kleiner ein Betrieb, um so länger 20 dauert erfahrungsgemäß die Rechnungserstellung. Die „Rechnung auf Knopfdruck" in Verbindung mit einem automatischen Mahnwesen verbessert auch bei diesen Betriebsgrößen die Liquidität erheblich.	_____
25 ● Vor allem im Handwerksbereich, aber auch in anderen Branchen, wird oft mehr geschätzt als kalkuliert, mit der Folge von regelmäßigen Verlustaufträgen. Dabei können geeignete EDV-Kalkulationsprogram- 30 me in wenigen Minuten verschiedenartigste Kalkulationen erstellen und damit Verluste rechtzeitig sichtbar machen.	_____
● Schnelle und korrekte Kalkulationen sind auch wichtig, wenn es um die Ange- 35 botserstellung geht. Computerunterstützte Betriebe erzielen hier beträchtliche Wettbewerbsvorteile, weil sie schneller mehr Angebote abgeben können.	_____
● Wettbewerbsvorteile verschafft der 40 Computer in Verbindung mit einem Textverarbeitungssystem auch in anderer Hinsicht: Computerausdrucke vermitteln Professionalität und verbessern damit das Image des Absenders.	_____
45 ● Nicht zuletzt zählt der Wettbewerbsfaktor Information: Besser aufbereitete und schneller verfügbare Daten ermöglichen der Betriebsführung qualifiziertere Entscheidungen.	_____
	Die Sparkassen

1. Vervollständigen Sie bitte die folgende Liste mit Wörtern aus dem Text 13.

> The following adverbs can be used to modify verbs denoting change:
>
> überhaupt nicht, gar nicht
> nicht
> kaum, wenig, ein wenig, geringfügig, leicht
> ziemlich, ziemlich stark
> _____, _____, sehr, sehr stark
> gewaltig, enorm

2. Übersetzen Sie bitte und benutzen Sie dabei die Verben aus der nachstehenden Liste.

Prices have dropped considerably.
Prices have hardly changed.
Costs have risen substantially.
Working conditions have improved slightly.
The market has not expanded at all.
The measures were reinforced sharply.

> verstärken   sich verbessern   sich verändern
> steigen   sinken   sich vergrößern

Adjektive auf *-fähig*   15

Für die folgenden Adjektive auf *-fähig* gibt es zum Teil entsprechende englische Adjektive; die anderen müssen im Englischen umschrieben werden.

ein leistungsfähiger Computer	*a powerful/efficient computer*
eine erwerbsunfähige Person	*a person who is unable to work*
eine arbeitsunfähige Person	*a person who is unfit for work*
eine beschlußfähige Versammlung	*a quorum*
eine anpassungsfähige Person	
eine zahlungsunfähige Firma	
eine handlungsfähige Regierung	
ein widerstandsfähiges Material	*resistant/tough material*
ein entwicklungsfähiges Modell	
eine verbesserungsfähige Methode	
ein funktionsfähiger Betrieb	
ein konkurrenzfähiges Produkt	
ein wettbewerbsfähiges Unternehmen	

16 Die fehlenden Buchstaben in der mittleren Reihe ergeben – von oben nach unten gelesen – ein Wort, das nachstehend auch zeichnerisch dargestellt ist.

F

```
        IN _ OR _ A █ I _ ER
         _ RO _ R █ _ MIE _ ER
         _ ATEN █ CHU _ _
           _ _ EI █ HER
        BIL _ _ _ _ █ IR _
      _ OM _ UT █ R _ ECH _ I _
          _ ATE █ _ AN _
  TE _ _ _ ERA █ _ EITUNG
                █ _ V
        MI _ RO █ HI _
         _ _ I _ █ EN
       _ E _ HE █ _ A _ AZI _ _ T
          TERMINAL
       _ ENT █ AL _ OM _ _ TER
```

„Schau an, Sie haben sich auch einen _____ angeschafft!"

164

Notieren Sie bitte jeweils Wörter bzw. Ausdrücke aus dem Kapitel 5. Vergessen Sie bitte bei den Substantiven die Artikel nicht.

Post und Telekommunikation

Substantive: **Wichtige Adjektive in Verbindung mit Substantiven:**

Ausdrücke:

Verben: **Verben:**

Datenverarbeitung

Substantive:

_____

_____

_____

_____

_____

_____

_____

_____

_____

_____

_____

_____

_____

_____

_____

_____

_____

_____

_____

_____

_____

_____

_____

_____

_____

_____

Wichtige Adjektive in Verbindung mit Substantiven:

_____

_____

_____

_____

_____

_____

_____

_____

_____

Ausdrücke:

_____

_____

_____

_____

_____

_____

_____

_____

_____

_____

Verben:	**Verben:**
_____	_____
_____	_____
_____	_____
_____	_____
_____	_____
_____	_____
_____	_____
_____	_____
_____	_____
_____	_____
_____	_____

Kapitel 6

Transportwesen

A1 **Wie legen Sie den Weg zurück**
- **zum Arbeitsplatz,**
- **zum Ausbildungsplatz**
  (zur Schule, zur Universität usw.),
- **zu Freizeiteinrichtungen**
  (zum Schwimmbad, zum Kino usw.),
- **zum Einkaufen,**
- **zum Urlaubsziel?**

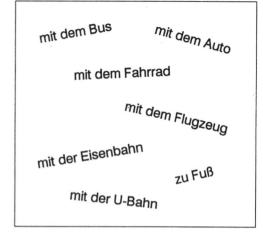

A2

F

1. In diesem Schaubild ist der Kontext weggelassen worden, in dem die Wege zurückgelegt werden: *zum Einkaufen, zum Ausbildungsplatz, zur Arbeit, in den Urlaub, in der Freizeit.* **Vervollständigen Sie bitte das Schaubild mit diesen Angaben.**

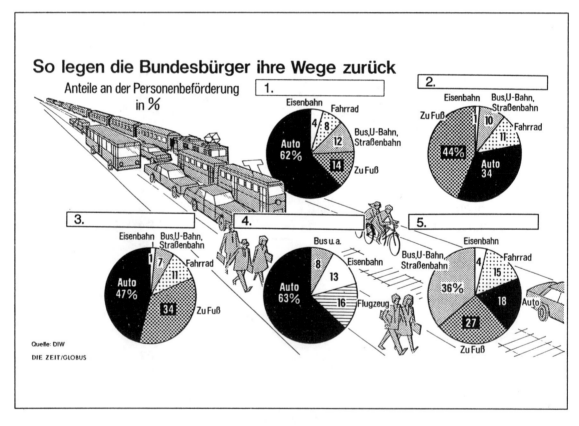

2. **Diskutieren Sie bitte Ihre Lösungen in der Gruppe und begründen Sie jeweils Ihre Meinung.**

3. Ihr Lehrer zeigt Ihnen anschließend das Originalschaubild.

1. Lesen Sie bitte den Text und notieren Sie die deutschen Entsprechungen zu:

urban development problems _____

transportation policy problems _____

public transport
1. _____
2. _____

city centre
1. _____
2. _____
3. _____

car
1. _____
2. _____

to make attractive _____

to cause problems _____

unpopular _____

to redevelop _____

Immer mehr Autos in der City

Haupttransportmittel auf dem Weg zum Einkaufsbummel in die Innenstädte bleibt das Auto. Die Hoffnung, die Pkw-Benutzer würden verstärkt auf die öffentlichen Ver-
5 kehrsmittel umsteigen, hat sich nicht erfüllt. Im Gegenteil: Bahn und Busse werden offenbar immer unbeliebter, das eigene Auto dagegen gewinnt neue Freunde.

Diese Transportstruktur wirft städtebauli-
10 che und verkehrspolitische Probleme auf – für den Bürger, der sich Leben in der City wünscht, und für den Einzelhandel, der zu einem wesentlichen Teil für Leben in den Städten sorgt. Die Angebote von
15 citynahen Parkmöglichkeiten sollten erweitert, das öffentliche Nahverkehrssystem für einen Umstieg vom Auto attraktiv gestaltet und die Stadtkerne selbst „wohnfreundlich" saniert werden: Wer in der City sein
20 Zuhause hat, braucht für den Einkaufsbummel keinen Pkw.

Institut der Deutschen Wirtschaft

---

2. Ergänzen Sie bitte die Gliederung des Textes durch passende Stichworte.

Situation:

1. _____

2. _____

Resultat:

1. _____

Vorschläge zur Verbesserung:

1. _____

2. _____

3. _____

A4 Von *Stunde, Tag, Woche, Monat, Jahr* abgeleitete Adjektive/Adverbien:

1. Übersetzen Sie bitte.

ein halbstündiges Interview   _____

eine zweistündige Zugfahrt   _____

eine eintägige Reise   _____

ein vierwöchiger Intensivkurs   _____

ein achtmonatiger Aufenthalt   _____

eine langjährige Erfahrung   _____

ein zwanzigjähriger Student   _____

ein ganzjährig geöffnetes Hotel   _____

ein stündlich verkehrender Zug   _____

der Zug verkehrt nicht täglich   _____

ein wöchentliches Treffen   _____

eine zweimonatlich erscheinende
Informationsschrift   _____

eine dreimal jährlich stattfindende
Untersuchung   _____

2. Vervollständigen Sie bitte die folgende Regel.

> Adjectives formed with the suffix _____ are used to express duration or age.
>
> Adjectives formed with the suffix _____ are used to express the regularity of an action.

3. Ergänzen Sie bitte mit Adjektiven auf *-lich* oder *-ig*.

a) Wir bieten Ihnen fünfmal _____ (daily) Direktflüge nach New York.

b) Er hat ein _____ (several years) Auslandsstudium hinter sich.

c) Die Konten werden _____ (every three months) überprüft.

d) Er bucht eine _____ (three weeks) Urlaubsreise.

e) Die InterCity-Züge verkehren _____ (every hour).

f) Trotz _____ (six months) Verhandlungen wurde keine Einigung erzielt.

g) Der Flughafenbus fährt _____ (every half hour).

h) Er hat als _____ (eighteen-year-old) bei dieser Firma angefangen.

i) Er hielt eine _____ (two and a half hour) Rede.

Sehen Sie sich bitte die beiden Zeichenerklärungen aus den Fahrplänen der Deutschen
Bundesbahn und von British Rail an. Welche Informationen finden Sie in beiden Zeichenerklärungen? Haben sie auch die gleichen Symbole? Welche Informationen finden Sie nur in
einer der Zeichenerklärungen?

Zeichenerklärung

links neben den Fahrplanzeiten=
zuschlagpflichtige *EC*-, *IC*-, *IR*-, *FD*- und **D-Züge**

EC **EuroCity,** Europäischer Qualitätszug
(*EC/IC*-Zuschlag grundsätzlich erforderlich. Ausnahmen nur, wenn
die Kennzeichnung der Zuschlagpflicht links neben den Fahrplanzeiten nicht angegeben ist. Entgelt für Platzreservierung im *EC/IC*-Zu-
schlag enthalten. Für Reisegruppen Platzreservierung erforderlich).

IC **InterCity,** Nationaler Qualitätszug
(*EC/IC*-Zuschlag grundsätzlich erforderlich. Ausnahmen nur, wenn
die Kennzeichnung der Zuschlagpflicht links neben den Fahrplanzeiten nicht angegeben ist. Entgelt für Platzreservierung im *EC/IC*-Zu-
schlag enthalten. Für Reisegruppen Platzreservierung erforderlich).

InterRegio,
überregionaler Zug
mit gehobenem Komfort

) **Fern-Express,**
qualifizierter Schnellzug,
Schnellzug
Messe-Schnellzug,
nur 1. Klasse

B **RegionalSchnellBahn,**
Qualitätszug des Regionalverkehrs

Eilzug
City-Bahn,
Qualitätszug des Verdichtungsverkehrs

S-Bahn
RegionalBahn
ne Buchstaben: **Zug des Nahverkehrs**

zu Fahrausweisen bis 50 km (Zonen
1–7) sowie zu Streckenzeitkarten ist
Schnellzugzuschlag erforderlich, wenn
der Zug links neben den Fahrplanzeiten als zuschlagpflichtig gekennzeichnet ist.

Fahrplanzeiten sind in
magerer Schrift gedruckt

rkehrstage

links neben den Fahrplanzeiten: verkehrt nicht täglich oder nur
während eines bestimmten Zeitabschnittes
an Sonntagen und **allgemeinen** Feiertagen
Als **allgemeine Feiertage** im Bundesgebiet gelten: **Neujahr, Kar-
freitag, Ostermontag, 1. Mai, Christi Himmelfahrt, Pfingstmon-
tag, 17. Juni, Bußtag, 1. und 2. Weihnachtstag.**

an Werktagen;
Regelung an Landesfeiertagen, die nicht „allgemeine Feiertage"
sind, siehe Fahrplantabellen.

an Werktagen außer Samstag	① Montag 1)
täglich außer Samstag	② Dienstag 1)
an Samstagen, Sonn- und Feiertagen	③ Mittwoch 1)
	④ Donnerstag 1)
	⑤ Freitag 1)
	⑥ Samstag (Sonnabend) 1)
	⑦ Sonntag 1)

1) Züge mit dieser Angabe der Wochentage verkehren auch,
wenn der betreffende Tag auf einen Feiertag fällt.
Abweichende Regelungen sind in den Fahrplantabellen angegeben.

kürzungen

Bundesbahndirektion
Bahnhof
f   Hauptbahnhof

B   Geschäftsbereich Bahnbus
    Betriebsstelle (Bus)
    Verkaufsbüro (Bus)
B   Zentralbusbahnhof

Angaben zu den Zügen und Bahnhöfen

◊   Bei Anschlußangaben: *EC/IC* (*EuroCity/InterCity;* Zuschlag
    grundsätzlich erforderlich)
ℝ   Platzkarten erforderlich
◆   Platzreservierung für Einzelreisende besonders empfohlen, für Rei-
    segruppen Angebotseinschränkungen.
    mit Gepäck- und Fahrradbeförderung
    Zug führt durchlaufende Wagen (Kurswagen) 2)

    Schlafwagen 2)
S   Einbettklasse (großes Einbettabteil), 1. Klasse
Sp   Spezialklasse (kleines Einbettabteil), 1. Klasse
D   Zweibettklasse (großes Zweibettabteil), 1. Klasse
T 2 Touristenklasse (kleines Zweibettabteil), 2. Klasse
T 3 Touristenklasse (Dreibettabteil), 2. Klasse

    Liegewagen 2. Klasse (Liegewagen 1. oder 1./2. Klasse sind beson-
    ders gekennzeichnet) 2)

    2) Einzelangaben siehe Kurswagenverzeichnis unter der
    DB-Zug-Nr., die in den Fahrplantabellen angegeben ist.

✗   Zugrestaurant, Bistro-Café
🍴 Quick-Pick-Zugrestaurant   } Service
♀   Speisen und Getränke im Zug erhältlich

6. Übergangszeiten von 6, 7 ... Minuten
7... (siehe „Kurze Hinweise für unsere Fahrgäste")

▶   Halt nur zum Zusteigen
◀   Halt nur zum Aussteigen
x   vor dem Namen des Bahnhofs oder der Haltestelle: alle Züge und
    Busfahrten halten nur nach Bedarf,
    vor der Zeitangabe: hält nur nach Bedarf
    Reisende, die aussteigen wollen, werden gebeten, dies dem Schaff-
    ner oder Zugführer spätestens auf dem letzten Haltebahnhof oder
    auf der letzten Haltestelle mitzuteilen. Reisende, die einsteigen
    wollen, machen sich dem Aufsichtsbeamten oder, wo dieser fehlt,
    dem herannahenden Zug oder Bus rechtzeitig bemerkbar.
| In der Mitte der Fahrzeitspalte: fährt auf dem betreffenden Bahnhof
    (Haltestelle) durch
    in der Mitte der Fahrzeitspalte: fährt über eine andere Strecke
o   in der Bahnhofs- oder Fahrzeitspalte: Ankunft
→   In der Überschrift: Fahrplantabelle der anderen Richtung weiter
    rechts eingeordnet
←   In der Überschrift: Fahrplantabelle der anderen Richtung geht voraus
⟶   in der Fahrzeitspalte: weiter siehe rechts
    in der Fahrzeitspalte: Hinweis auf einen links stehenden Anschlußzug
    Buslinie
✱   Schienenfahrausweise, ausgenommen Streckenzeitkarten, gelten
    im allgemeinen im Bus ohne Zahlung eines Zuschlages
▲   Bus hält nicht am Bahnhof
    Schiffahrtslinie
    S-Verkehr zum Flughafen
⊞   Grenzbahnhof oder Grenzübergangsstelle mit Paß- und Zollabferti-
    gung
⊞   Paß- und Zollabfertigung im fahrenden Zug
P   Bahnhof mit DB-eigenem Parkplatz

**Weitere Zeichen oder Buchstaben als Hinweise auf Anmerkungen
sind auf der Seite erklärt, auf der sie vorkommen.**

References and Symbols

References and symbols used throughout the timetable

Date and time symbols

a Arrival time.
d Departure time.
s Stops to set down only.
u Stops to pick up only.
x Stops on request. Passengers wishing to alight must inform the guard and those wishing to join must give a hand signal to the driver.

M Monday
T Tuesday
W Wednesday
Th Thursday
F Friday
S Saturday
Su Sunday

Plus the letters 'O' for only and 'X' for excepted to indicate trains running on certain days of the week. For example: **MO** Mondays only. **FX** Fridays excepted. **MFX** Mondays and Fridays excepted. Other letters are combined as necessary.

{ Does not run during the full period of the timetable.

ᴮᴴˣ Does not run on Bank Holidays 30 May and 29 August.

ᒧa Continued in later column.

↤ Continued from earlier column.

Station Facility Symbols

⊖ Stations having interchange with London Regional Transport Underground services.

⬢ Shipping service.

⇜ Rail-Air Link.

Train Facility Symbols

Train facilities available for whole or part of journey.

1 Also conveys First Class accommodation.

125 InterCity 125 train; also conveys First Class accommodation.

IC InterCity train; also conveys First Class accommodation.

S Sprinter service.

🚌 Bus service. (Heavy luggage, prams, bicycles, etc. may not be conveyed.)

R Train or ship in which reservation is essential. Reservations are free to ticket holders. See pages 1469.

◇ Seat reservations available see page 1468.

🛏 Sleepers (also seating accommodation unless otherwise stated).

P InterCity Pullman train (except Bank Holidays) with full meal service to First Class ticket holders in designated seats. Buffet service of hot food, sandwiches, hot and cold drinks available to all passengers.

✕ Full meal service (restricted to First Class ticket holders in designated seats on some trains) seats. Buffet service of hot food, sandwiches, hot and cold drinks available to all passengers.

⌀ Buffet services of hot food, sandwiches, hot and cold drinks available to all passengers.

⊡ Service of snacks, sandwiches, hot and cold drinks available to all passengers.

⏚ Trolley service of cold snacks and hot and cold drinks available to all passengers.

British Rail

172

Auskunft **B2**

Spielen Sie bitte Zugauskunft. Spieler A will von London nach Köln fahren. B hat den folgenden Fahrplan und gibt Informationen. A ist ein schwieriger Kunde, der alles genau wissen will (Umsteigen, Service im Zug, an welchen Wochentagen man fahren kann) usw. B sollte auch die Informationen aus B1 benützen.

G 2 London – Ostende – Brüssel – Aachen – Köln ←G 2

ondon Victoria Station					7 45				9 00	12 00				
over Western Docks		O			9 09				10 25	13 25				
over W D ⊞ ⛴ WEZ/MEZ					[19] 9 35				11 00	[19] 13 45				
ostende ⊞		O			12 15				15 45	16 25				
	Zug		D 319		D 321	D 323	665	D 249		EC 23 ✕	D 1225	516	D 1213	EC 41 ✕
								von Paris (G 1)		MEMLING	OOSTENDE-WIEN-EXPRESS		nach Zell am See (D 5)	MOLIÈRE von Paris (G 1)
stende	26000		10 34		12 34	14 34	14 48			17 02	17 08	17 34	Ⓡ 17 40	
gge			10 50		12 50	14 50	15 23			17 17	17 26	17 50	17 56	
t-St-Pieters			11 15		13 15	15 15	15 48			17 42	17 55	18 15	18 20	
ssel-Zuid/Bruxelles-Midi		O	11 43		13 43	15 43	16 14			18 11	18 27	18 43	18 49	
ssel-Zuid/Bruxelles-Midi			11 48		13 48	15 48		16 55		18 14	18 32	18 48	18 52	
ssel/Bruxelles-Central			11 52		13 52	15 52				18 18		18 52		
ntwerpen-C 26017			11 19		13 19	15 19		15 49			17 49	18 19		
ruxelles-Nord		O	11 50		13 50	15 50		16 21			18 21	18 50		
ssel-N/Bruxelles-Nord			11 57		13 57	15 57		17 03		18 23	18 39	18 57	19 01	
ven			12 17		14 17	16 17						19 17		
e-Guillemins		O	12 56		14 56	16 56		17 59		19 20	19 34	19 56	19 59	
e-Guillemins			13 00		15 00	17 00		18 03		19 22	19 40		20 03	20 42
viers-Central			13 20		15 20	17 20		18 23		19 41	20 00		20 23	21 03
kenraedt ⊞														
hen Hbf ⊞		O	13 43		15 43	17 43		18 49		20 04	20 24		20 51	21 27
hen Hbf	440		13 54		15 46	17 54		19 00		20 07	20 40		21 20	21 38
en		O	14 13		16 05	18 13		19 19						
n Hbf		O	14 38		16 31	18 38		19 44		20 47	21 20		Ⓡ 22 03	22 19
öln Hbf 600			14 58		[2] 16 58	18 51		[2] 19 58		21 02	21 24			
onn Hbf		O	15 16		[2] 17 16	19 09		[2] 20 16		21 21				
rankfurt (Main) Hbf		O	17 12		[2] 19 12	21 10		[2] 22 12		23 10	24 00			
öln Hbf			14 58	15 01	17 01	19 01		20 01		21 27			Ⓡ 22 07	Ⓖ 22 38
tuttgart Hbf 2		O		18 52	20 52	[14] 22 55		23 55						
ünchen Hbf 2, 3		O	21 08	21 13	23 13			[17] 3 50		4 01			Ⓡ 5 19	[26] 5 33
öln Hbf 300			15 04		16 47	19 04		20 04		21 04	22 04		22 23	22 23
üsseldorf Hbf		O	15 29		17 13	19 29		20 29		21 29	22 29		22 50	22 50
ssen Hbf		O	15 56		17 49	19 56		20 56		21 56	22 56		23 21	23 21
ortmund Hbf		O	16 16		18 27	20 16		21 16		22 16	23 16		23 46	23 46
öln Hbf			15 04		17 04	19 04		20 07			21 44		22 50	
annover Hbf 40		O	17 51		19 50	21 50		[21] 22 52			2 13		2 34	
erlin Zool Garten 13		O	[16] 23 04								[16] 6 52		6 52	
öln Hbf 30			[2] 15 10		[2] 17 10	[2] 19 10		20 10						
amburg Hbf		O	[2] 19 07		[2] 21 07	[2] 23 07		0 07						

ondon Victoria Station			13 30						13 00	
over Western Docks		O	14 54						14 25	
over W D ⊞ ⛴ MEZ/WEZ			[19] 15 25						15 00	
ostende ⊞		O	18 05						19 45	
	Zug		D 325	D 233	D 245	D 241	D 327	D 1233 Ϋ2)	D 219	
				NORD-EXPRESS nach København (A 3)	nach Warszawa (B 1)	OST-WEST-EXPRESS von Paris nach Moskwa (B 1)		VIKING-EXPRESS von Paris (G 1) nach København (A 3)	nach Salzburg	
stende	26000		18 34				19 34		20 30	
gge			18 50				19 50		20 46	
t-St-Pieters			19 15				20 15		21 10	
ssel-Zuid/Bruxelles-Midi		O	19 43				20 43		21 37	
ssel-Zuid/Bruxelles-Midi			19 48				20 48		21 40	
ssel/Bruxelles-Central			19 52				20 52			
ntwerpen-C 26017			19 19				20 19		20 49	
ruxelles-Nord		O	19 50				22 50		21 21	
ssel-N/Bruxelles-Nord			19 57				20 57		21 48	
ven			20 17				21 17			
e-Guillemins		O	20 56				21 56		22 48	
e-Guillemins			21 00			21 40	22 00	22 19	22 51	
viers-Central			21 20			21 58	22 20	22 37	23 09	
kenraedt ⊞									23 21	
hen Hbf ⊞		O	21 43			22 22	22 43	23 01	23 34	
hen Hbf	440		21 54	22 00	22 05	22 39	22 46	23 13	23 45	
en		O	22 13				23 05			
n Hbf		O	22 38	22 42	22 46	23 19	23 31	23 51	0 25	
öln Hbf 600					Ⓑ 22 59		23 58		0 36	0 42
onn Hbf		O			Ⓑ 23 22		0 18		0 56	1 02
rankfurt (Main) Hbf		O					2 24			
öln Hbf							[10] 23 39		0 36	0 42
tuttgart Hbf 2		O							5 00	5 38
ünchen Hbf 2, 3		O					6 51		7 39	8 45
öln Hbf 300				22 47	22 50	23 25		23 54		
üsseldorf Hbf		O		23 14	23 18			0 21		
ssen Hbf		O		23 44	23 51					
ortmund Hbf		O			0 26	0 41				
öln Hbf					22 50	23 25				
annover Hbf 40		O			2 34	3 00				
erlin Zool Garten 13		O			6 52	7 38				
öln Hbf 30				22 47		23 28		23 54		
amburg Hbf		O		3 16		5 31		4 09		

Ⓐ = ✕ außer ⑥
Ⓑ = an ⑥ und †
Ⓖ = ⑤/⑥
Ⓡ = ⑤/⑥ vom 2./3. VI. bis 22./23. IX.
Ϋ2) = bis Aachen

[2] = IC, täglich außer ⑥
[10] = Schlaf- und Liegewagenzug
[14] = IC, in Mannheim umsteigen
[16] = in Hannover umsteigen
[17] = in Stuttgart umsteigen
[19] = **Jetfoil** (Tragflügelboot), besonderer Zuschlag erforderlich. Platzreservierung empfohlen
[21] = IC bis Dortmund täglich, ab Dortmund täglich außer ⑥
[26] = München Ost

B3 **1.** Die folgenden Textteile stammen aus zwei verschiedenen Anzeigen, mit denen sich die Deutsche Bundesbahn an zwei unterschiedliche Zielgruppen wendet.

Lesen Sie bitte die Textteile und überlegen Sie sich, um welche beiden Zielgruppen es sich handelt und welche Textteile (A–L) zu welcher Zielgruppe gehören. Füllen Sie die nachstehenden Kästchen aus. Es ist *nicht* notwendig, die Textteile in eine bestimmte Reihenfolge zu bringen.

A) Die Bahn verleiht Fahrräder, bringt Ihnen Ihren Koffer bis ins Hotel und trägt ihn wieder nach Hause; sie hält Ihnen einen Parkplatz in Bahnhofsnähe frei, wechselt Ihr Reisegeld und serviert Ihnen Drinks.

B) Wenn Sie zusammen mit Kollegen reisen, stellen wir Ihnen in der 1. Klasse IC ein ganzes Konferenzabteil zur Verfügung. Schon ab vier Personen reservieren wir Ihnen kostenlos ein ganzes Abteil.

C) Zudem kommt die Bahn über Btx auf Ihren Bildschirm, gibt am Telefon automatisch Auskunft, schickt auch Ihr Auto in den Urlaub, läßt Sie im Zug feiern, tanzen, telefonieren, bei Hitze nicht schwitzen und bei Kälte nicht frieren.

D) Das vielseitigste Verkehrsmittel für Geschäftsleute heißt InterCity. Die Züge fahren im Stundentakt.

E) Die Bahn hat noch viele gute Angebote für Firmen und Geschäftsreisende. Zum Beispiel können Sie auch mitten in der Stadt in einem unserer IC-Hotels übernachten.

F) Sie versichert Ihr Gepäck, reserviert Ihnen einen Sitzplatz im Zug, bringt Ihnen im Schlafwagen das Frühstück ans Bett, verleiht Mietwagen und bucht Abteile für die ganze Familie.

G) Das bedeutet, Sie können sich statt auf den Fahrplan voll und ganz auf Ihren Terminplan konzentrieren.

H) Für den Fall, daß Sie mal eben im Büro anrufen wollen: das Münz-Zugtelefon befindet sich im 1.-Klasse-Großraumwagen.

I) Die Bahn bringt Sie sicher und bequem in Europas interessanteste Städte, bucht Ihr Hotelzimmer und sorgt für den Reiseführer.

J) Und wenn Sie dann ausgeruht und gut vorbereitet in die Gespräche gehen, haben Sie das Geschäft schon halb in der Tasche.

K) Außerdem macht sie Ihnen noch Ihr Bett, paßt auf Ihre Kleinen auf und zapft Bier im Restaurant der Fern-Express-Züge.

L) Sie geht mit Ihnen am Bodensee und an der Ostsee sogar aufs Wasser, setzt Sie direkt am Flughafen ab und wünscht Ihnen eine angenehme Bahnfahrt.

Zielgruppe:

Textteile:

Zielgruppe:

Textteile:

2. Notieren Sie bitte die deutschen Entsprechungen aus dem Text. Vergessen Sie bei den Substantiven bitte die Artikel nicht.

train timetable _____

to put at someone's disposal _____

to reserve (1–3) _____

to run every hour _____

to spend the night _____

schedule _____

compartment _____

open-plan carriage _____

the Baltic Sea _____

Lake Constance _____

1. In diesem InterCity-Netzplan sind einige Städte weggelassen worden. Tragen Sie bitte deren Namen in die entsprechenden Kästchen ein. Benutzen Sie evtl. die Landkarte in diesem Buch (S. 8).

B4

F

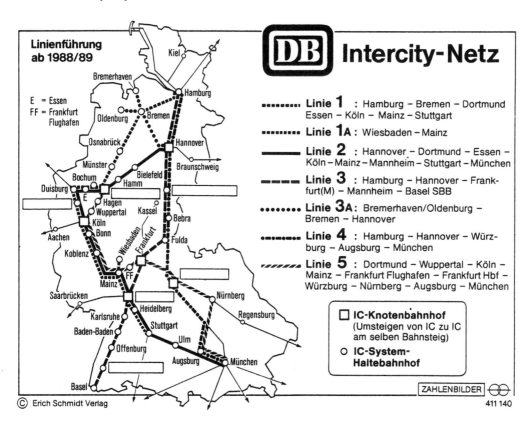

2. Ihr Lehrer zeigt Ihnen anschließend das Originalschaubild.

3. Erstellen Sie bitte mit Hilfe der Karte auf S. 8 ein neues InterCity-Netz für das vereinigte Deutschland, ohne die Anzahl der Linien zu verändern.

B5 Suchen Sie bitte in diesem Artikel zu der Hauptinformation im ersten Satz des Textes die entsprechenden Detailinformationen und tragen Sie diese in die nachstehenden Rubriken ein.

Ein InterCity-System quer durch Westeuropa

EuroCity-Züge werden den internationalen Reiseverkehr mit der Eisenbahn durch bessere Verbindungen, kürzere Reisezeiten und höheren Komfort wesentlich attraktiver werden lassen.
5 Entsprechende Vereinbarungen wurden auf der   agreements
Europäischen Reisezugfahrplankonferenz (EFK)
getroffen, die kürzlich in Augsburg stattfand. Beteiligt waren 49 Eisenbahnen, Schiffahrts-, Speise- und Schlafwagen-Gesellschaften sowie inter-
10 nationale Eisenbahnorganisationen.
Herausragendes Ergebnis der internationalen   the most important
Fahrplankonferenz war, wie bereits kurz gemeldet, die Billigung des EuroCity-Konzepts.   approval
Grundsätzlich können sich daran alle europä-
15 ischen Bahnen beteiligen; Voraussetzung ist aber,   condition
daß die vorgeschlagenen Züge nicht weniger als
zwanzig Qualitätsmerkmale aufweisen. Sie sind   to display features
in einem verbindlichen „Lastenheft" aufgeführt   list of conditions
und müssen alle erfüllt sein, wenn ein Zug sich
20 EuroCity nennen will. Die in das neue System
einbezogenen Züge führen erste und zweite Klas-   here: to have (first and second class
se, in Ausnahmefällen nur erste Klasse; bei den   compartments)
wichtigsten westeuropäischen Städteverbindungen wird es Tages-, aber auch Nachtverbindun-
25 gen mit Schlaf- und Liegewagen geben. Alle EuroCity-Züge sollen durchweg aus klimatisierten   without exception
Wagen neuester Bauart gebildet werden, in der
zweiten Klasse werden in der Anlaufphase auch   in the initial stages
nichtklimatisierte Wagen zum Einsatz kommen.   to be operated
30 Zum Standard im EuroCity wird auch Verpfle-   catering facilities
gungsmöglichkeit unterwegs im Speisewagen
oder am Platz gehören, ferner ein möglichst
mehrsprachiges Leseangebot und – sofern die
technischen Voraussetzungen bereits bestehen –
35 Telefon für Gespräche ins In- und Ausland.

---

bessere Verbindungen und kürzere Reisezeiten:

1. *schnellere Züge auch für die 2. Klasse* _____

2. _____

höherer Komfort:

1. _____

2. _____

3. _____

4. _____

1. Im vorstehenden Text hat das Verb *werden* verschiedene Funktionen. Die entsprechenden Sätze sind hier noch einmal aufgeführt.
Tragen Sie bitte die hinter den Formen des Verbs *werden* stehenden Zahlen in die nachstehenden Rubriken ein.

EuroCity-Züge werden (1) den internationalen Reiseverkehr wesentlich attraktiver werden (2) lassen.
Entsprechende Vereinbarungen wurden (3) auf der EFK getroffen.
Bei den wichtigsten Städteverbindungen wird (4) es Tages-, aber auch Nachtverbindungen geben.
Alle EuroCity-Züge sollen aus klimatisierten Wagen gebildet werden (5), in der zweiten Klasse werden (6) auch nichtklimatisierte Wagen zum Einsatz kommen.
Zum Standard im EuroCity wird (7) auch Verpflegungsmöglichkeit unterwegs im Speisewagen oder am Platz gehören.

A. future:　＿＿＿＿＿＿＿＿＿＿＿

B. passive:　＿＿＿＿＿＿＿＿＿＿＿

C. "to become":　＿＿＿＿＿＿＿＿＿＿＿

You are already familiar with the use of the verb *werden* in the future tense and passive voice. *Werden* is also used in German to express the idea of 'becoming'.

werden/es wird + adjective

groß, alt werden

In English this is often expressed by the present continuous of *to get:*
Sie werden alt = They are getting old.
Es wird kalt = It's getting cold.

werden/es wird + noun

werden + noun is used before the names of professions and other types:

Sie wird Ingenieur = She's going to be an engineer.
Er ist Kommunist geworden = He became a communist.

Es wird + noun gives the sense of something approaching *(is coming):*

Es wird Frühling = Spring is coming.

zu etwas werden

werden + zu + dative denotes *to become* or *to change/turn/develop into:*

Das wird langsam zu einem Problem = This is gradually turning into a problem.
Die Bundesbahn soll zu einem normalen Dienstleistungsunternehmen werden = The Bundesbahn is to become a normal service enterprise.

Übersetzen Sie bitte:

a) Die Situation wird schwierig.
b) Die Frage wird in Kürze geregelt.
c) Er wurde zu einem der bekanntesten Architekten.
d) Die Lage auf dem Arbeitsmarkt ist schlechter geworden.
e) Die Tarife sind um 10 % erhöht worden.
f) Alles wird teurer.
g) Sie wollte Lokomotivführerin werden.
h) Diese Produkte werden nicht so schnell verkauft werden.
i) Es wird allmählich spät.
j) Es wird bald Winter.
k) Der Tourismus soll weiter ausgebaut werden.

B7 Spiel

Sie sind – durch einen unerklärlichen Fehler im vollautomatischen Steuerungssystem Ihres Super-Schnellzuges – völlig unerwartet auf einem kleinen Stern in einer fernen Galaxie gelandet. Dort ist alles ganz anders als auf der Erde. Und wie anders das alles ist, notieren Sie sich natürlich in Ihr Reisetagebuch.

Beschreiben Sie bitte, was dort *nicht* bzw. *anders gemacht wird*. Benutzen Sie so viele Verben wie möglich aus den vorstehenden Textabschnitten in B3, und zwar *im Passiv*. (Achtung: Nicht alle diese Verben sind im Passiv verwendbar!) Arbeiten Sie in Gruppen. Die Gruppe, die die meisten Verben aus dem Text korrekt verwendet hat, hat gewonnen.

Beispiel: Hier werden keine Fahrräder verliehen.
Hier werden statt Fahrrädern fliegende Teppiche verliehen.

B8

Hier sind Piktogramme aus dem Kursbuch der Deutschen Bundesbahn abgebildet.
Ordnen Sie bitte den Piktogrammen die entsprechenden Wörter aus dem Schüttelkasten zu. Wer findet in 10 Minuten die meisten Zuordnungen?

23

Kursbuch der Deutschen Bundesbahn

1 Geldwechsel   2 Toiletten (Damen)   3 Eingang   4 Temperaturstelleinrichtung   5 Rail & Road

6 Blumenladen   7 Apotheke   8 Waschraum   9 Großraumwagen   10 Dusche (Bad)

11 Kleingut-Beförderung in IC-Zügen   12 Kofferkarren   13 Treppe aufwärts   14 Friseur   15 Bahnhofsmission

19 Wartesaal   18 Öffentlicher Fernsprecher   20 Gesperrter Durchgang   16 Kein Trinkwasser

17 Zollabfertigungsstellen und Zollbüros in den Bahnhöfen   23 Sitzplatz für Schwerbehinderte   21 Erste Hilfe   22 Toiletten (Herren)   24 Fundbüro   25 Wasser; Fußhebel bedienen

26 Kinderland   27 Rasiersteckdose   28 Restaurant   29 Postamt   30 Person mit Kleinkind   31 Nichts hinauswerfen

32 Fahrtreppe   33 Schlafwagen   34 Gepäckaufbewahrung   35 Liegewagen   36 Toiletten (allgemein)

37 Personenaufzug   38 Raucher   39 Nicht öffnen, bevor der Zug hält   40 Büffet   41 Tür unbenutzbar   42 Ausgang

43 Gepäckwagen   44 Behälter für Abfälle oder gebrauchte Handtücher   45 Trinkwasser   46 Reisegepäck   47 Buchladen Zeitschriften   48 Lichtschalter

49 Reservierungsschalter   50 Treffpunkt   51 Körperbehinderte aller Art   52 Bus   53 Tabakwaren

54 Park & Rail   55 Nichtraucher   56 Treppe abwärts   57 Gepäck im Schließfach   58 Auto im Reisezug

59 Fahrkartenverkaufsstellen   60 Schiffsanlegestelle   61 Information   62 Nicht hinauslehnen   63 Regelschalter für Lautsprecheranlage

64 Lüftungsschalter

C1 Ein Flughafen verfügt nicht nur über die direkt zum Abflug bzw. zur Ankunft gehörenden Einrichtungen – Fluggast- und Gepäckabfertigung (check-in), technische Ausstattung usw. –, sondern auch über zahlreiche Geschäfte und andere Dienstleistungsbetriebe.

Welche Punkte sind für Sie bei der Einrichtung eines Flughafens wichtig und welche Dienstleistungen würden Sie dort gerne vorfinden? Tragen Sie bitte jeweils die für Sie wichtigsten fünf Punkte ein.

Einrichtung des Flughafens:

1. _____

2. _____

3. _____

4. _____

5. _____

Geschäfte und Dienstleistungsbetriebe:

1. _____

2. _____

3. _____

4. _____

5. _____

C2

Heimatbasis der Lufthansa, Knotenpunkt europäischer Luftstraßen, Drehscheibe im internationalen Flugverkehr, 20 Millionen Fluggäste pro Jahr und 600 An- und Abflü-
5 ge täglich: der Frankfurter Flughafen zählt zu den drei bedeutendsten in Europa.
Rollbänder, Rolltreppen und ein Tunnel erlauben einen bequemen Wechsel von Flugsteig zu Flugsteig. Wo Sie Ihren An-
10 schlußflug finden, erfahren Sie an zahlreichen Informationstafeln oder an einem unserer Lufthansa-Schalter. Falls Ihr Gepäck durchabgefertigt wurde und Sie Ihre Bordkarte schon haben, können Sie direkt zum
15 Flugsteig Ihres Anschlußfluges gehen.
Die Zeit zwischen zwei Flügen wird meist nicht reichen, um alle Annehmlichkeiten des Frankfurter Flughafens kennenzulernen. Insgesamt 20 Cafés, Restaurants und
20 Bars stehen zur Verfügung, ein Kino, ein Supermarkt, drei Duty Free Shops und rund 100 Fachgeschäfte vom Antiquitätenladen bis zum Zeitungskiosk. Für den Fall der Fälle bieten auch Banken, Post, Apotheke,
25 Friseur, chemische Reinigung und eine Schuhschnellreparatur ihre Dienste an.
Wer am Flughafen übernachten will oder muß, hat die Wahl: ein Hotel liegt dem Terminal gegenüber und ist zu Fuß zu er-
30 reichen; ein zweites, ganz in der Nähe, hat einen kostenlosen Zubringer- und Abholdienst.
Noch zwei Pluspunkte für Frankfurt:
Der eigene Bahnhof, der den nahtlosen
35 Übergang auf das Streckennetz der Deutschen Bundesbahn ermöglicht.
Und: sozusagen vor der Haustür kreuzen sich wichtige Autobahnen – und Avis oder ein anderer Autoverleiher hat be-
40 stimmt noch einen Mietwagen für Sie.

1. Lesen Sie bitte den vorstehenden Text aus dem Lufthansa-Bordbuch. Welche der von Ihnen in C1 genannten Punkte werden hier angesprochen?
Welche der von Ihnen genannten Punkte werden im Text *nicht* angesprochen?
Markieren Sie bitte im Text diejenigen Punkte, die Sie nicht genannt haben.

2. Unterstreichen Sie bitte im vorstehenden Text die deutschen Entsprechungen der folgenden Begriffe und schreiben Sie diese rechts neben den Text.

boarding card	free shuttle service	facilities	arrivals and departures	passenger
point of intersection	connecting flight	a point in the favour of		rail network
car rental firm	check through (to connecting flight)	check-in desk	gate	

Adverbien auf -*weise* C3

beispielsweise	for example	Ableitung von Substantiven
teilweise	partially	
glücklicherweise	happily	Ableitung von Adjektiven
irrtümlicherweise	by mistake	

Ordnen Sie bitte zu.

1. as an exception	a) vorzugsweise	
2. respectively	b) notwendigerweise	
3. unfortunately	c) massenweise	
4. strangely enough	d) möglicherweise	
5. by the kilo	e) kistenweise	
6. by the case	f) zufälligerweise	
7. logically	g) meterweise	
8. on a massive scale	h) beziehungsweise	
9. possibly	i) kiloweise	
10. by the meter	j) logischerweise	
11. normally	k) tonnenweise	
12. necessarily	l) normalerweise	
13. here and there	m) serienweise	
14. step by step	n) bedauerlicherweise	
15. one after the other	o) stufenweise	
16. by the ton	p) versuchweise	
17. comparatively	q) ausnahmsweise	
18. on a trial basis	r) vergleichsweise	
19. preferably	s) stellenweise	
20. by chance	t) eigenartigerweise, merkwürdigerweise, seltsamerweise	

1	
2	
3	
4	
5	
6	
7	
8	
9	d
10	
11	
12	
13	
14	
15	
16	
17	
18	
19	
20	

C4 Mit diesen beiden Anzeigen warb die Lufthansa für Inlands- bzw. Nordamerika-Flüge.
Lesen Sie bitte die beiden Texte und füllen Sie dann das nachstehende Raster aus.

① **Auf dem schnellsten Weg nach Hamburg oder München.**

② **Über 100 Lufthansa-Flüge von Deutschland nach Nordamerika. Woche für Woche.**

Weil gute Verbindungen nun mal das berufliche Fortkommen erheblich erleichtern, bemühen wir uns, das innerdeutsche Flugangebot für den Geschäftsreisenden so optimal wie möglich zu gestalten. Durch häufige Flugverbindungen, kurze Intervalle und eine Flugplangestaltung, die versucht, Ihren Terminproblemen Rechnung zu tragen. So gibt es beispielsweise auf den Strecken Frankfurt–Hamburg und Frankfurt–München einen regelrechten Stundentakt. Das heißt im Klartext, alle 60 Minuten einen Flug. Hin und zurück. Auf anderen Strecken bietet Lufthansa einen 2-Stunden-Takt. Und auf den weniger frequentierten Flügen sind die Abflugzeiten so gelegt, daß Sie bequem morgens hin- und abends wieder zurückfliegen können. So sind Sie rechtzeitig wieder zu Hause.

Im Gegensatz zum Touristen ist es dem Geschäftsreisenden nicht egal, an welchem Wochentag er fliegt. Je flexibler er bei der Wahl seines Fluges sein kann, desto besser fürs Geschäft. Daraus folgt: je mehr Verbindungen, desto besser die Fluggesellschaft. Lufthansa bietet Ihnen die meisten Flugverbindungen von Deutschland nach Nordamerika. Über 100 pro Woche. Mit insgesamt 15 Zielen in den USA und Kanada. Das ist der wichtigste Service, den wir Ihnen bieten können. Obwohl alles andere ebenfalls nicht zu verachten ist: Sie fliegen ausschließlich mit modernsten Großraumflugzeugen über den Atlantik. Und Sie genießen in aller Ruhe den gesamten Service und Komfort an Bord. Denn wer besser fliegt, kommt besser an.

 ⊛ Lufthansa ⊛ Lufthansa

---

GLOSSAR

gestalten	to organise
einer Sache Rechnung tragen	to take something into account
nicht zu verachten sein	not to be sneezed at
das Großraumflugzeug	large-capacity aircraft

	1	2
moderne Maschinen		
Annehmlichkeiten beim Flug		
zahlreiche Flüge		
stündliche Verbindungen		
günstige Abflugzeiten		

1. Ergänzen Sie bitte jeweils mit *feststellen* oder *festlegen/festsetzen*.   **C5**

1. Wir haben noch keinen endgültigen Termin _____.

2. Für EuroCity-Züge wurden Mindestanforderungen _____.

3. Auf dieser Linie wurden mehrmals Verspätungen _____.

4. Wir haben _____, daß ein Gepäckstück fehlt.

5. In den Bestimmungen ist _____, wieviel Gepäck mitgenommen werden darf.

6. Wir haben keine Verbesserungen im Service _____ können.

7. Die offizielle Eröffnung des neuen Terminals ist auf den 30. Januar _____ worden.

8. Wir haben diesen Irrtum leider zu spät _____.

2. Wie lassen sich diese Verben ins Englische übersetzen?

**1. Stellen Sie sich bitte vor, Sie unternähmen oft Geschäftsreisen mit dem Flugzeug. Wel-   C6
che Kriterien wären dann bei der Wahl einer Fluggesellschaft für Sie besonders wichtig,
weniger wichtig bzw. gar nicht wichtig?**

**2. Ordnen Sie bitte die folgenden Punkte in der Reihenfolge der Wichtigkeit, die sie für Sie
haben, und zwar mit Zahlen von 1–14 in der linken Spalte. Lassen Sie die rechte Spalte
bitte frei.**

	freundliches Bodenpersonal	
	freundliches Bordpersonal	
	getrennte Kabine für Geschäftsreisende	
	getrennte Warteräume	
	getrennte Abfertigung	
	Zeitungs- und Zeitschriftensortiment	
	moderner Flugzeugpark	
	günstige Abflugzeiten	
	komfortable Sitze	
	genug Platz zwischen den Sitzen	
	Möglichkeit, den Sitzplatz zu wählen	
	Pünktlichkeit	
	gutes Essen und gute Getränke an Bord	
	sauberes Image der Fluggesellschaft	

3. Diskutieren und begründen Sie bitte Ihre Bewertungen in der Gruppe.

C7 **1.** Dieser Text berichtet über eine Meinungsumfrage bei Geschäftsreisenden.
Tragen Sie bitte die Ergebnisse dieser Meinungsumfrage in die rechte Spalte des vorstehenden Kriterienkatalogs ein (wiederum mit Zahlen von 1–14).

Vor allem Pünktlichkeit gefragt

Bevor die Deutsche Lufthansa ihre im Europaverkehr eingesetzten Flugzeugtypen Airbus A 310, Boeing 727 und Boeing 737 auf ein neues Zwei-Klassen-System umrüstete,
5 ließ der deutsche National-Carrier erst einmal die Wünsche seiner Hauptkundschaft abfragen.
„Was", so fragten die Marktforscher, „erwarten Geschäftsreisende von einer Fluggesellschaft?"
10 Die Repräsentativumfrage ergab – bei Geschäftsreisenden nicht überraschend –, daß 98 Prozent „Pünktlichkeit" von ihrer Fluggesellschaft erwarten. Mindestens ebenso
15 wichtig sind für den Business-Traveller „günstige Abflugzeiten": 97 Prozent stellten diesen Anspruch auf Platz zwei des Forderungskatalogs an Fluggesellschaften. Eine kleine Überraschung ist Punkt drei im
20 Wunschdenken der Geschäftsreisenden. Fast 97 Prozent erwarten „freundliches Bordpersonal" – noch vor dem „sauberen Erscheinungsbild" der Airline (95 Prozent) und dem „Sitzkomfort" (94 Prozent). Einen
25 „großen Sitzabstand" und damit mehr Beinfreiheit setzen die Vielflieger auf Platz sechs (91 Prozent) ihrer Erwartungen an eine Fluggesellschaft, danach folgt mit 88 Pro-

zent „freundliches Bodenpersonal" und
30 die „Sitzplatzwahl" mit 85 Prozent.
Die in der Werbung oft herausgehobene „gute Bordverpflegung" spielt im Gegensatz zu Langstreckenflügen auf der europäischen Kurz- und Mittelstrecke keine domi-
35 nierende Rolle: 81 Prozent der befragten Geschäftsreisenden plazierten diesen Forderungspunkt auf Platz neun ihrer Hitliste. „Separate Abfertigung" wollen 78 Prozent der Frauen und Männer im grauen Flanell,
40 auf „moderne Flotte/Technik" legen 69 Prozent der Befragten Wert, während das vermeintliche Statussymbol „Separate Kabine" nur noch von 57 Prozent der Interviewten gewünscht wird.
45 48 Prozent der Geschäftsreisenden legen Wert darauf, vor dem Abflug in getrennten Warteräumen Crackers und Kaffee zu konsumieren, und nur noch 44 Prozent der Business-Traveller erwarten von ihrer Flugge-
50 sellschaft ein gutes und umfangreiches Lesesortiment.
Fazit: Der deutsche Geschäftsreisende will pünktlich und komfortabel am Ziel angelangen, umhegt von adrettem und freundli-
55 chem Kabinenpersonal.

Die Zeit

---

2. Welche Unterschiede stellen Sie im Vergleich zu Ihrer eigenen Bewertung fest?

C8 Präposition – Konjunktion – Adverb

Bevor die Fluglinie eine neue Klasseneinteilung einführt, will sie eine Meinungsumfrage durchführen.

Vor der Einführung einer neuen Klasseneinteilung will die Fluglinie eine Meinungsumfrage durchführen.

Die Fluglinie will eine neue Klasseneinteilung einführen. *Zuvor (vorher)* führt sie eine Meinungsumfrage durch.

Die obigen Beispielsätze drücken alle drei denselben Sachverhalt aus. Nur die Syntax ist verschieden, je nachdem ob die Konjunktion *bevor,* die Präposition *vor* oder die Adverbien *zuvor* bzw. *vorher* verwendet wurden.

1. Vervollständigen Sie bitte die folgende Aufstellung.

Präposition	Konjunktion	Adverb
vor	bevor	zuvor, vorher
_____	nachdem	_____
bis, bis zu	_____	bis dahin
_____	_____	währenddessen
_____	seit, seitdem	seitdem, seither
_____	obwohl	trotzdem
wegen, aufgrund	weil, da, denn	daher, darum, deshalb, deswegen
statt, anstatt	statt, anstatt	statt dessen

2. Bilden Sie bitte mit den nachstehenden Angaben jeweils Sätze.

    a) unter Verwendung der Präposition,
    b) unter Verwendung der Konjunktion,
    c) unter Verwendung des Adverbs.

    1. Die Wetterlage war ungünstig. Das Flugzeug konnte landen. (trotz)

    2. Die Konkurrenz wird immer größer. Die Bahn hat ihr Angebot für den Güterverkehr verbessert. (weil, denn)

    3. Das Projekt ist noch nicht fertiggestellt. Es werden noch mehrere Monate vergehen. (bis)

    4. Die Bundesbahn hat günstigere Tarife eingeführt. Die Zahl der Bahnreisenden ist gestiegen. (seit)

1. Lesen Sie den folgenden Text und notieren Sie in Stichpunkten – auf englisch – die Bedingungen, an die der „Super Flieg & Spar"-Tarif gebunden ist.   **D1**

Lufthansa verbilligt Flüge

Bis zu 60 Prozent Ermäßigung gegenüber dem normalen Flugpreis bringt der neue „Super Flieg & Spar"-Tarif für innerdeutsche Flüge (die Preise galten während des
5 Winterflugplans schon auf einigen ausgewählten Routen): Diese Sonderpreise gibt es seit dem 1. April für alle Strecken. Gebucht werden muß sieben Tage im voraus, wobei Buchung, Flugscheinausstellung
10 und Bezahlung gleichzeitig erfolgen müssen. Zurückfliegen dürfen die Passagiere frühestens am ersten Sonntag nach Reiseantritt. Umgebucht oder storniert werden kann nur gegen eine Gebühr von
15 100 Mark, nach Reiseantritt überhaupt nicht mehr.

Die Zeit

---

2. Entwerfen Sie bitte auf deutsch eine Werbeanzeige zum „Super Flieg & Spar"-Tarif.

D2 Lesen Sie bitte die folgenden Auszüge aus Fluggastinformationen von Lufthansa und der irischen Fluggesellschaft Aer Lingus, und markieren Sie im deutschen Text diejenigen Wörter und Passagen, die den im englischen Text unterstrichenen Stellen entsprechen.

Buchung

Bitte, buchen Sie Ihren Flug frühzeitig und benachrichtigen Sie uns, falls Sie Ihre Reisepläne ändern, damit wir über den Platz weiterverfügen können. Bei nicht ausgenutzten Plätzen behalten wir uns vor, sämtliche Anschluß- und Rückbuchungen zu annullieren.
Eine Rückbestätigung von gebuchten Lufthansa-Flügen ist nicht erforderlich.

Gepäck

Im internationalen Verkehr beträgt das Freigepäck in der Economy-Klasse 20 kg, in der Ersten Klasse 30 kg. Als Handgepäck ist nur ein Gepäckstück zulässig, dessen Ausmaße 55 cm × 40 cm × 20 cm nicht überschreiten dürfen.
Was über diese Freigepäckmenge hinausgeht, können Sie gegen Bezahlung als Übergepäck mit dem übrigen Reisegepäck aufgeben.

Lufthansa

Reservations

Seats should be booked as far in advance as possible and seats for onward and return travel should be booked at the same time. When it is necessary to cancel reservations as much notice as possible should be given so that seats can be made available to other passengers.

Baggage

The weight of any piece of baggage must not exceed 23 kgs (50 lbs), but items in excess of this weight can be carried at the appropriate excess baggage rates. The free baggage allowance for passengers (except infants) travelling on our services within Europe is 30 kgs (66 lbs) for Executive Class passengers and 20 kgs (44 lbs) for Economy Class passengers. In addition to the free baggage allowance outlined above passengers (except infants) are allowed one piece of cabin baggage not exceeding 10 kgs in weight. The dimensions of such baggage should not exceed 43 cm × 36 cm × 23 cm (17″ × 14″ × 9″).

Aer Lingus

D3 Ordnen Sie bitte den folgenden Verben die englischen Entsprechungen aus dem Schüttelkasten zu.

den Flugschein ausstellen _____

den Flugschein bezahlen _____

den Flugschein vorzeigen _____

einen Flug buchen _____

einen Flug bestätigen _____

einen Flug umbuchen _____

einen Flug stornieren _____

to cancel   to change   to pay for   to issue
    to confirm   to show   to book

Der folgende Text enthält eine Reihe von schwierigen Wörtern und Ausdrücken. Die anschließende Übung soll Ihnen beim genauen Verständnis helfen.

Lesen Sie bitte den Text und tragen Sie die entsprechenden deutschen Wörter bzw. Ausdrücke aus dem Text in die Auflistung ein.

Die Deutsche Lufthansa

Die Deutsche Lufthansa entwickelte sich in kurzer Zeit zu einer der leistungsfähigsten Fluggesellschaften der Welt. Heute unterhält sie ein weltumspannendes Flugnetz
5 mit einer Streckenlänge von über 730 000 km und fliegt regelmäßig mehr als 182 Ziele auf allen Kontinenten (und in 85 Ländern) an.

Mit der systematischen Erweiterung des
10 Flugangebots und der Einrichtung neuer Strecken erbrachte die Lufthansa immer höhere Verkehrsleistungen. Seit 1955 hatten die Maschinen mit dem Kranich-Symbol mehr als 300 Mio. Fluggäste an Bord.
15 Allein im vergangenen Jahr beförderten sie 22,5 Mio. Passagiere. Zwar blieb die Lufthansa von den Problemen nicht unberührt, mit denen die internationale Zivilluftfahrt seit Mitte der siebziger Jahre zu kämpfen

20 hatte – drastisch gestiegene Treibstoffkosten, Überkapazitäten und Preisverfall –, doch überwand sie diese Turbulenzen besser als die meisten anderen Fluggesellschaften.
25 Besonders eindrucksvolle Zuwachsraten verbuchte die Lufthansa im Frachtverkehr, wo sie im internationalen Vergleich die Nummer eins ist (im Passagierverkehr belegt sie Rang drei). Die Luftfracht, anfäng-
30 lich nur Beiladung zum Passagier-Transport, hat nach verkauften Tonnenkilometern (1989: knapp 4 Mrd. tkm) inzwischen bereits größere Bedeutung als der Personenflugverkehr. Im Zeichen des anhalten-
35 den Exportbooms der deutschen Wirtschaft stieg das Frachtaufkommen der Lufthansa auf knapp 870 000 Tonnen.

Nach: Zahlenbilder 428114, Erich Schmidt Verlag

---

efficient _____

world-wide _____

to fly to _____

destination _____

extension of the flight service _____

to achieve greater results _____

crane (Lufthansa's symbol) _____

passenger _____

civil aviation _____

cost of fuel _____

drop in prices _____

to overcome _____

impressive _____

to register _____

freight _____

D5

Adverbs formed using the superlative:

frühestens	at the earliest	**schnellstens**	as quickly as possible
höchstens	at most	**spätestens**	at the latest
meistens	most often/usually	**wenigstens**	at least
mindestens	at least		

Übersetzen Sie bitte:

a) They will have to pay her at least DM 60,— per hour.
b) You must check in one hour before departure at the latest.
c) You must check in at least an hour before departure.
d) You have to order at least ten dozen if you want to have them delivered.
e) On Fridays he usually plays golf.
f) Our company will get you to Berlin as quickly as possible.
g) He takes at most three weeks holidays.
h) This order has to be completed by Friday at the latest.
i) She can usually be reached in the office in the afternoon.
j) If we want to expand the business, we shall have to employ at least three new engineers.
k) I can be in Frankfurt tomorrow afternoon at the earliest.
l) I am prepared to pay at most DM 500,—.
m) The goods will have to be delivered as quickly as possible.
n) The new branch of the bank will be opened next spring at the earliest.

D6 **Aus den folgenden Silben lassen sich 10 Wörter bilden, wobei jedes dieser Wörter die Silbe *flug* enthält.**

F

ab — ab — an — bin — dung — fen — fer — flug — flug — flug — flug — flug — flug — flug — flug — flug — flug — gast — ge — groß — gung — ha — kehr — preis — raum — schaft — schein — schluß — sell — ti — ver — ver — zeit — zeug — ziel

_____ _____
_____ _____
_____ _____
_____ _____
_____ _____

D7

Flugtag

Flugtag: Veranstaltung der Luftwaffe vor allem zu militärischen Demonstrationszwecken. Im Februar 1989 sagte die US-Luftwaffe sämtliche Flugtage in der BRD
5 für 1989 ab. Am 28.8.1988 war es auf dem US-Luftwaffenstützpunkt Ramstein (Rheinland-Pfalz) zu einem schweren Unfall der italienischen Kunstflugstaffel Frecce Tricolori gekommen; 70 Personen wur-
10 den getötet, über 400 z.T. schwer verletzt.

Der damalige Bundesverteidigungsminister erklärte Ende Februar 1989, daß die BRD auf ihrem Territorium Flugtage von Staaten der NATO nicht verbieten könne,
15 wenn sie – wie im Fall Ramstein – den Sicherheitsstandards des Bündnisses entsprächen. Ein von ihm eingesetztes Gutachter-Gremium sprach sich im Januar 1989 für weitere Flugtage mit Beteiligung
20 der Bundesluftwaffe aus.

Aktuell '90

Was halten Sie von der Empfehlung des Gremiums?
Worin liegt die besondere Problematik von Flugtagen?
Werden in Ihrem Land auch Flugtage veranstaltet? Wie ist Ihre Haltung dazu?

Dieses Schaubild stellt die Aufteilung des Personen- und Güterverkehrs in der Bundesrepublik Deutschland dar.
Welcher Teil stellt den Personen- bzw. den Güterverkehr dar?
Welche Transportmittel gehören Ihrer Ansicht nach zu den verschiedenen Prozentzahlen?

E1

F

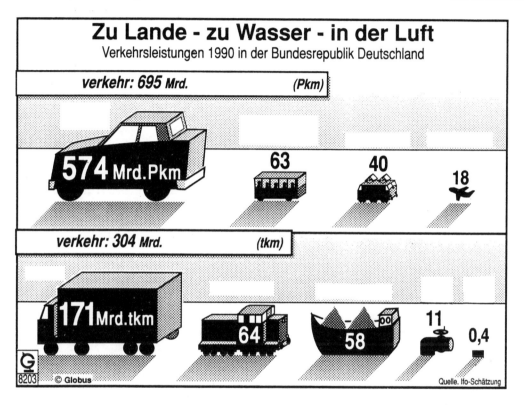

Zu Lande - zu Wasser - in der Luft
Verkehrsleistungen 1990 in der Bundesrepublik Deutschland

verkehr: 695 Mrd. (Pkm)

574 Mrd.Pkm   63   40   18

verkehr: 304 Mrd. (tkm)

171 Mrd.tkm   64   58   11   0,4

8203 © Globus   Quelle: Ifo-Schätzung

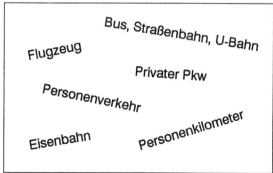

Flugzeug
Bus, Straßenbahn, U-Bahn
Privater Pkw
Personenverkehr
Eisenbahn
Personenkilometer

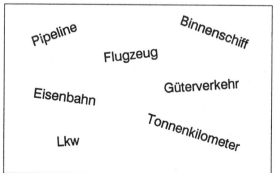

Pipeline
Binnenschiff
Flugzeug
Eisenbahn
Güterverkehr
Lkw
Tonnenkilometer

2. Diskutieren Sie bitte Ihre Ergebnisse in der Gruppe und begründen Sie Ihre Meinung.

3. Ihr Lehrer zeigt Ihnen anschließend das Originalschaubild.

E2 In der folgenden Tabelle finden Sie Informationen über den Güterverkehr nach Verkehrszweigen für Großbritannien und die Bundesrepublik in den Jahren 1974 und 1984.
Schreiben Sie anhand dieser Zahlen bitte einen kurzen vergleichenden Text.
Machen Sie auch eine Prognose, wie sich der Güterverkehr in der Zeit von 1984–1994 entwickelt.

Güterverkehr nach Verkehrszweigen (in Mrd. Tonnenkilometer)				
	1974		**1984**	
	Groß-britannien	Bundes-republik Deutschland	Groß-britannien	Bundes-republik Deutschland
Straße	87,1	96,1	96,6	129,4
Schiene	21,7	71,8	12,7	61,5
Binnengewässer	2,3	51,0	2,4	52,0
Rohrfernleitungen	5,3	16,7	10,4	8,4
Luft	0,9*	0,9	1,9	2,2
Gesamt	117,3	171,88	124,0	253,5

*1975

Quelle: Transport Statistics Great Britain 1974–1984 (HMSO, 1986)

E3 **1. Lesen Sie bitte den Text und notieren Sie in Stichpunkten, was darin zum Straßen-, Schienen-, Flug- und Schiffsverkehr gesagt wird.**

„Modernes Schienennetz ist kein Selbstzweck"

Die Bundesrepublik ist auf einen reibungslosen Warenaustausch angewiesen, der nur bei guter Verkehrsinfrastruktur gewährleistet sein kann.

5 Das erklärte der Staatssekretär aus dem Bundesverkehrsministerium in Nürnberg. Vor dem Bundesverband der Spediteure wies er darauf hin, daß „ein funktions- und leistungsfähiges Verkehrswesen" eine
10 wichtige Voraussetzung für eine gesunde wirtschaftliche und soziale Entwicklung des Staates sei.

Die Verkehrsprognosen würden bis zum Jahre 2000 ein erhebliches Wirtschafts-
15 wachstum und damit auch ein Ansteigen des Personen- und Güterverkehrs voraussagen. Der Individualverkehr mit dem Pkw werde demnach um 10 bis 20%, der Straßengüterverkehr um 25 bis 50%, der Luft-
20 verkehr sogar zwischen 50 und 80% an-

wachsen, der Binnenschiffsverkehr zwischen 5 und 10%. Das Bundesfernstraßennetz habe eine Gesamtlänge von über 40 000 km erreicht, davon seien mehr als
25 8100 km Autobahnen. Von 28 000 km Schienennetz seien bereits 11 200 km elektrifiziert, vom 4900 km langen Wasserstraßennetz würden 4300 km regelmäßig benutzt. Davon seien 600 km Seeschiffahrts-
30 und 3700 km Binnenschiffahrtsstraße.

Die Straße werde zwar in Zukunft Hauptträger aller Verkehrsleistungen sein, dennoch könne nicht auf die Bahn verzichtet werden. Sie benötige ein modernes Haupt-
35 streckennetz, auf dem sie im Personen- wie im Güterverkehr mit hohen Geschwindigkeiten fahren kann. Ein modernes Schienennetz sei kein Selbstzweck der Bahn, sondern fördere die Produktivität des Ge-
40 samtverkehrssystems.

Süddeutsche Zeitung

Straßenverkehr: _____

_____

Schienenverkehr: _____

_____

Flugverkehr: _____

_____

Schiffsverkehr: _____

_____

2. Schreiben Sie bitte alle Wörter des Textes auf, die das Wort *Verkehr* enthalten, und schreiben Sie die englischen Entsprechungen daneben.

_____   _____

_____   _____

_____   _____

_____   _____

_____   _____

_____   _____

_____   _____

Lesen Sie bitte die folgenden Auszüge aus Anzeigen der Deutschen Bundesbahn für verschiedene Service-Leistungen im Bereich des Güterverkehrs und füllen Sie das Raster aus.

Die InterCargo-Züge verbinden über Nacht die elf bedeutendsten Wirtschaftszentren der Bundesrepublik Deutschland. Zwischen 21 Uhr und 5 Uhr haben sie durchgehend Vorfahrt. Dadurch schafft es die Güterbahn, daß alle Wagen, die am späten Nachmittag abgeholt werden, bis spätestens 9 Uhr morgens am Ziel bereitstehen. Und zwar garantiert.

Bei Stückfracht geht's mit System auf die Reise. Dabei brauchen Sie so gut wie keinen Finger zu rühren. Die Güterbahn holt nämlich Ihre Sendung mit dem LKW ab und bringt sie zum nächsten Stückfracht-Bahnhof. Dann geht's auf die Schiene, bis zum Zielbahnhof. Von dort wiederum per LKW direkt vor die Haustür Ihrer Kunden. Sie sehen, Schiene und Straße arbeiten schnell und reibungslos zusammen.

Unser IC-Kurierdienst löst dringende Transportprobleme nicht nur besonders schnell, sondern auch äußerst zuverlässig, und das bei 36 IC-Bahnhöfen. Befördert werden Sendungen bis 10 kg in Intercity-Zügen. Das heißt Auflieferung, Beförderung und Ablieferung Ihrer Sendung am gleichen Tag, und das minutengenau. Auch in der Schweiz. Ihr IC-Kuriergut können Sie entweder am Gepäckschalter oder am IC-Zug aufliefern bzw. abholen. Auf Wunsch werden die Sendungen auch überall im Bundesgebiet abgeholt und zugestellt.

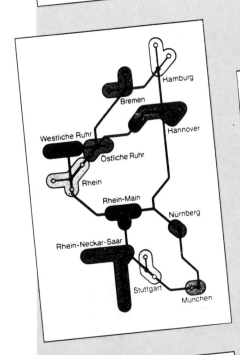

Partiefracht ist ein besonders günstiges Angebot der Güterbahn, das Sendungen ab einer Tonne von heute auf morgen ans Ziel bringt. Ihre Sendungen werden per LKW abgeholt und über Nacht im Güterwagen direkt von einem Partiefrachtbahnhof zum anderen befördert. Von dort geht es gleich weiter zum Empfänger. Ebenfalls per LKW. So kommt alles, was in den Einzugsbereichen der 26 Partiefrachtbahnhöfe versandt wird, schon am nächsten Tag ans Ziel.

Mit dem Termindienst fahren alle Sendungen bis 100 kg gut, die unbedingt am nächsten Morgen ankommen müssen. Denn alles, was Sie bis 17.30 Uhr zu einem der 60 Termingutbahnhöfe bringen, ist am nächsten Morgen garantiert um 8 Uhr (in wenigen Fällen um 10 Uhr) am Ziel. Natürlich wird Ihre Sendung auch gern per LKW zugestellt : innerhalb von zwei Stunden und ebenfalls garantiert.

Der Expreßdienst ist nicht nur schnell, sondern auch überall zu Hause. An 1.800 Bahnhöfen und rund um die Uhr.
Mit dem jeweils nächsten Reise-oder Expreßgutzug kommt Ihre Sendung prompt auf die Schiene, und : von heute auf morgen ans Ziel, wobei jedes Stück bis zu 100 kg wiegen darf.

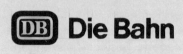

	Gewicht	Schnelligkeit Beförderungsdauer	Abholung und Zustellung
InterCargo-Züge			
Stückfracht			
IC-Kurierdienst			
Partiefracht			
Expreßdienst			
Termindienst			

Die fehlenden Buchstaben in der mittleren Reihe ergeben – von oben nach unten gelesen – ein weiteres Wort aus dem Bereich des Verkehrswesens. E5

F

```
        S I _ Z   L A _ Z
        _ I E G   _ A G E N
          _ A H   A U S _ E I _
        E I S E N B A H N
      _ A H N _   F S H _ L _ E
    K O N _ E R E   _ A _ T E I _
  _ L A T _ R E _   R _ I E _ U N G
      G _ U P _ E   R E I _ E
        F E R _   E R _ E H R
        Z _ G R   S _ A U R _ N _
    N A _ H T _ E   _ I N D U N G
        _ L A T _   A _ T E
        _ U _ T   _ E _ O N
          _ A   R _ L A _
    _ E R _ E H   S _ I T _ E L
```

193

F1

1. Markieren Sie bitte auf der Karte diejenigen Wasserwege, von denen in den Texten gesprochen wird.

2. Suchen Sie bitte zu jedem der beiden Texte eine passende Überschrift.

Im Güterverkehr der Bundesrepublik Deutschland nimmt die Binnenschiffahrt, die über ein dichtes Netz großzügig ausgebauter Wasserstraßen verfügt, einen bedeu-
5 tenden Rang ein. Die für die Schiffahrt regulierten großen natürlichen Wasserwege (Rhein, Elbe, Weser, Main, Donau) sind durch ein System künstlicher Kanäle miteinander verbunden, so daß alle wichtigen
10 Industriezentren und Handelsplätze durch Binnenschiffe erreicht werden können. Die meisten Kanäle gibt es in Nordwestdeutschland, wo neben den traditionellen, vom Rhein-Ruhr-Gebiet ausgehenden oder
15 zu ihm hinführenden West-Ost- und Nord-Süd-Verbindungen in den letzten Jahren noch zusätzliche Wasserwege (wie der Elbe-Seitenkanal) für die Binnenschiffahrt
20 geschaffen worden sind. Die Gesamtlänge des Kanalnetzes der Bundesrepublik Deutschland beläuft sich auf 1440 km, die Länge aller Wasserstraßen auf 4429 km. Davon sind mehr als 1100 km für Schiffe der Europa-Klasse mit einer Tragfähigkeit
25 von 1500 Tonnen und mehr befahrbar.

Wichtigste Verkehrsader der Binnenschiffahrt ist der Rhein, der sich von der schweizerischen bis zur niederländischen Grenze über rund 620 km erstreckt. Auf ihm wer-
5 den mehr als 80% der von Binnenschiffen beförderten Gütermenge bewegt. Wirtschaftliche Vorteile bietet der Massengütertransport auf dem Wasserwege vor allem den im Rheingebiet angesiedelten Unter-
10 nehmen des Bergbaus, der Eisen- und Stahlindustrie, der Chemischen Industrie, der Mineralölverarbeitung und der Baustoffindustrie. Der Rhein ermöglicht schnelle Verbindungen zwischen den bel-
15 gisch-holländischen Seehäfen und den westdeutschen Binnenhäfen.

Erich Schmidt Verlag

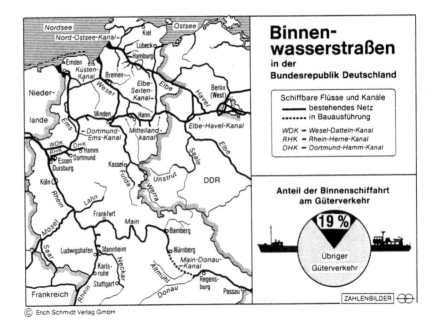

Binnen-wasserstraßen
in der
Bundesrepublik Deutschland

Schiffbare Flüsse und Kanäle
——— bestehendes Netz
------- in Bauausführung

WDK = Wesel-Datteln-Kanal
RHK = Rhein-Herne-Kanal
DHK = Dortmund-Hamm-Kanal

Anteil der Binnenschiffahrt am Güterverkehr

19 %

Übriger Güterverkehr

ZAHLENBILDER

© Erich Schmidt Verlag GmbH

Viele Namen von Städten, Flüssen, Seen usw. heißen im Englischen anders als im Deutschen. **F2**
Tragen Sie bitte in die folgende Liste die deutschen Entsprechungen ein.

Frisia	_____	Lower Saxony	_____
Palatinate	_____	Munich	_____
Brunswick	_____	Vienna	_____
Baltic Sea	_____	Styria	_____
Coblenz	_____	Zurich	_____
Westphalia	_____	Swabia	_____
Black Forest	_____	Hesse	_____
Lake Constance	_____	Rhine	_____
Upper Austria	_____	Bavaria	_____
Heligoland	_____	Geneva	_____
Thuringia	_____	Franconia	_____
Hanover	_____	Cologne	_____
Prussia	_____	Nuremberg	_____

Kreuzen Sie bitte an, in welche Kategorie die folgenden Transportmittel gehören. **F3**

	Güterbeförderung	Personenbeförderung
Bus		
Güterzug		
Containerschiff		
EuroCity		
Pkw		
Lkw		
Öltanker		
Personenzug		
Kreuzfahrtschiff		
Passagierflugzeug		
InterCargo-Zug		
Frachtflugzeug		
Straßenbahn		

Wo würden Sie „Autoreisezüge" einordnen? Begründen Sie bitte Ihre Meinung.

F4 Notieren Sie bitte in den folgenden Rubriken Wörter bzw. Ausdrücke aus dem gesamten Kapitel 6. Vergessen Sie bitte bei den Substantiven die Artikel nicht.

Substantive:

Wichtige Adjektive in Verbindung mit Substantiven:

Ausdrücke:

Verben:

Verben:

Kapitel 7

Fremdenverkehr

A1 1. **Welche Reiseländer aus dem nachstehenden Schüttelkasten gehören Ihrer Meinung nach zu den einzelnen Summen im Schaubild?**

F

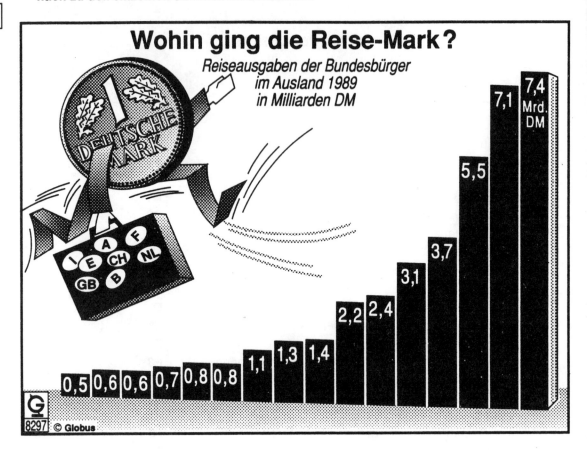

Wohin ging die Reise-Mark?

Reiseausgaben der Bundesbürger
im Ausland 1989
in Milliarden DM

0,5 | 0,6 | 0,6 | 0,7 | 0,8 | 0,8 | 1,1 | 1,3 | 1,4 | 2,2 | 2,4 | 3,1 | 3,7 | 5,5 | 7,1 | 7,4 Mrd. DM

8297 © Globus

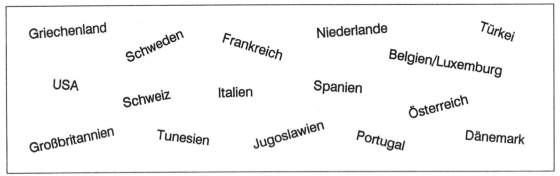

Griechenland   Schweden   Frankreich   Niederlande   Türkei

USA   Schweiz   Italien   Spanien   Belgien/Luxemburg   Österreich

Großbritannien   Tunesien   Jugoslawien   Portugal   Dänemark

2. Ihr Lehrer zeigt Ihnen anschließend das Originalschaubild.

A2 1. Die folgenden zwei Texte über die Reiselust der Deutschen und bevorzugte Reiseländer international enthalten viele Zahlenangaben.
Lesen Sie bitte die Texte – eventuell mit Hilfe eines Wörterbuches – und notieren Sie neben den nachstehenden Zahlenangaben die dazugehörigen Informationen in Stichpunkten.

Reiseanalyse des Starnberger Studienkreises gibt der Urlaubsbranche zu denken.

Während bei den Reiseabsichten in der Vergangenheit mit schöner Regelmäßigkeit der Wunsch nach mehr und weiteren Reisen auftrat, ist dies nach der letzten Befragung nun plötzlich anders. Auf die Frage, ob man auch 1990 wieder eine Urlaubsreise plane, ergab die Hochrechnung, daß 27,8 Millionen Westdeutsche im Alter über 14 Jahre (56,6 Prozent der Gesamtbevölkerung) verreisen wollen. Das ist sicherlich eine stolze Zahl, aber irritierenderweise sind es 1,5 Millionen weniger als im Vorjahr. 9,3 Millionen, das sind zwei Millionen mehr als 1989, sind sich ihrer Sache noch nicht sicher, 11,8 (12,2) Millionen wollen zu Hause bleiben.

Von den in Frage kommenden 48,8 Millionen Bundesbürgern haben 1989 rund 32,6 Millionen eine oder mehrere Urlaubsreisen von mehr als fünf Tagen Dauer unternommen, das waren eine Million mehr als ein Jahr zuvor. Damit hat sich die sogenannte Reiseintensität auf stolze 66,8 Prozent erhöht. Auch bei den Kurzurlauben (zwei bis vier Tage) ging es kräftig aufwärts: 19,1 Millionen hatten sich zu solchen Abstechern entschlossen, verglichen mit 17,7 Millionen ein Jahr zuvor. Insgesamt hat der Studienkreis im vergangenen Jahr 124,1 Millionen Reisen ermittelt, davon 59,8 Millionen Urlaubsreisen, 43,3 Millionen Kurzreisen, 14,3 Millionen Privatreisen und 6,7 Millionen Geschäftsreisen.

Für den deutschen Fremdenverkehr traurig war freilich, daß sich der Trend zur Auslandsreise wiederum fortgesetzt hat. Zwar konnten auch die inländischen Reiseziele bescheidene Zuwachsraten verbuchen, der Löwenanteil des Wachstums entfiel jedoch auf das Ausland.

Süddeutsche Zeitung

Touristen kehren dem Mittelmeer den Rücken

Die Touristen haben 1989 den verschmutzten Mittelmeerküsten den Rücken gekehrt und statt dessen die Bundesrepublik und die „sauberen" Länder Skandinaviens und Irland gebucht. In diesem Jahr müssen die südeuropäischen Länder mit weiteren Einbußen rechnen, zumal nach der Öffnung Osteuropas dort neue Ziele locken. Dies teilt die Organisation für wirtschaftliche Zusammenarbeit und Entwicklung (OECD/ Paris) in ihrem Fremdenverkehrsbericht 1990 mit.

Danach stieg die Zahl der ausländischen Einreisen im OECD-Raum 1989 um vier (1988: sieben) Prozent und die Zahl der Übernachtungen erneut um fünf Prozent. Die Einnahmen erhöhten sich um sechs (neun) Prozent auf rund 142 Milliarden Dollar (267 Milliarden DM).

Gewinner waren die USA mit zwölf Prozent mehr Touristen (Angaben über Übernachtungen lagen nicht vor). Irland verbuchte 16 Prozent, Skandinavien neun und die Alpenländer sieben Prozent mehr Übernachtungen. Aber auch Frankreich erlebte im Revolutionsjahr einen Zuwachs um 10,9 Prozent. Die Bundesrepublik verbuchte ein Plus von 10 Prozent.

Auf der Schattenseite standen Spanien mit einem Rückgang der Übernachtungen um 11,4 Prozent, Italien (minus 6,6) und Jugoslawien (minus sechs).

Süddeutsche Zeitung

Text 1:

27,8 Mio.	_____
9,3 Mio.	_____
32,6 Mio.	_____
66,8 %	_____
124,1 Mio.	_____
59,8 Mio.	_____
6,7 Mio.	_____

Text 2:   + 4 % _____

267 Mrd. _____

+12 % _____

+16 % _____

+10 % _____

−11,4 % _____

− 6,6 % _____

2. Können Sie aus den beiden Texten eine Tendenz ableiten? Spekulieren Sie bitte über die weitere Entwicklung.

B1 **Lesen Sie bitte den Text und beschreiben Sie anschließend – soweit wie möglich mit den entsprechenden Zahlenangaben –, was Sie über die Gewohnheiten der Urlauber aus den verschiedenen EG-Ländern erfahren haben.**

Wie Europäer den Urlaub verbringen

Jeder dritte Niederländer, der in Urlaub fährt, reist mit Campingwagen oder Zelt von Ort zu Ort. Jeweils ein Drittel der Fe-
5 rien machenden Franzosen, Spanier und Iren benützen lieber ein Ferienhaus von Verwandten oder Bekannten, wie übrigens auch jeder fünfte Italiener.

Vier Fünftel aller französischen Urlauber fahren mit dem Auto, während ein Drittel
10 der Iren und ein Viertel der Briten zur Flucht von ihren Inseln eine Flugreise bu- chen.

Eine Repräsentativ-Umfrage im Auftrag der Brüsseler EG-Kommission hat die Ur-
15 laubsgewohnheiten der 320 Millionen Men- schen in den zwölf Mitgliedstaaten an den Tag gebracht.

Franzosen, Italiener, Spanier, Griechen und Portugiesen verbringen die Ferien fast
20 immer im eigenen Land. Deutsche, Nie- derländer, Belgier und Iren reisen überwie- gend in fremde Länder.

Und 94 Prozent der Luxemburger verbrin- gen „die schönsten Wochen des Jahres"
25 nicht im eigenen kleinen Großherzogtum.

Interessant ist, daß 27 Prozent der Bundes- bürger und rund ein Drittel der Belgier und Italiener den Urlaub „zu Hause" verbrin- gen, von den Dänen sogar 38 Prozent. Da-
30 bei gaben 41 Prozent der zu Hause bleiben- den deutschen Befragten an, sie könnten sich eine Reise nicht leisten – fast ein gleich hoher Anteil wie bei den Belgiern. Von den nicht verreisenden Italienern
35 nannte aber nur ein Drittel Geldmangel als ausschlaggebenden Grund.

Mehr als die Hälfte aller EG-Bürger ziehen im Urlaub an die See, genau ein Viertel „geht aufs Land". Für die unter Einkom-
40 mensschwierigkeiten leidenden Bauern könnten da angesichts der zunehmenden Überfüllung der Strände mit „Ferien auf dem Bauernhof" möglicherweise noch Hoffnungen bestehen.

Frankfurter Rundschau

Franzosen _____

Deutsche _____

Niederländer _____

Spanier _____

Iren _____

Briten   _____

Luxemburger   _____

Italiener   _____

Griechen   _____

Belgier   _____

Portugiesen   _____

Dänen   _____

jeder zweite, jeder dritte usw. (siehe auch Kapitel 3, B1)   **B2**

Die Hälfte aller EG-Bürger fährt an die See.
Jeder zweite EG-Bürger fährt an die See.

die Hälfte der Iren	= jeder zweite Ire
ein Drittel der Waliser	= jeder dritte Waliser
ein Viertel der Schotten	= jeder vierte Schotte
ein Fünftel der Engländer	= jeder fünfte Engländer
usw.	

aber:

vier Fünftel der Kanadier	= vier von fünf Kanadiern
zwei Drittel der Texaner	= zwei von drei Texanern

Übersetzen Sie bitte jeweils unter Verwendung beider Möglichkeiten.

a) two out of five Austrians
b) one out of two holiday-makers
c) one out of four Welshmen
d) nine out of ten cats
e) in two out of three cases
f) in three out of four hotels

Andere Länder, andere Sitten – Trinkgelder   **B3**

Sicherlich befällt auch Sie manchmal auf einer Urlaubs- oder Geschäftsreise eine gewisse Unsicherheit, wenn es nach der Taxifahrt, im Hotel oder im Restaurant darum geht, sich mit einem Trinkgeld für Service und Freundlichkeit zu bedanken. Schließlich möchte man weder geizig noch gönnerhaft wirken.
Berichten Sie bitte von Ihren Erfahrungen im In- und Ausland.
An welche „Faustregeln" halten Sie sich?

Ihr Lehrer zeigt Ihnen anschließend ein Schaubild zu Trinkgeldern im internationalen Vergleich.

C1 Im folgenden Text wird mit Sprache gespielt.

**Lesen Sie bitte den Text und versuchen Sie, die Ihnen evtl. unbekannten „Reisewörter"
mit Hilfe des Wörterbuchs zu verstehen.**

Der Reiz des Textes liegt unter anderem darin, daß eine lange Aufzählung plötzlich durchbrochen wird.

Durch welche beiden Wörter?

Reisewörter

Gesammelt von Tilde Michels

Weltreise	Reiseverpflegung
Reiselust	Urlaubsreise
Dienstreise	Reiseverkehr
Reisewecker	Tagesreise
Eisenbahnreise	Reisekoffer
Reiseprogramm	Badereise
Gesellschaftsreise	Reisezeit
Reisebekanntschaft	Durchreise
Geschäftsreise	Reiseführer
Reisevertreter	Hochzeitsreise
Ferienreise	Reisegefährte
Reisegepäck	Entdeckungsreise
Luftreise	Reisebeschreibung
Reisegeld	Abenteuerreise
Sommerreise	Reisetagebuch
Reiseleiter	Besuchsreise
Auslandsreise	Reisewetter
Reiseandenken	Lustreise
Vergnügungsreise	Reisepaß
Reisegesellschaft	Schiffsreise
Studienreise	Reisebüro
Reisebericht	Vortragsreise
Traumreise	Reisetasche
Reisefieber	Forschungsreise
Autoreise	Reiseabenteuer
Reiseweg	Erholungsreise
Winterreise	Reiselektüre
Reisedecke	Teepreise
Seniorenreise	Reisernte
Reisebegleiter	Rundreise
Erkundungsreise	Reiseziel

Der fliegende Robert

C2 **1. Im Kasten finden Sie sieben Stichworte. Ordnen Sie diese bitte den nebenstehenden Texten zu.**

1. Auch die Bahn ist dabei
2. Was das Reservierungssystem alles kann
3. Kauf von Reisen heute sehr einfach
4. Verdoppelung des Hotelangebots
5. Erweiterung des Reservierungssystems
6. Ein Plus nicht nur für die Reisebranche
7. Mehr Städteverbindungen im Computer

☐ Ein Reiseticket kauft man heute so einfach wie eine Kinokarte: Im Reisebüro kann man sich zwischen Kreta und Mallorca, China und Cortina, Flug oder Schiffsreise, Stadthotel und Wohnboot entscheiden und das Ticket gleich mitnehmen – dank der Elektronik.

☐ Immer mehr Touristikunternehmen und Reisebüros schließen sich an das Buchungssystem START an, das mit Siemens-Computern arbeitet. Denn die Kunden wollen nicht warten. Wer seinen Urlaubstermin festgelegt hat, der will dann im Reisebüro auch gleich wissen, wo er mitten in der Saison noch ein Zimmer mit Meerblick bekommt. Oder wo die Sonne am billigsten ist oder welche Kreuzfahrt er noch erreichen kann. Das Buchungssystem mit Siemens-Computern macht das Reisen einfacher.

☐ Der elektronische Fortschritt ist uns Tag für Tag eine große Hilfe – etwa in der Medizin, in der Forschung, in der Wirtschaft. Und bringt uns immer neue Erleichterungen, auch in der Freizeit und auf Reisen.

☐ Das Informations- und Reservierungssystem für die Reisebüros, START, an denen die Deutsche Lufthansa wesentlich beteiligt ist, wird zu einem umfassenden Reisevertriebssystem ausgebaut.

☐ Insbesondere das Flugreservierungssystem, das bisher primär die Verbindungen der deutschen Fluggesellschaft herausstellte, soll sich durch eine Neugruppierung des Flugangebots stärker an den Kundenbedürfnissen orientieren. Dies kündigte das Lufthansa-Vorstandsmitglied Frank Beckmann an. START/ LH will die Zahl der abrufbaren Städteverbindungen von bisher 40 000 auf 150 000 erhöhen.

☐ Von anfangs 500 auf jetzt 1000 ist die Zahl der Hotels angestiegen, die seit Sommer unabhängig von einer Flugbuchung über das Lufthansa-Hotelreservierungssystem via START bestellt werden können. In den folgenden Jahren, hofft die Fluglinie, wird die Zahl auf 10 000 Hotels anwachsen.

☐ Die elektronische Fahrplanauskunft der Deutschen Bundesbahn (DB) über START erfaßte bisher schon die Städteverbindungen. In Kooperation entwickeln die Bahn und START einen neuen Service, der Fahrplan-Auskünfte gibt und die Preise für Inlands- und Auslandsfahrkarten berechnet.

Die Zeit

GLOSSAR

die Kreuzfahrt	cruise	**Bedürfnisse**	needs
die Forschung	research	**das Vorstandsmitglied**	member of the board

---

2. Wodurch unterscheiden sich die beiden Texte: Was ist in welchem die Hauptinformation für den Leser? Um welche Textsorten handelt es sich Ihrer Meinung nach jeweils? Warum?

C3 **1. Welches Wort paßt nicht in die Reihe? Erklären Sie bitte warum.**

a) Einfahrt — Ausfahrt — Durchfahrt — Abfahrt — Kreuzfahrt
b) Urlaub — Ferien — Feiertag — Freitag — Freizeit
c) Auskunft — Buchung — Information — Beratung — Hinweis
d) Hotel — Gasthof — Gastfreundschaft — Pension — Jugendherberge
e) Leihschein — Flugschein — Fahrkarte — Reiseticket — Straßenbahnfahrschein
f) Leipzig — Hannover — Köln — Frankfurt — Emden
g) Athen — Berlin — Genf — Rom — Wien
h) Ostsee — Bodensee — Nordsee — Atlantik — Mittelmeer

2. Mit den Anfangsbuchstaben der nicht passenden Wörter können Sie die fehlenden Buchstaben der folgenden zwei Wörter aus dem Text ergänzen. Markieren Sie zunächst die Anfangsbuchstaben der nicht passenden Wörter und ordnen Sie diese dann ein.

_ L U _ A N _ E _ O T
M E _ R _ _ I C _

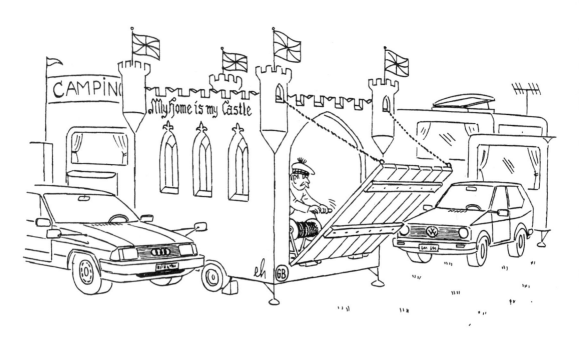

Neu auf dem Caravan-Markt:
Spezial-Wohnwagen für Angehörige des Hauses Windsor

The question of the use of the subjunctive or indicative in reported speech in German poses great difficulties. As a rule of thumb (but please do consult a comprehensive grammar) the indicative or *würde + infinitive* are most commonly used in everyday spoken language, while the subjunctive goes with more elaborated varieties of speech (esp. the so-called present subjunctive or *Konjunktiv I*).

In English *Konjunktiv I* and *II* are often referred to as the present and imperfekt subjunctive, names which help to remind you of their formation, but which are nevertheless unfortunate as they would seem to imply that the subjunctive is somehow connected to a tense rather than stressing that it is a mood.

In most written texts the subjunctive is the norm; traditionally it is present subjunctive *(Konjunktiv I): er sei, er habe, sie laufe, sie nehme ...*, but you will also find the imperfect subjunctive *(Konjunktiv II): sie wäre, sie hätte, er liefe, er nähme ...* being used. If the form of the present subjunctive is identical with that of the indicative (e.g. *sie laufen*), the imperfect subjunctive has to be used.

Formen Sie jetzt bitte die folgende Pressemitteilung in einen Zeitungsartikel um.

Pressemitteilung

Anläßlich der Vorlage des Jahresberichts der Fremdenverkehrsverbände fand heute vormittag in Bonn eine Pressekonferenz statt.

5 Die bei dieser Gelegenheit abgegebene Erklärung hatte folgenden Wortlaut:
„Nach den guten Resultaten des vergangenen Jahres sind wir für das laufende Jahr relativ optimistisch. Die jährlichen Umsät-
10 ze im Fremdenverkehr in der Bundesrepublik entsprechen mit 70 Mrd. DM rund vier Prozent des Bruttosozialprodukts. Hinzu kommen die Umsätze aus Reiseveranstaltungen und Reisevermittlungen im Aus-
15 land durch deutsche Unternehmen mit rund 20 Mrd. DM. Mehr als 1,5 Mio. Arbeitnehmer sind im Fremdenverkehr beschäftigt.
Die Zahl der Übernachtungen in der Bun-
20 desrepublik stieg auf 210 Mio. Bei den Deviseneinnahmen aus dem Tourismus steht die deutsche Fremdenverkehrswirtschaft an sechster Stelle hinter den Vereinigten Staaten, Italien, Spanien, Frankreich und
25 Großbritannien. Die Einnahmen der Bundesrepublik aus dem internationalen Tourismus beliefen sich auf 5,5 Mrd. Dollar; bei den Reisedevisen-Ausgaben stand die Bundesrepublik mit fast 14 Mrd. Dollar an
30 zweiter Stelle hinter den Vereinigten Staaten."

Frankfurter Allgemeine Zeitung

Wieder ein gutes Jahr für den Fremdenverkehr

Nach den guten Resultaten des vergangenen Jahres ist das deutsche Fremdenverkehrsgewerbe für das laufende Jahr relativ optimistisch. Dies erklärte ein Sprecher der deutschen Fremdenverkehrsverbände bei der Vorlage des Tourismus-Berichts für das vergangene Jahr. Die jährlichen Umsätze im Fremdenverkehr entsprächen mit 70 Mrd. DM... _____
_____
_____
_____
_____
_____

E1 Im folgenden Text werden zwei Angebote für Langzeitferien vorgestellt.
Lesen Sie bitte den Text und füllen Sie – in Stichpunkten – die beiden Rubriken aus.
Überlegen Sie sich dann für jedes der beiden Angebote, an welche Art von Gästen es sich wohl wenden könnte.

Langzeiturlaub in Deutschland

Mit der „reinen Schwarzwaldluft" wirbt der Kurort Bad Herrenalb um jene Gäste, die viel Zeit haben. So sind im Zeitraum vom 10. Januar bis 16. April jeweils sechs-
5 wöchige Aufenthalte zu buchen, die inklusive Übernachtung und Frühstück in einem Gästehaus mindestens 960, in der Ferienwohnung von 1320 Mark an kosten. Damit es nicht langweilig wird, gibt's Gelegenheit
10 zum Tennisspielen, zum Lang- und Abfahrtslauf sowie die Möglichkeit, den Urlaub mit einer Bade- oder Klimakur zu kombinieren, die zwar gesundheitsfördernd, jedoch extra zu zahlen ist.

15 Im oberbayerischen Prien am Chiemsee werden unter anderem dreißigtägige Ferien angeboten. Man kann wahlweise bei Privatvermietern, in Gasthöfen oder in Hotels unterkommen, die Preise bewegen sich zwi-
20 schen rund 510 und 1170 Mark pro Person. Eingeschlossen sind neben der Kurtaxe auch diverse Ausflüge in die Umgebung, etwa zur Herreninsel und zum Schloß Herrenchiemsee. Fürs Kulturelle sorgen ein
25 Besuch im Heimatmuseum und eine Dichterlesung.

Die Zeit

GLOSSAR

der Kurort	health resort/spa	**unterkommen**	to stay
das Gästehaus	guest house	**sich bewegen = variieren**	to vary
der Langlauf	cross-country skiing	**die Kurtaxe**	visitors' tax
der Abfahrtslauf	downhill skiing	**die Dichterlesung**	reading (by a writer from his own works)

Stichpunkte für das Angebot in Bad Herrenalb:

_____

_____

Stichpunkte für das Angebot in Prien:

_____

_____

E2 Bilden Sie mit allen Wörtern des Schüttelkastens zusammengesetzte Wörter, die entweder mit *Gast-* beginnen oder auf *-gast* enden. Schreiben Sie bitte die Artikel dazu und geben Sie die englischen Entsprechungen an. Ein Wort paßt zweimal.

stätte   land   kur   ferien   arbeiter   stamm
      messe   fahr   hof
ehren   flug   haus   freundschaft   geber   hotel
                                                              wirtschaft

Gast-

1. _das Gastland_   _host country_
2. _____   _____
3. _____   _____
4. _____   _____
5. _____   _____
6. _____   _____
7. _____   _____
8. _____   _____

-gast

1. _____   _____
2. _____   _____
3. _____   _____
4. _____   _____
5. _____   _____
6. _____   _____
7. _____   _____
8. _____   _____
9. _____   _____

E3

1. In dem Text ist von verschiedenen Aktivitäten der Jugendherbergen in der Bundesrepublik die Rede, und in dem Schüttelkasten sind Aktivitäten der britischen Jugendherbergsorganisation zu finden.
Welche Aktivitäten werden sowohl im Text als auch im Schüttelkasten genannt? Unterstreichen Sie bitte die entsprechenden Wörter in dem Text.

Kreativurlaub mit dem Jugendherbergswerk

Rund 15 000 Bundesbürger buchten im vergangenen Jahr ihren Urlaub beim Deutschen Jugendherbergswerk (DJH), obwohl diese gemeinnützige Organisation ihr Programm
5 **weder über Reisebüros vertreiben darf, noch groß dafür werben kann.**

Da locken beispielsweise das Überlebenstraining im Bayerischen Wald (339 Mark), der Kletterkurs in den Alpen (395
10 Mark), das Wildwasser-Kajak-Training (398 Mark), ein Motorradkurs für Frauen (135 Mark), ein Fallschirmspringerlehrgang (1260 Mark) oder Kurse für Drachenflieger (ab 675 Mark). Kreative Urlauber
15 können etwa eine echte Zirkusschule (ab 275 Mark) oder Kurse in Rock 'n' Roll (420 Mark) und Bauchtanzen (165 Mark) besuchen.
Mitmachen kann jeder, vorausgesetzt, er hat
20 einen Jugendherbergsausweis. Das sind in der Bundesrepublik bereits 1,2 Millionen Menschen.

Die Zeit

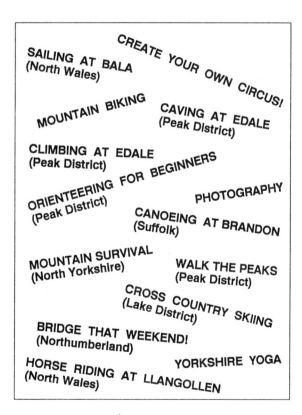

SAILING AT BALA (North Wales)

CREATE YOUR OWN CIRCUS!

MOUNTAIN BIKING

CAVING AT EDALE (Peak District)

CLIMBING AT EDALE (Peak District)

ORIENTEERING FOR BEGINNERS (Peak District)

PHOTOGRAPHY

CANOEING AT BRANDON (Suffolk)

MOUNTAIN SURVIVAL (North Yorkshire)

WALK THE PEAKS (Peak District)

CROSS COUNTRY SKIING (Lake District)

BRIDGE THAT WEEKEND! (Northumberland)

YORKSHIRE YOGA

HORSE RIDING AT LLANGOLLEN (North Wales)

GLOSSAR

gemeinnützig   non-profit making

2. Auf englisch werden eine Reihe von Aktivitäten aufgeführt, und zwar:

Klettern – Kajak-/Kanufahren – Höhlenforschung – Zirkus – Fotografie – Langlaufski – Yoga – Segeln – Bridge – Wandern – Orientierungslauf – Mountainbike fahren – Reiten – Überlebenstraining im Gebirge

Machen Sie bitte eine kleine Umfrage bei den Teilnehmern Ihrer Gruppe, um zu erfahren, welche dieser Aktivitäten sie in ihren Ferien am liebsten praktizieren bzw. praktizieren würden.

3. Berichten Sie über das Ergebnis dieser Umfrage und verwenden Sie dabei nach Möglichkeit die Redemittel aus Kapitel 1, G2, Kapitel 3, B1 und Kapitel 7, B2.

E4 **Übersetzen Sie bitte den folgenden Text ins Englische. Benutzen Sie evtl. Ihr Wörterbuch.**

Ermäßigtes Reisen

Gegen eine Gebühr von 5 DM zuzüglich Postgebühr stellt der Youth International Educational Exchange (YIEE) allen jungen Leuten bis zum Höchstalter von 25 Jahren eine Ermäßigungskarte aus. Die YIEE-Karte bietet jungen Leuten in 30 europäischen und überseeischen Ländern
— verbilligte Reisen auf Fährschiffen, Linien- und Charterflügen sowie Linienbusdiensten,
— reduzierte Übernachtungspreise in Hotels und Jugendunterkünften,
— verbilligte Stadtrundfahrten, Ausflüge und Kreuzfahrten,
— ermäßigte Eintrittspreise für Museen, historische Plätze, Theater, Kinos,
— Ermäßigungen für Restaurants, Autovermietungen und Fahrradverleih.
Diese Ausweiskarte hat eine ähnliche Funktion wie der Studentenausweis.

F1 **1. Sie werden alle wichtigen Informationen des folgenden Textes global verstehen; zum genauen Verständnis einzelner Passagen soll Ihnen die darauffolgende Übung helfen.**

Tourismusindustrie: Mehr Geld für die Werbung

Die Deutschen verreisen gern – und damit das so bleibt, gibt die Tourismusbranche immer mehr Geld für Werbung aus.

Genau 215,3 Millionen Mark haben Fremdenverkehrsorganisationen, Fluggesellschaften und Schiffahrtsunternehmen in den ersten sechs Monaten dieses Jahres bereitgestellt, um die Reiselust zu erhalten. Verglichen mit dem ersten Halbjahr des vergangenen Jahres ist das eine Steigerung von zwölf Prozent.
Bei den großen Reiseveranstaltern fließt etwa die Hälfte des Werbebudgets in die Katalogreklame. Zwar kostet es nur etwa zwischen einer Mark fünfzig und zwei Mark fünfzig, einen Werbekatalog herzustellen, aber auch die Masse macht's: So erreichen die Kataloge der TUI, die zweimal pro Jahr erscheinen, eine Auflage von 30 Millionen – das sind gut 10 000 Tonnen Papier pro Jahr. Ganz zufrieden allerdings scheint die Tourismuswirtschaft nicht mit der Katalogwerbung: „Auf zehn Kataloge kommt im Durchschnitt eine gebuchte Reise", erläutert Hubert Geppert – ein Verhältnis, das in den nächsten Jahren verbessert werden soll.
Die „klassische Werbung", also die Anzeigen in Zeitschriften und Tageszeitungen, beanspruchen den Werbeetat verhältnismäßig wenig: Etwa 15 Prozent werden dafür aufgewendet. Mit ihr sollen vor allem kurzfristig besondere Angebote bekanntgemacht und die letzten Plätze in Chartermaschinen losgeschlagen werden.
Ob in den Prospekten, auf Plakaten, in Katalogen und Zeitschriftenannoncen mit braunen Mädchen, Sonnenaufgang oder weißen Stränden um Kunden gebuhlt wird, das überlassen die großen Veranstalter Werbeagenturen. Im eigenen Haus werden lediglich die Vorgaben erarbeitet, das Geld bereitgestellt und zuletzt die Arbeit der Werbetexter und Graphiker begutachtet.

Die Zeit

---

2. Welche der folgenden Entsprechungen ist – im Textzusammenhang – jeweils richtig?

a) Die Hälfte des Budgets fließt in die Katalogreklame
— Mit der Hälfte des Budgets wird Reklame für die Kataloge gemacht.
— Für die Katalogreklame wird die Hälfte des Budgets verwendet.

b) Die Masse macht's
— Durch Massenproduktion werden die Kataloge billiger.
— Viele kleine Summen ergeben eine große Summe.

c) eine Auflage von 30 Millionen erreichen
— Es werden 30 Millionen Kataloge gedruckt.
— Der Druck der Kataloge kostet 30 Millionen DM.

d) Die Anzeigen beanspruchen den Werbeetat wenig
— Nur wenige Anzeigen sprechen von den Werbeetats.
— Nur ein kleiner Teil des Werbeetats wird für Anzeigen ausgegeben.

e) Mit Anzeigen sollen die letzten Plätze losgeschlagen werden
— Für die letzten Plätze kann nicht mehr mit Anzeigen geworben werden.
— Durch Anzeigen sollen die letzten Plätze verkauft werden.

f) um Kunden buhlen
— sich um Kunden Sorgen machen
— um Kunden werben

g) die Vorgaben für die Werbung erarbeiten
— angeben, welche Informationen in der Werbung stehen sollen
— den Text der Anzeigen formulieren

h) eine Arbeit begutachten
— eine Arbeit verbessern
— eine Arbeit beurteilen

In der folgenden Anzeige für eine Reise nach Kenia sind versehentlich zwei Sätze aus Anzeigen für Reisen in andere Länder mit abgedruckt worden. **F2**
Markieren Sie bitte die betreffenden Sätze. Um welche Länder handelt es sich dabei?

KENIA
Safari-Sonderreise 5. bis 13. Juni

Fotoerlebnisse in zwei der schönsten Tierreservate der Welt: Massai-Mara und Amboseli-Park.
Flüge mit Kenya Airways in der Touristen-
5 klasse ab und bis Frankfurt. Nach der Ankunft erfolgt eine Übernachtung in der Hauptstadt Nairobi, die restlichen Tage übernachten Sie in typischen Lodges (mit allem Komfort direkt in den Parks).
10 Ausflug in die Puszta mit Reitvorführungen, Ausflug ins Donauknie mit Besichtigung des Künstlerstädtchen Szentendre.
Für die Safari stehen Minibusse mit Fahrern zur Verfügung.
15 Halbtagesausflug zum Escorial (Kloster und Sommerpalast von Philipp II.) und Besuch des Tals der Gefallenen.

Diese Tage in Kenia werden ein immerwährendes Erlebnis für Sie sein. Im Preis
20 ebenfalls enthalten sind Vollpension während der Safari und ein Frühstück in Nairobi sowie Versicherung und Reiseleitung ab/bis Frankfurt.
Mindestteilnehmerzahl: 15 Personen.
25 Es bietet sich die Möglichkeit, die Reise um eine Woche Badeurlaub in Mombasa zu verlängern. Minimumteilnehmerzahl für das Anschlußprogramm sind 8 Personen. Preis Anschlußprogramm: DM 624,–,
30 Einzelzimmerzuschlag: DM 84,–.

DM 3440,–

Einzelzimmerzuschlag: DM 120,–

Sehen Sie sich bitte die beiden Cartoons zum Thema „Urlaub" an.

Stellen Sie sich vor, Sie wären in der Tourismus- oder Versicherungsbranche tätig. Machen Sie bitte Vorschläge, wie man die Cartoons für Werbezwecke nutzen könnte. Verfassen Sie gegebenenfalls einen kurzen Text.

Versicherungen

Schreiben Sie bitte die deutschen Wörter aus dem Schüttelkasten neben die englischen Entsprechungen.

cancellation insurance (travel) _____

luggage insurance _____

liability insurance _____

complete vehicle insurance _____

transportation insurance _____

fire insurance _____

insurance against theft _____

insurance on home contents _____

credit insurance _____

life insurance _____

health insurance _____

personal accident insurance _____

unemployment insurance _____

pension scheme _____

legal expenses insurance _____

Diebstahlversicherung Hausratversicherung Reisegepäckversicherung

Transportversicherung Arbeitslosenversicherung

Rentenversicherung Rechtsschutzversicherung Reiserücktrittsversicherung

Lebensversicherung Feuerversicherung

Unfallversicherung Haftpflichtversicherung

Vollkaskoversicherung Kreditversicherung Krankenversicherung

---

1. **Geben Sie bitte auf englisch eine Zusammenfassung der wichtigsten Informationen aus dem Artikel auf der nächsten Seite (nicht mehr als 175 Wörter).** **G1**

2. **Erklären Sie bitte auf englisch:**

   a) das Gepränge und die Zeremonien vieler Veranstaltungen
   b) Ferienbeschäftigung im Freien
   c) Großbritannien belegt zwei Prozentpunkte der deutschen Auslandsreisestatistik
   d) Raum für Wachstum

Deutsche Touristen in Großbritannien

Alte Liebe

Nach den Amerikanern und den Franzosen sind die Bundesdeutschen die dritthäufigsten Besucher Britanniens. 1989 wurde die Rekordzahl von knapp 2,1 Millionen Besuchern erreicht, was einer Steigerung um 10 Prozent im Vergleich zu 1988 entspricht. 1990 erwartet die Britische Fremdenverkehrsbehörde 2,2 Millionen Deutsche.

Ermutigt durch eine kräftige D-Mark gaben die Besucher aus der Bundesrepublik Deutschland im vergangenen Jahr 374 Millionen Pfund aus. 1988 war eine Steigerung um zwölf Prozent auf 419 Millionen Pfund zu verzeichnen. So kommt es, daß in bezug auf Aufwendungen die Bundesrepublik Deutschland direkt hinter den USA auf dem zweiten Platz liegt.
Von den Besuchern, die in Großbritannien eintreffen, waren 60 Prozent schon einmal im Land, 37 Prozent sind unter 25 Jahre alt und 22 Prozent liegen in der Altersgruppe von bis 34 Jahren. Aber was ist es, das Großbritannien so attraktiv für sie macht? Wenn sie nicht allein schon wegen des Klimas kommen, sind es hauptsächlich das Königshaus, das Gepränge und die Zeremonien vieler Veranstaltungen und die Tatsache, daß die Gruppe der britischen Inseln sich vom europäischen Kontinent auf interessante Weise unterscheidet.
Es ist bestens bekannt, daß die Deutschen unbeirrbare Reisende sind, und viele von ihnen (32 Prozent) organisieren ihre Reise selbst. Sie bringen ihr eigenes Auto mit, mieten sich eines nach ihrer Ankunft oder sie kümmern sich selbst um die Weiterreise mit öffentlichen Verkehrsmitteln. Nur 14 Prozent buchen eine Pauschalreise, wobei Erstbesucher vorrangig eine Busreise belegen. Volle 22 Prozent kommen, um Freunde und Verwandte zu besuchen, und weitere 22 Prozent reisen hauptsächlich aus geschäftlichen Gründen oder zu Konferenzen und Messen auf die Insel.
Über 40 Prozent der deutschen Gäste wohnen in (für den Alkoholausschank) lizenzierten Hotels, während sich 21 Prozent für Pensionen und 'Bed-and-Breakfast'-Unterkunft entscheiden. Viele wohnen auch bei Freunden und Verwandten, und die jüngeren Deutschen sind eifrige Benutzer von Jugendherbergen und Studentenheimen.
London ist das beliebteste Reiseziel: 41 Prozent verbrachten zumindest einen Teil ihres Aufenthalts in der britischen Hauptstadt. Aber die Deutschen reisen auch gerne durch die Provinz – 56 Prozent besuchten andere Regionen Englands, von denen der Südosten (13 Prozent), das westliche England (9 Prozent), die Bereiche der Themse und der Chiltern-Hügel (acht Prozent) sowie East Anglia (sieben Prozent) kontinuierlich in der Spitzengruppe liegen. Die Zahl der Deutschen, die bis nach Schottland und Wales reisen, nimmt ständig zu.
Die Ferienbeschäftigung im Freien ist sehr beliebt, und die bei weitem populärste Tätigkeit ist Wandern. Das einzigartige 193 000 km lange Netz von Wanderwegen ist eine besondere Attraktion für deutsche Gäste, die sich speziell für die Langstrecken-Wanderwege interessieren. Aber auch Radfahren, Segeln und Angeln sind Aktivitäten, die Besucher in großen Scharen anlocken.
Die Bundesrepublik Deutschland ist in Europa die wichtigste Reisenation, und die Bedeutung dieses Marktes für die britische Fremdenverkehrsindustrie darf nicht unterschätzt werden. Da Großbritannien lediglich zwei Prozentpunkte der deutschen Auslandsreisestatistik belegt, ist auch in Zukunft noch viel Raum für Wachstum vorhanden.

(Statistische Informationen: Britisches Fremdenverkehrsamt, Taunusstraße 52-60, 6000 Frankfurt/Main 1. Anfragen über Geschäftsreisen nach Großbritannien bitte richten an:
Ulrike Rohrbacher, Tel. Frankfurt (0 69) 2 38 07 26.)

Nach: British German Trade

Redemittel zur Angabe der Herkunft von Informationen G2

Dies ergibt/ergab eine Studie/Umfrage/Untersuchung usw. des ...

Dies zeigt eine Studie/Umfrage/Untersuchung usw. des ...

Dies geht aus einer Studie/einer Untersuchung/einer Umfrage/einem Bericht/einer Erklärung usw. des ... hervor.

Wie aus gut unterrichteten Kreisen zu erfahren war, ...

Aus informierten Kreisen verlautet, daß ...

Wie aus Bonn verlautet, ...

Wie aus Bonn gemeldet wird, ...

Laut Wirtschaftsminister Müller ...

Laut einer Erklärung des Bundeswirtschaftsministeriums ...

Wie das Bundeswirtschaftsministerium mitteilt/mitteilte, ...

Kennen Sie noch andere Redemittel? Sehen Sie sich bitte noch einmal die Texte in A2, B1, C2 und D an und ergänzen Sie die Liste.

In dem folgenden Text ist bei einem der Punkte ein Irrtum passiert. Bei welchem? Was ist falsch? G3

Vor der Reise ...

Bei aller Vorfreude auf die Urlaubsreise sollte man ein paar wichtige Dinge nicht vergessen.

Rechtzeitig vor Reiseantritt sollten Sie
— Gültigkeit von Paß und/oder Personalausweis überprüfen und eventuell Ihr Visum einholen,
— die Krankenversicherungs-Bescheinigung E 111 besorgen (für Reisen in EG-Länder),
— Reiseschecks, eurocheques und Devisen bestellen,
— sich über Zollvorschriften des Urlaubslandes informieren,
— sich die Prämie für eine Reisegepäckversicherung auszahlen lassen.

H1 Das Verb *schaffen*

to create: *schaffen – schuf – geschaffen*

Es wurden 1800 Arbeitsplätze geschaffen.
Sie wollen neue Möglichkeiten für den Tourismus schaffen.
Er schuf sich ein gutes Image.

to manage to do something, to achieve, to succeed: *schaffen – schaffte – geschafft*

Er hat diese Arbeit problemlos geschafft.
Sie schaffte es, für dieses Projekt staatliche Subventionen zu erhalten.
Ich glaube, er schafft die Prüfung spielend.

Ergänzen Sie bitte.

1. Hier soll ein neues Erholungszentrum _____ werden.
2. Für dieses Projekt müssen günstige Voraussetzungen _____ werden.
3. Sie haben es _____, auch außerhalb der Saison Touristen anzulocken.
4. In diesem Sektor sollen neue Stellen _____ werden.
5. Er hat diese Arbeit allein nicht _____ .
6. Es müssen neue Parkmöglichkeiten _____ werden.
7. Er hat es nicht _____, ihn zu überzeugen.
8. Zwischen den beiden Städten soll eine Direktverbindung _____ werden.
9. Gott _____ die Erde in sechs Tagen.
10. Der Haushaltsplan sieht vor, für das kommende Jahr weitere Planstellen
    zu _____ .
11. Er _____ es immer wieder, die Zustimmung der übrigen Mitglieder zu
    bekommen.
12. Bessere Lebensbedingungen zu _____ ist ein vorrangiges Ziel.

Mann, bin ich _____

214

Hier sind einige wichtige Begriffe aus dem Hotelgewerbe auf deutsch und auf englisch **H2**
aufgeführt. Ordnen Sie bitte zu.

1. Übernachtung und Frühstück		a) cot
2. Halbpension		b) to be included in the price
3. Vollpension		c) bed and breakfast
4. Einzelzimmer		d) meals
5. Doppelzimmer		e) single room
6. Kinderbett		f) high season
7. Ermäßigung		g) full board
8. Aufpreis		h) double room
9. im Preis enthalten sein		i) reduction
10. Vor- und Nachsaison		j) deposit
11. Hochsaison		k) low season
12. Mahlzeiten		l) surcharge
13. Verlängerungswoche		m) bed, breakfast and evening meal
14. Anzahlung		n) additional week

1	2	3	4	5	6	7	8	9	10	11	12	13	14
C													

1. Suchen Sie bitte aus den folgenden Anzeigen diejenige heraus, die sowohl ein **H3**
Schwimmbad als auch eine Sauna und außerdem Wandermöglichkeiten anbietet.

Hotel Knoche Rimberg

In schönster u. ruhigster Einzellage des Hochsauerlandes. 713 m ü. M., ideale Wandermöglichkeit, Komfort-Zimmer Hallenbad, Sauna, Solarium, Fitneß, eigener Skilift und gespurte Loipen direkt am Hotel, bes. gute Küche – auch Diät. Über 100 Jahre Familienbetrieb.

Farbprospekt anfordern:

5948 Schmallenberg-Rimberg, Tel. 02974/7041

Gut Schlickenried

Hotel · Gasthof
Appartements
Tagungsräume
Betriebs- u. Familienfeiern
Schwimm- u. Tennishalle
Tennisfreiplätze, Sauna
herrl. Freizeitanlage
Reitverein

Familie
H. Kleeblatt · 8157 Schlickenried bei Dietramszell

Tel. (08027) 8 55, 8 56

Lindau/Bodensee

Hotel Bayerischer Hof

In einmaliger Lage an der Seepromenade der Inselstadt. Ruhig – behaglich – 200 Betten – Tagungs- und Kongreßräume bis 280 Personen – geheiztes Freischwimmbad – Ausflüge nach Österreich und in die Schweiz.

Telefon 08382 * 5055 – Telex 054340

Berggasthof „RIEDLBERG"/Bayer. Wald

8371 Drachselsried, Telefon: (0 99 24) 19 91
Komfortzi. mit D/WC/B; reichhaltig. Frühstück, gutbürgerl. Küche, solarbeh. Schwimmbad, Liegewiese, Terrasse, Tischtennis, Wanderwege. HP 47,– b. 52,– DM. Kindererermäßigung bis 50%. Bitte Prospekt anfordern.

FERIENWOHNUNGEN TRINKL

8182 Bad Wiessee
Ludwig-Thoma-Straße 5 + 6
Telefon: 0 80 22 / 8 15 43 oder 8 12 51

Komfortabel ausgestattete 1- bis 2-Zimmerwohnungen. Alle Appartements mit Küche, Bad/WC, Balkon od.Terrasse, Selbstwähltelefon, Farb-TV. Whirlpool, Sauna, Tischtennis- und Aufenthaltsraum, Liegewiese stehen zur Verfügung. Winter- und Frühjahrspauschalwochen! Ganzjährig geöffnet.

2. In Kleinanzeigen werden oft Abkürzungen benutzt.
Schreiben Sie bitte neben die folgenden Wörter und Ausdrücke die Abkürzungen, die in den vorstehenden Anzeigen verwendet werden.

Halbpension   _____

herrlich   _____

Dusche   _____

Bad   _____

über dem Meeresspiegel (sea-level)   _____

besonders   _____

Zimmer   _____

solarbeheizt (heated with solar energy)   _____

H4   **Übersetzen Sie bitte die folgenden Auszüge aus dem Katalog des walisischen Fremdenverkehrsbüros.**

The Court Hotel, Lamphey, Pembroke

Indoor heated swimming pool, sauna, solarium, gym await you. First Class hotel set in quiet grounds near coast. Bedrooms en-suite, colour T.V., radio, hairdryer, telephone, ample parking. Conference facilities. Restaurant features local produce and seafood. Children sharing stay free.

Clarence Hotel

One of Llandudno's leading two star hotels situated a short distance from the promenade. 47 en-suite bedrooms with colour T.V., all furnished for complete relaxation. Lift to all floors. Night porter. Spacious restaurant serving the finest food and wine. Choice of two attractive bars. Newly refurbished sun terrace and lounges. Weekend breaks and full Christmas/New Year programme available.

Wales is Magic

Was ist richtig? Vorsicht, es gibt drei Möglichkeiten: beide Antworten sind richtig, eine einzige Antwort ist richtig, keine der beiden Antworten ist richtig.

1. Eine Pauschalreise — kann nur von Gruppen gebucht werden
— kann nur von Einzelreisenden gebucht werden

2. Die Deviseneinnahmen und -ausgaben eines Landes im Bereich des Fremdenverkehrs sind — Teil der Handelsbilanz
— Teil der Zahlungsbilanz

3. Eine Reise, bei der man viele Städte im Landesinneren besichtigt, ist
— eine Kreuzfahrt
— eine Rundreise

4. Ein Reiseführer ist — ein Buch mit Hinweisen für Reisende
— eine Person, die Reisende führt

5. Wenn man sich in einem Reisebüro für eine Reise einschreibt, so nennt man das auch
— eine Reise buchen
— eine Reise stornieren

Projekt

1. **Einigen Sie sich bitte mit einem Partner bzw. mehreren Partnern auf ein Feriengebiet in Ihrem Land, das Sie für besonders reizvoll halten.**

2. **Besorgen Sie sich Unterlagen/Informationen über das Gebiet.**

3. **Überlegen Sie gemeinsam, wie Sie erreichen können, daß mehr Deutsche dieses Gebiet besuchen.**

4. **Verfassen Sie auf deutsch eine Werbebroschüre.**

5. **Stellen Sie Ihr Werbekonzept mündlich vor.**

H7 Notieren Sie bitte in den folgenden Rubriken Wörter bzw. Ausdrücke aus dem gesamten Kapitel 7. Vergessen Sie bitte bei den Substantiven die Artikel nicht.

Substantive:　　　　　　　　　**Wichtige Adjektive in Verbindung mit Substantiven:**

_____　　　_____

_____　　　_____

_____　　　_____

_____　　　_____

_____　　　_____

_____　　　_____

_____　　　_____

_____　　　_____

_____　　　_____

_____　　　_____

_____　　　**Ausdrücke:**

_____　　　_____

_____　　　_____

_____　　　_____

_____　　　_____

_____　　　_____

_____　　　_____

_____　　　_____

_____　　　_____

_____　　　_____

_____

_____　　　**Verben:**　　　　　　**Verben:**

_____　　　_____　　_____

_____　　　_____　　_____

_____　　　_____　　_____

_____　　　_____　　_____

_____　　　_____　　_____

_____　　　_____　　_____

_____　　　_____　　_____

_____　　　_____　　_____

Kapitel 8

Landwirtschaft

---

1. Erstellen Sie bitte gemeinsam ein Assoziogramm zum Thema „Essen".

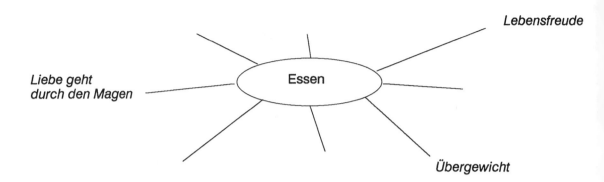

Lebensfreude

Liebe geht durch den Magen

Essen

Übergewicht

2. Berichten Sie bitte von Ihren Eßgewohnheiten.

Was essen Sie viel bzw. wenig? Was ist (war) Ihr Lieblingsgericht, was mögen (mochten) Sie überhaupt nicht? Hat sich mit Blick auf Ihre Eßgewohnheiten in den letzten Jahren etwas verändert?

3. Die folgende graphische Darstellung zeigt die Veränderung der Eßgewohnheiten der Bundesbürger innerhalb der letzten 25 Jahre.
Versuchen Sie bitte herauszufinden, welche Seite die heutigen Eßgewohnheiten darstellt, und geben Sie Gründe für Ihre Vermutung an.

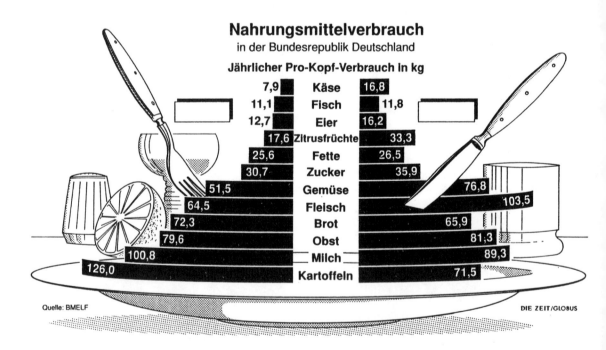

Nahrungsmittelverbrauch
in der Bundesrepublik Deutschland
Jährlicher Pro-Kopf-Verbrauch in kg

7,9	Käse	16,8
11,1	Fisch	11,8
12,7	Eier	16,2
17,6	Zitrusfrüchte	33,3
25,6	Fette	26,5
30,7	Zucker	35,9
51,5	Gemüse	76,8
64,5	Fleisch	103,5
72,3	Brot	65,9
79,6	Obst	81,3
100,8	Milch	89,3
126,0	Kartoffeln	71,5

Quelle: BMELF

DIE ZEIT/GLOBUS

4. Sie können überprüfen, ob Sie die beiden Teilschaubilder richtig zugeordnet haben, indem Sie in dem folgenden Satz die fehlenden Buchstaben ergänzen.

_EU_ _ WI_ _ M_H_ _ _EIS_ _ GE_E_ _EN _LS V_ _ _Ü_F_N_ _WA_ _ _ _A_RE_.

1. Lesen Sie bitte den Text und schreiben Sie zu den englischen Begriffen die deutschen Entsprechungen.

Alles Käse

Von der Rohmilch bis zur Reifung, vom Geschmack bis zur Schimmelverhütung: Ein Griff in die Trickkiste der Lebensmittelzusatzstoffe und die Käserei geht los.

5 „Das zu verarbeitende Produkt wird mittels einer Pumpe zunächst durch den Erhitzer gedrückt, wobei sich dieses auf die benötigte Temperatur aufheizt, um anschließend im sogenannten Reaktor mit dem gekup-
10 pelten Enzym in Berührung zu kommen. Nach kurzer Verweilzeit im Reaktor tritt das Produkt aus." Wer hier nur Bahnhof versteht und argwöhnt, da werde die Funktionsweise eines neuen schnellen Brüters
15 beschrieben, liegt falsch. Nein, hier wird Molkereien Appetit gemacht. Appetit auf Apparate und chemische Zusatzstoffe, die die Käseherstellung maschinenfreundlich machen und den fertigen Käse schneller
20 reifen lassen.
War die Käseherstellung früher reine Handarbeit, ist die Produktion dieses schmackhaften Nahrungsmittels zu einem Handwerk ohne Hände verkommen. Nicht
25 nur dank hilfreicher Maschinen, sondern auch dank der amtlich zugelassenen Chemie. Denn laut der im Lebensmittelgesetz

formulierten Käseverordnung dürfen die Molkereien mit einem tiefen Griff in die
30 prall gefüllte Trickkiste ihren Käse aufpeppen. Mit Stoffen, deren Namen dem Esser zuhause wie spanische Dörfer vorkommen. Wie zum Beispiel Palmitoyl-L-Ascorbinsäure.
35 Chemikalien wie diese haben es aber ermöglicht, daß sich die Käsereiwirtschaft seit dem Zweiten Weltkrieg zur High-Tech-Industrie mausern konnte. Die Zahlen sprechen eine deutliche Sprache: Von 2800
40 westdeutschen Käsereien in der Bundesrepublik im Jahre 1950 sind heute gerade noch 347 übriggeblieben, obwohl der Käseverbrauch in dieser Zeit von 5,2 auf 18 Kilogramm pro Kopf gestiegen ist.
45 Die Marschrichtung moderner Ernährungstechnik ist klar: Lebensmittel werden immer mehr zusammengebaut. Nur noch selten sind sie naturbelassen. Der Austausch Milch und Butter durch Milch-
50 imitate ist da nur ein Beispiel.
Hochwertige, teure Rohstoffe werden durch immer minderwertigere ersetzt. Der Rest ist Chemie.

ÖKO-TEST

milk substitute	_____
regulation on cheese	_____
breeder	_____
dairy	_____
coupled enzyme	_____
it's all Greek to me	_____
	_____
food additive	_____
Food Act, Law on Food Products	_____
cheese making	_____
	_____
to develop into	_____
to suspect	_____
residence time	_____

2. Versuchen Sie bitte, die Hauptaussage des Textes kurz zusammenzufassen.
Sehen Sie sich jetzt bitte das Schaubild an. Passen Text und Schaubild Ihrer Meinung nach zusammen?

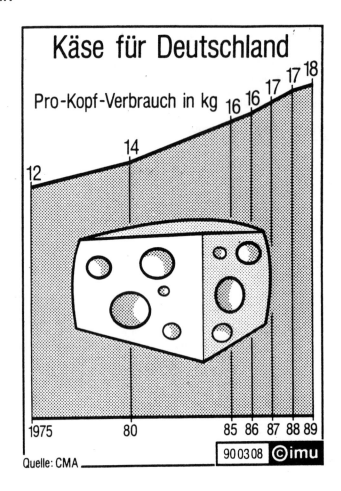

3. a) Durch die ökologische Bewegung in Deutschland wird das Thema „Chemie in Lebensmitteln" viel diskutiert.
Welche Auswirkung wird diese Diskussion auf die Landwirtschaft und Lebensmittelproduktion haben? Wie ist das in Ihrem Land? Diskutieren Sie bitte in der Gruppe.

b) Die Zahl der alternativen landwirtschaftlichen Betriebe in Deutschland ist in den letzten Jahren stetig gestiegen, aber lediglich 0,4 Prozent der gesamten landwirtschaftlichen Nutzfläche werden von diesen Betrieben bewirtschaftet.
Wodurch unterscheiden sich alternative von konventionellen Betrieben (Arbeitskräfte, Viehhaltung, Nutzung des Bodens, Pflanzenschutz-, Dünger- und Futtermittel, Größe, Preisgestaltung usw.)?
Wie schätzen Sie die Situation der „Öko-Bauern" in Ihrem Land ein? Haben sie eine Zukunft?

1. Lesen Sie bitte den Text und sehen Sie sich das Schaubild an. Markieren Sie im Text **B1**
diejenigen Informationen, die auch im Schaubild enthalten sind.

Im Ausland auf den Tisch

Deutsche Nahrungsmittel sind auch jenseits der Grenzen gefragt. So hat die Bundesrepublik Deutschland im vergangenen Jahr landwirtschaftliche Erzeugnisse im
5 Wert von 31,3 Milliarden DM exportiert. Damit ist die Landwirtschaft die fünftgrößte Exportbranche der deutschen Wirtschaft. Ihr Anteil an der Warenausfuhr belief sich auf 5,6 Prozent. Überdies ist die
10 Bundesrepublik nach den USA, Frankreich und den Niederlanden die viertgrößte Agrar-Exportnation der westlichen Welt. Die besten Kunden deutscher Landwirte sind die Italiener und die Niederländer;
15 auf Platz drei folgen die Franzosen. Diese drei nehmen fast die Hälfte aller deutschen landwirtschaftlichen Erzeugnisse ab, zumeist Milch und Milchprodukte. Umgekehrt lassen sich auch mit den Deutschen
20 gute Geschäfte machen: Allein im vergangenen Jahr kauften die Bundesbürger ausländische Lebensmittel im Wert von 55,8 Milliarden DM, insbesondere bei den Holländern. Die wichtigsten Einfuhrgüter
25 aus den Niederlanden sind Fleisch und Fleischprodukte (Januar–Oktober 1989: 1,9 Milliarden DM).

Nach: Deutscher Instituts-Verlag

Agrar-Außenhandel: Keine Einbahnstraße

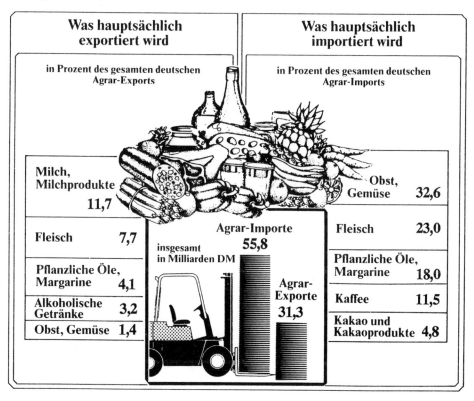

Deutscher Instituts-Verlag

2. Beschreiben Sie bitte das Schaubild. Verwenden Sie dazu unter anderem die Rede-
mittel aus Kapitel 1, G2.

B2 **1.** In diesem Schaubild wird gezeigt, wovon die Landwirte in Deutschland leben. Im nachstehenden Schüttelkasten sind zahlreiche landwirtschaftliche Erzeugnisse aufgeführt.
Welche von ihnen sind auch im Schaubild dargestellt? Schreiben Sie diese bitte jeweils unter die betreffende Zeichnung.

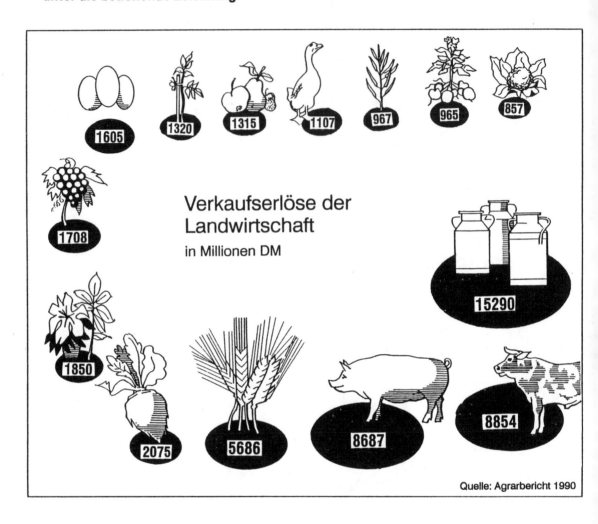

Verkaufserlöse der Landwirtschaft
in Millionen DM

Quelle: Agrarbericht 1990

Kartoffeln Eier Gemüse Weinmost, Wein Geflügel

Zuckerrüben Ölsaaten Rinder

Obst Baumschulerzeugnisse Milch

Schweine Blumen, Zierpflanzen Getreide

2. Ihr Lehrer zeigt Ihnen anschließend das Originalschaubild.

Bilden Sie bitte aus den Buchstaben jeweils Wörter, die den angegebenen Definitionen entsprechen und tragen Sie diese senkrecht in die Felder ein. Waagrecht ergibt sich in der markierten Zeile ein weiteres landwirtschaftliches Erzeugnis.

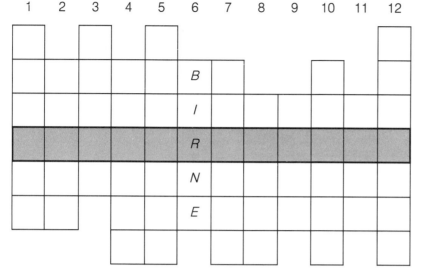

(ü = ue)

1	EEINWZ	Getreide		9	EINW	landwirtschaftliches Produkt
2	ABERU	Beruf		10	BEENRS	Gemüse
3	CHILM	landwirtschaftliches Produkt		11	EIRS	Getreide
4	AEHKTR	Flächenmaß		12	DEEGNRU	und was kann das wohl sein? (wichtig für die Landwirtschaft)
5	BEEILWZ	Gemüse				
6	~~IBENR~~	Obst				
7	EEGRST	Getreide				
8	EEHKU	Nutztiere				

Lesen Sie bitte den Text und sehen Sie sich das Schaubild an. Füllen Sie dann die nachstehende Gliederung in Stichpunkten aus.

Grüne wollen Bauern helfen

Die Bauern und Bäuerinnen in der Bundesrepublik gehen nach Ansicht des Europa-Parlamentariers und agrarpolitischen Sprechers der Grünen, Friedrich Wilhelm
5 Graefe zu Baringdorf, „katastrophalen Zeiten" entgegen. Die historisch gewachsene Landwirtschaft sterbe; zwei Drittel aller landwirtschaftlichen Betriebe seien in ihrer Existenz bedroht. Schuld an der Misere sei
10 die „abstruse" Agrarpolitik von EG und Bundesregierung. Sie produziere Überschüsse und treibe bäuerliche Betriebe in den Ruin, meinte Graefe zu Baringdorf, der Pläne seiner Partei zur Verbesserung
15 der Situation bundesdeutscher Landwirte vorstellte.
Um klein- und mittelbäuerliche Betriebe am Leben zu erhalten, fordern die Grünen ein staatliches Hilfsprogramm. In den
20 nächsten fünf Jahren verlangen Sie jeweils 200 Millionen Mark für unverschuldet in Not geratene Höfe bereitzustellen. Weiter sollen die kleineren Betriebe höhere Preise für ihre Produkte bekommen. Diese wirt-
25 schafteten ökologisch und versorgten die Bevölkerung mit gesunden Nahrungsmitteln, sagte Graefe zu Baringdorf.

Frankfurter Rundschau

der landwirtschaftliche Betrieb	farm
wirtschaften	to operate

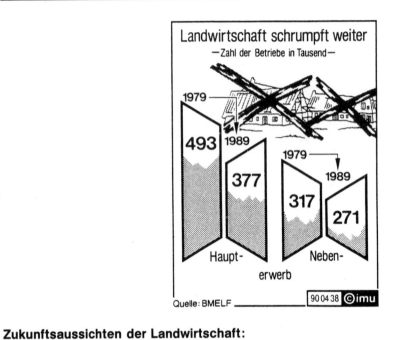

Zukunftsaussichten der Landwirtschaft:

—

—

—

Begründung:

—

    denn:

    —

    —

Forderungen der Grünen:

—

    Inhalt:

    —

—

Begründung:

—

—

In Kapitel 3, F5, haben Sie erweiterte Partizipialattribute analysiert. **C2**
Hier sollen Sie nun versuchen, selbst erweiterte Partizipialattribute zu bilden.

Partizip II:
die Preiserhöhung, die von der EG abgelehnt worden ist = die von der EG abgelehnte Preiserhöhung

Kern:	die Preiserhöhung
+ Partizip:	die abgelehnte Preiserhöhung
+ Erweiterung(en):	die von der EG abgelehnte Preiserhöhung

1. Verwenden Sie bitte das Partizip II.

a) die Pläne, die auf dem Kongreß von einem Ökologen vorgestellt worden sind
b) die Konferenz, die von den Landwirtschaftsministern für das nächste Jahr geplant worden ist
c) die Betriebe, die seit langem in ihrer Existenz bedroht sind
d) die Verschiebung der Konferenz, die mit Schwierigkeiten bei der Terminplanung begründet worden ist
e) die Produkte, die aus Drittländern in die EG eingeführt worden sind

Partizip I:
die Landwirtschaftsministerkonferenz, die am Montag beginnt = die am Montag beginnende Landwirtschaftsministerkonferenz

Kern:	die Landwirtschaftsministerkonferenz
+ Partizip:	die beginnende Landwirtschaftsministerkonferenz
+ Erweiterung(en):	die am Montag beginnende Landwirtschaftsministerkonferenz

2. Verwenden Sie bitte das Partizip I.

f) die Zahl der in der Landwirtschaft Beschäftigten, die ständig abnimmt
g) die Zahl der Höfe, die ständig schwindet
h) die Agrarüberschüsse, die auch in Zukunft ständig steigen
i) die Subvention, die neue Abhängigkeiten schafft
j) der Kursteilnehmer, der selbst neue Beispiele für Partizipialattribute findet

Vom traditionellen Hof zur technisierten Agrarfabrik

Für die Bauern sind die Karten ungleich verteilt. In den einzelnen Regionen bieten sich unterschiedliche Voraussetzungen für Ackerbau und Viehzucht. Im äußersten Westen Niedersachsens, im Emsland, hat sich die gewerbliche Massentierhaltung ausgebreitet. Dort wandern nach Hähnchen und Legehennen nun auch Schweine in Mammutställe. Auf der Basis zugekauften Futtergetreides, das preisgünstig über die Häfen Brake und Bremen in erster Linie aus den Vereinigten Staaten eingeführt wird, stieg entlang der Bahnlinie Bremen–Osnabrück–Münster die Zahl der gehaltenen Schweine drastisch an. Dort kommt es vor, daß auf einem Hof 10 000 bis 20 000 Schweine gehalten werden.
Ohne staatliche Förderung wären diese Tierfabriken so nicht entstanden, und auch zukünftig soll der Bau großer Ställe staatlich subventioniert werden. Die Folge: Überproduktion bei den Tieren. Auf dem Markt hat der Großbetrieb dann die besseren Karten: Je größer der Viehbestand, desto kostengünstiger die Produktion und desto höher der Gewinn.

Die Kälber, die zwischen Weser und Ems und im Münsterland in den Ställen stehen, gehören nur noch in seltenen Fällen den Landwirten selbst. Es sind in erster Linie drei Großschlachtereien, die dem Bauern Jungtiere in den Stall stellen und das Futter liefern. Dem Bauern bleibt die Arbeit, für die er entlohnt wird. Die sogenannte Lohnmast, begonnen mit Kälbern, erstreckt sich heute zum Teil auch schon auf Schweine.

Frankfurter Rundschau

GLOSSAR

Ackerbau und Viehzucht	farming
der Ackerbau	husbandry
die Viehzucht	livestock/cattle breeding
die gewerbliche Massentierhaltung	factory farming
die Legehenne	laying hen
der Hof = der Bauernhof	farm
der Viehbestand	livestock
die Großschlachterei	large slaughterhouse
entlohnen	to pay
die Lohnmast	contract fattening

C4 Passiv: *sein – werden*

Im obigen Text stehen einige Sätze, bei deren Übersetzung das englische Verb *to be* verwendet würde.

— Die Karten *sind* ungleich verteilt.
— Das Futtergetreide *wird* aus den USA eingeführt.
— Auf einem Hof *werden* 10 000 bis 20 000 Schweine gehalten.
— Der Bau großer Ställe *soll* subventioniert *werden*.
— Der Bauer *wird* für diese Arbeit entlohnt.

1. Warum steht Ihrer Ansicht nach im ersten Satz das Verb *sein* und in den anderen Sätzen das Verb *werden*?

2. Welcher Unterschied besteht zwischen den beiden folgenden Sätzen?

Die Tür *ist* geschlossen.
Die Tür *wird* geschlossen.

3. Übersetzen Sie bitte.

a) These machines are made in Japan.
b) The surplus is exported to Third World countries.
c) These articles are delivered by van.
d) Poultry is reared here using traditional methods.
e) The sale of this product is prohibited since January.
f) The sale of this product has been prohibited.
g) These cereals are dispatched via Hamburg.
h) The eggs are packed on the farm.
i) Banks are closed on Sundays.

1. In diesem Schaubild sind die Namen von fünf Ländern gestrichen: Irland (IRL), Deutschland (D), Vereinigte Staaten (USA), Großbritannien (GB), Sowjetunion (SU). **D1**
Welche Prozentzahlen gehören Ihrer Ansicht nach zu diesen Ländern? Welche Gründe könnte es für die hohen/niedrigen Zahlen geben? **F**

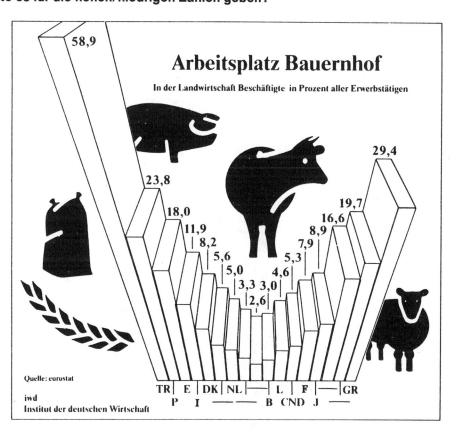

2. Ihr Lehrer zeigt Ihnen anschließend das Originalschaubild.

D2 **1. Suchen Sie bitte für den folgenden Text eine Überschrift.**

Die Landwirtschaft spielt heute für die Beschäftigung in den meisten Ländern nur eine untergeordnete Rolle: In der Europäischen Gemeinschaft verdient im Durchschnitt nicht einmal mehr jeder Zehnte sein Brot in der Landwirtschaft – 1960 war es immerhin noch jeder Fünfte. Die „Landflucht" legte in den vergangenen 25 Jahren insbesondere in den ehemals klassischen Agrarstaaten ein rasantes Tempo vor: In Italien, Spanien, Portugal und Griechenland hat sich der Anteil der in bäuerlichen Betrieben beschäftigten Personen jeweils halbiert. Auch außerhalb Europas geben immer mehr Arbeitskräfte ihren Job auf dem Hof zugunsten höherer Verdienste in Industrie und Handel auf. In Japan bewirtschaften heute lediglich 8,9 Prozent aller Erwerbstätigen einen landwirtschaftlichen Betrieb, in anderen Ländern (z. B. Belgien) ist der Prozentsatz noch niedriger. Das Attribut „Agrarland" trifft eigentlich nur noch auf die Türkei, Griechenland, China und Indien zu.

Institut der deutschen Wirtschaft

2. Stimmen die folgenden Aussagen mit dem Text überein?

  + = steht so im Text
  – = widerspricht dem, was im Text steht
  O = im Text steht dazu nichts

a) In der EG arbeiten heute nur noch weniger als 10 % in der Landwirtschaft.
b) 1960 arbeiteten noch 15 % in der Landwirtschaft.
c) In der UdSSR ist der Anteil der in der Landwirtschaft Arbeitenden ebenfalls gesunken.
d) Obwohl sich in Griechenland der Anteil der in bäuerlichen Betrieben beschäftigten Personen halbiert hat, ist Griechenland immer noch ein Agrarland.
e) Von allen im Text erwähnten Ländern hat heute Japan den geringsten Anteil der in der Landwirtschaft Tätigen.

	+	–	O
a			
b			
c			
d			
e			

3. Versuchen Sie bitte schriftlich, den Begriff „Landflucht" zu definieren.

E1 **Was sagt das folgende Bild über die Agrarpolitik der EG aus?**

Die Zeit

230

1. Die Agrarpolitik der EG wird oft kritisiert. Wenn Sie das Schaubild mit den Angaben aus dem Schüttelkasten ergänzen, erhalten Sie eine Darstellung der Problematik dieser Agrarpolitik.

E2

F

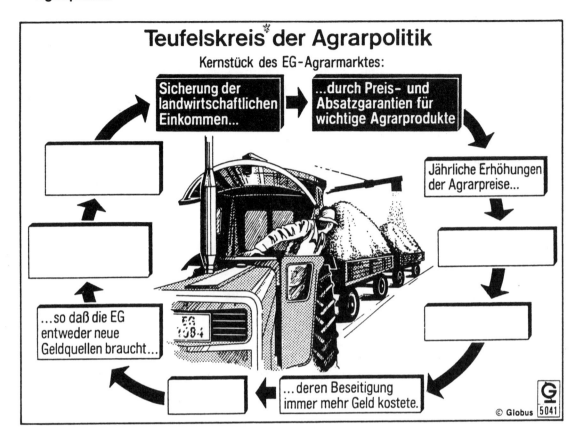

Teufelskreis* der Agrarpolitik
Kernstück des EG-Agrarmarktes:

Sicherung der landwirtschaftlichen Einkommen...

...durch Preis- und Absatzgarantien für wichtige Agrarprodukte

Jährliche Erhöhungen der Agrarpreise...

...so daß die EG entweder neue Geldquellen braucht...

...deren Beseitigung immer mehr Geld kostete.

© Globus 5041

* der Teufelskreis = vicious circle

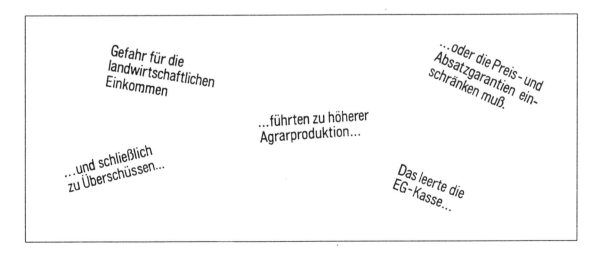

Gefahr für die landwirtschaftlichen Einkommen

...oder die Preis- und Absatzgarantien einschränken muß.

...führten zu höherer Agrarproduktion...

...und schließlich zu Überschüssen...

Das leerte die EG-Kasse...

2. Ihr Lehrer zeigt Ihnen anschließend das Originalschaubild.

E3

1. Lesen Sie bitte den ganzen Lexikonartikel durch und markieren Sie die Wörter, die Sie nicht verstehen.

2. Entscheiden Sie in einem zweiten Durchgang, welche Begriffe von den markierten von zentraler Bedeutung für Ihr Textverständnis sind. Klären Sie diese durch Rückfrage oder mit Hilfe eines Wörterbuchs. (Beschränken Sie sich bitte auf 6–8 Begriffe.)

3. Versuchen Sie bitte, den Inhalt der vier Abschnitte jeweils in einem Satz auf englisch zusammenzufassen. (Alternative: Stichwortsammlung)

4. Fassen Sie die Hauptinformationen dieses Artikels mit 65 Wörtern für eine englische Zeitung zusammen (±5).

5. Lesen Sie bitte den letzten Abschnitt des Lexikonartikels („Benachteiligung der Dritten Welt") noch einmal und schreiben Sie dann auf deutsch einen Kommentar dazu.

Agrarpolitik

Eine grundlegende Reform der A. in der EG war 1990 nicht in Sicht. Die europäische A. beruht vor allem darauf, den
5 Bauern landwirtschaftliche Produkte zu garantierten Mindestpreisen abzunehmen. Die dadurch angeregte Überproduktion hat dazu geführt, daß rd. zwei Drittel des Haushalts der EG (1989: rd. 93 Mrd. DM)
10 für Agrarausgaben verwendet wurden. Für 1989 sah der EG-Haushalt rd. 58 Mrd. DM für Preisstützungen vor (1980: 29 Mrd. DM). Die Subventionen behindern die wirtschaftliche Entwicklung der Dritten
15 Welt. Zudem werden die Umweltverschmutzung durch die Landwirtschaft und eine abnehmende Qualität der Nahrungsmittel kritisiert. Der Protektionismus in der A. der EG, USA und Japans führt zu
20 Handelskonflikten.

Reformversuche: Im Februar 1988 beschloß die EG für die wichtigsten Überschußerzeugnisse Produktionsobergrenzen (sog. Stabilisatoren), bei deren Überschreiten
25 Preissenkungen im Folgejahr in Kraft treten (bei Getreide z. B. 160 Mio. t; Ernte 1988: 163,9 Mio. t). Ein gleichzeitig beschlossenes Flächenstillegungs-Programm, nach dem Landwirte Prämien für nicht
30 mehr bewirtschaftete Böden erhalten können, hatte bis Mitte 1989 nur in der BRD zu nennenswerten Ergebnissen geführt (1988: 25 300 Anträge, rd. 170 000 ha). Ältere Landwirte erhielten zudem die Möglich-
35 keit, mit 58 Jahren in den Vorruhestand zu treten. Der EG-Kommission gelang es, die Agrarpreise für 1989/90 einzufrieren bzw. leicht zu senken.

Betriebsaufgaben: Trotz des offiziellen
40 Ziels der A., bäuerliche Familienbetriebe zu fördern, haben immer mehr kleine und mittlere Höfe ihre Produktion aufgegeben; von 1949 bis 1989 sank die Zahl der landwirtschaftlichen Betriebe in der BRD von
45 2 Mio. auf 670 000. Industriell arbeitende Großbetriebe (sog. Agrarfabriken) werden dagegen begünstigt.

Benachteiligung der Dritten Welt: Die A. der Industriestaaten hat zum Ende der 80er
50 Jahre weltweit zu einer Situation geführt, die gleichzeitig von Überproduktion und Hunger gekennzeichnet ist. Die erzeugten Lebensmittel würden zur Ernährung der Weltbevölkerung ausreichen, die Über-
55 schüsse fallen jedoch vor allem in den Industrieländern an. In der EG wurden 1988 z. B. 650 Mio. DM für die Vernichtung von Gemüse ausgegeben. Die Nahrungsmittelerzeugung der Entwicklungsländer wird
60 behindert: Handelshemmnisse versperren ihnen den Zugang zu den Märkten der Industriestaaten, das Verschenken und der Export zu Niedrigpreisen beeinträchtigt ihre eigenen Absatzchancen.

65 **Reform des Rindfleischmarktes in der EG**
Als letzter Teilmarkt wurde Anfang 1989 der Rindfleischmarkt der EG reformiert. Die Aufkäufe von Rindfleisch zu staatlich garantierten Preisen sollen auf 220 000 t jährlich begrenzt wer-
70 den. Die Intervention wird zu einem Ausschreibungsverfahren umgestellt, bei dem der billigste Anbieter den Zuschlag erhält. In den Kühlhäusern der EG lagerten Anfang 1989 rd. 600 000 t unverkäufliches Fleisch.

Aktuell '90

Bilden Sie bitte mit Modalverben Haupt- und Nebensätze mit Passivkonstruktionen nach dem folgenden Muster:

Beispiel: Nahrungsmittel – ankaufen und aus dem Markt nehmen – müssen

1. Die Nahrungsmittel mußten angekauft und aus dem Markt genommen werden.
2. ... so daß die Nahrungsmittel angekauft und aus dem Markt genommen werden mußten.

a) Kosten – nicht mehr bezahlen – können
b) Kosten für Lagerung und Lieferung – hinzuzählen – müssen
c) Ein Teil der Kosten – durch den Verkauf der gelagerten Mengen – wieder hereinbekommen – sollen
d) Kosten für die Überschußbeseitigung – nicht mehr bezahlen – können
e) Die Zukunft der Landwirtschaft – sichern – müssen

Die folgenden Zeitungsmeldungen haben alle die Beseitigung von Agrarüberschüssen zum Thema.

Notieren Sie bitte nachstehend, was zu den einzelnen Erzeugnissen gesagt wird.

Aus den EG-Beständen sollen 130 000 Tonnen Butter mit „Sonderaktionen" billig an EG-Bürger (beispielsweise Arme) abgegeben werden.

Die seit Jahren zunehmende Weindestillation hat zu einem so großen Alkoholsee geführt, daß man jetzt in Brüssel überlegt, den Agrar-Sprit in Zukunft auch in die Benzintanks der Autos zu füllen.

400 000 Tonnen Butter sollen an „bestimmte Empfängerländer", gemeint sind die Sowjetunion, der Nahe Osten und Asien, zu äußerst niedrigen Preisen verkauft werden.

300 Millionen Kilo einwandfreier Tafeläpfel werden in den kommenden Wochen auf den Müll gekippt, destilliert oder als Viehfutter Verwendung finden.

Die Lebensmittel-Vernichter in der EG haben jetzt wieder Hochsaison: Mit einem Aufwand von mehr als einer Milliarde Mark aus Steuergeldern wird die Gemeinschaft in den nächsten Monaten 1,8 Milliarden Liter einwandfreien Tafelwein zu Industriealkohol destillieren.

Das spektakulärste Verlustgeschäft in der Geschichte der EG-Agrarpolitik ist perfekt. Die Brüsseler Kommission hat dem Verkauf von 50 000 Tonnen Butter aus Lagerbeständen an Futtermittelhersteller zum Preis von weniger als 20 Pfennig je Kilo zugestimmt.

Die Kommission der Europäischen Gemeinschaft möchte noch dieses Jahr 100 000 t Butter aus dem 1,3 Mill. t schweren „Butterberg" der EG billig zur Herstellung von Seifen, Farben und anderen Produkten an die Industrie verkaufen.

Wie können die Agrarüberschüsse beseitigt werden?

Butter soll   1. *billig an arme EG-Bürger abgegeben werden* _____

                2. _____

                3. _____

                4. _____

Wein soll   1. _____

                2. _____

Äpfel sollen   1. _____

                2. _____

                3. _____

E6 *von – um – auf*

Die Milchpulverbestände sind *von* einer halben *auf* eine Million Tonnen gestiegen.

Die Milchpulverbestände sind *um* eine halbe Million Tonnen gewachsen.

Die Milchpulverbestände haben sich *auf* eine Million Tonnen verdoppelt.

Die Milchpulverbestände sind *um* 100 % *auf* eine halbe Million Tonnen gestiegen.

Ergänzen sie bitte.

a) Die Agrarexporte sind _____ ein Drittel gesunken.

b) Die Lagerbestände sind _____ 10 % _____ 10 Millionen Tonnen gestiegen.

c) Die Preise sind _____ 10 % gestiegen.

d) Wir haben die Preise _____ 10 % erhöht.

e) Wir haben die Preise _____ 10 DM _____ 125 DM gesenkt.

f) Die Bevölkerungszahl ist in einem Jahr _____ 60 _____ 64 Millionen gestiegen.

g) Das Personal hat sich _____ 10 %, d. h. _____ 250 zusätzliche Beschäftigte erhöht.

h) Die Weltmarktpreise sind _____ 10 % und damit _____ den niedrigsten Stand seit Jahren gesunken.

E7

1. Dieser Text ist eine Forsetzung des Textes C1 (S. 225) und enthält Vorschläge für eine ganz andere Agrarpolitik der EG. Zwei dieser Vorschläge sind auch in den Zeitungsmeldungen E5 (S. 233) enthalten.
Welche? Markieren Sie bitte die betreffenden Passagen in beiden Texten.

Grüne wollen Bauern helfen

Anstatt die Tonne Butter, die den Steuerzahler rund 10 000 Mark kostet, für 380 Mark als Kalbfutter zu „verschleudern", sollte den Bauern die Möglichkeit
5 gegeben werden, Milch direkt an ihre Kälber zu verfüttern. Fünfzig Pfennig je Liter wollen die Grünen den Landwirten zahlen, wenn sie auf diese Weise ihre Quote kürzen. Damit könnte der Milchüberschuß in
10 der Bundesrepublik um drei Prozent gesenkt werden.

Weiter fordern die Grünen einen nach Liefermengen gestaffelten Milchpreis, der kleinere Betriebe bevorteilt, und eine um
15 die Hälfte billigere „Sozialbutter" für Einkommensschwache. Die Getreideüberschüsse wollen die Grünen verringern, indem sie die Bauern unter anderem darauf verpflichten, weniger Chemieprodukte einzusetzen und weniger anzubauen.

Frankfurter Rundschau

─── GLOSSAR ───

| verschleudern | to squander | anbauen | to plant |
| gestaffelt | graded | einkommensschwach | low-income |

2. Übersetzen Sie bitte den Text ins Englische.

Notieren Sie bitte jeweils Wörter bzw. Ausdrücke aus dem Kapitel 8. Vergessen Sie bitte bei den Substantiven die Artikel nicht.

Substantive:

Wichtige Adjektive in Verbindung mit Substantiven:

Ausdrücke:

Verben:

Verben:

Kapitel 9

Energie, Industrie, Arbeitswelt

A1

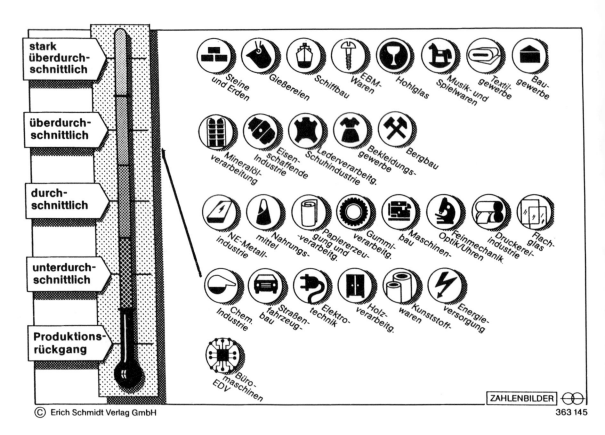

1. Nachstehend sind die wichtigsten Industriezweige der Bundesrepublik Deutschland angegeben, und zwar – entsprechend ihren Entwicklungsaussichten in den kommenden Jahren – in fünf Gruppen zusammengefaßt.
Ordnen Sie bitte eine der folgenden Bewertungen mit einer Linie zu und begründen Sie Ihre Meinung.

F

stark überdurchschnittlich

überdurchschnittlich

durchschnittlich

unterdurchschnittlich

Produktionsrückgang

Steine und Erden · Gießereien · Schiffbau · EBM-Waren · Hohlglas · Musik- und Spielwaren · Textilgewerbe · Baugewerbe

Mineralölverarbeitung · Eisenschaffende Industrie · Lederverarbeitg. Schuhindustrie · Bekleidungsgewerbe · Bergbau

NE-Metallindustrie · Nahrungsmittel · Papiererzeugung und -verarbeitg. · Gummiverarbeitg. · Maschinenbau · Feinmechanik Optik/Uhren · Druckereiindustrie · Flachglas

Chem. Industrie · Straßenfahrzeugbau · Elektrotechnik · Holzverarbeitg. · Kunststoffwaren · Energieversorgung

Büromaschinen EDV

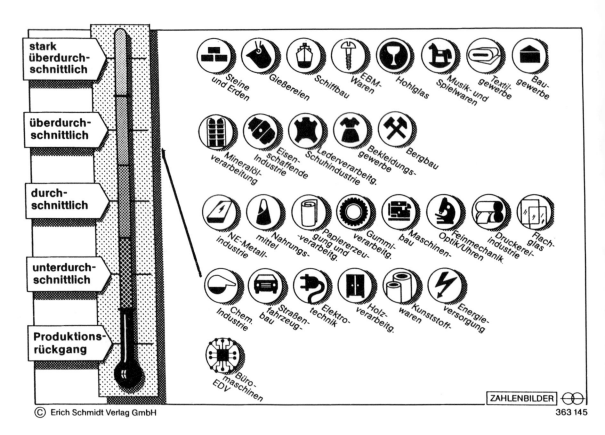

ZAHLENBILDER

© Erich Schmidt Verlag GmbH

363 145

2. Ihr Lehrer zeigt Ihnen anschließend das Originalschaubild.

A2 Überlegen Sie sich, auf welche Branchen der Industrie die folgenden Punkte einen Einfluß haben könnten.

— Rationalisierung
— Energie- und Rohstoffeinsparung
— technische Innovation
— Spezialisierung auf hohem Niveau
— Entwicklung neuer Kommunikationstechniken
— Konkurrenz der Niedriglohnländer

1. Welche Ländernamen gehören Ihrer Ansicht nach zu den einzelnen Zahlen im nachstehenden Schaubild?

B1

F

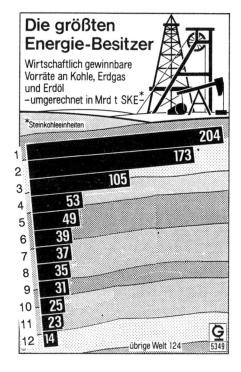

a) Australien
b) Bundesrepublik Deutschland
c) England
d) Indien
e) Iran
f) Kuwait
g) Polen
h) Saudi-Arabien
i) Südafrika
j) UdSSR
k) USA
l) Volksrepublik China

1	2	3	4	5	6	7	8	9	10	11	12

2. Ihr Lehrer zeigt Ihnen anschließend das Originalschaubild.

3. In der Statistik steht *England*. Im deutschen Sprachgebrauch wird das Wort *England* oft sehr unscharf verwendet. Manchmal bezeichnet es tatsächlich nur England, manchmal England und Wales, manchmal Großbritannien, manchmal das Vereinigte Königreich und manchmal sogar die beiden Inseln im Nordwesten Europas. Dann bezieht es sogar die Republik Irland mit ein.
Versuchen Sie bitte aus anderen Quellen herauszufinden, auf welche Bedeutung von *England* sich der Energiebesitz in diesem Schaubild bezieht.

1. Ergänzen Sie bitte im Text die Ländernamen und die fehlende Ordinalzahl. Beziehen Sie sich dabei auf das Schaubild in B1.

B2

Kohle - unser Reichtum

Daß im Boden der _____ die größten Energieschätze der Welt liegen, verwundert nicht. Denn die _____ hat die mit Abstand größte Fläche und ihre riesigen Kohle-, Öl- und Erdgasvorkommen wurden lange Zeit kaum erforscht und ausgebeutet. Erstaunlicher ist, daß die _____ auf der Rangliste der Energiebesitzer knapp hinter _____ schon
5

10 an _____ Stelle auftaucht. Diesen Rang verdankt sie jedoch nicht dem Erdöl oder dem Erdgas, sondern vor allem der Steinkohle.
Hier sind noch 18 Milliarden Tonnen Steinkohle zu gewinnen. Dieser Vorrat reicht, um den Bedarf bis weit in das nächste Jahrtausend hinein zu decken.
15

Globus

2. Geben Sie bitte die entsprechenden deutschen Wörter aus dem Text an.

(mineral) oil _____

natural gas _____

deposit 1. _____

2. _____

to exploit _____

by far the biggest _____

to mine coal _____

B3 Maßeinheiten und Maßbezeichnungen

der Millimeter (mm)	10 Millimeter	das Glas	10 Glas Wein
der Zentimeter (cm)	10 Zentimeter	das Stück	10 Stück Vieh
der Meter (m)	10 Meter	das Blatt	10 Blatt Papier
der Kilometer (km)	10 Kilometer	das Dutzend	10 Dutzend Eier
die (See-)Meile	10 (See-)Meilen	das Faß	10 Faß Bier
der Quadratmeter (m², qm)	10 Quadratmeter	der Sack	10 Sack Kartoffeln
der Hektar (ha)	10 Hektar	der Kanister	10 Kanister Benzin
das Gramm (g)	10 Gramm	das Paar	10 Paar Schuhe
das Pfund (Pfd.)	10 Pfund		
das Kilogramm (kg)	10 Kilogramm	*die* Dose	10 Dosen Sardinen
der Zentner (Ztr.)	10 Zentner	*die* Flasche	10 Flaschen Bier
der Doppelzentner (dz)	10 Doppelzentner	*die* Kiste	10 Kisten Seife
die Tonne (t)	10 Tonnen	*die* Packung	10 Packungen Zigaretten
der Liter (l)	10 Liter	*die* Schachtel	10 Schachteln Streichhölzer
der Hektoliter (hl)	10 Hektoliter	*die* Tasse	10 Tassen Tee
der Kubikmeter (m³, cbm)	10 Kubikmeter	*die* Tüte	10 Tüten Bonbons
der Grad (°)	10 Grad	*die* Ladung	10 Ladungen Sand

Vervollständigen Sie bitte die folgende Regel:

_____ or _____ nouns denoting measure are invariable,

whereas _____ nouns denoting measure can be expressed in the plural.

B4

1. Die beiden folgenden Texte behandeln die Lage der Kohleindustrie.
Lesen Sie bitte den ersten Text und schreiben Sie alle Wörter und Ausdrücke heraus, die die ungünstige Situation der Bergwerke charakterisieren.

2. Lesen Sie dann den zweiten Text. Woran erkennen Sie, daß es sich hierbei um eine Werbeanzeige der Kohleindustrie handelt?

Kohlekrise

Der Absatz von in der BRD erzeugter Steinkohle war Anfang der 90er Jahre wegen ihres hohen Preises von rd. 260 DM/t (1988/89) zunehmend schwieriger (importierte Kohle: rd. 90 DM/t). Die Produktion wird jährlich mit staatlichen → Subventionen in Höhe von rd. 10 Mrd. DM unterstützt. Die sog. Kohlerunde, eine Tagung mit Teilnehmern aus Politik, Wirtschaft und Gewerkschaften, stellte im Dezember 1987 ein Überangebot an Kohle von 13 Mio.–15 Mio. t in der BRD fest. Sie hielt den Abbau von mindestens 30 000 Arbeitsplätzen für erforderlich (Beschäftigte im Kohlebergbau: rd. 160 000; → Arbeitslosigkeit).

Absatz: Der wichtigste Abnehmer bundesdeutscher Kohle war Ende der 80er Jahre die Stromwirtschaft der BRD; die Kraftwerke kauften 40,9 Mio. t von insgesamt 71 Mio. t geförderter Kohle. Der Absatz von Kohle an die Stahlindustrie stockte wegen der → Stahlkrise und wegen des verringerten Verbrauchs von Koks in Hochöfen aufgrund technischer Fortschritte.

Subventionen: Die Kohleförderung in der BRD wird vor allem durch den sog. → Jahrhundertvertrag und den Hüttenvertrag subventioniert. Mit dem bis 1995 geltenden Jahrhundertvertrag wird die Verfeuerung von Kohle in Kraftwerken gefördert (→ Kohlepfennig). Für die Stromerzeuger wäre das Verfeuern von importierter Kohle oder schwerem Heizöl (Preis 89/90: ca. 120 DM/t) billiger. Die → EG-Kommission forderte im März 1989 einen schrittweisen Abbau dieser wettbewerbsbehindernden Beihilfen bis 1993, weil ein → Europäischer Binnenmarkt für Energie geschaffen werden soll (→ Energiepolitik).
Der Hüttenvertrag, der die Versorgung der Eisen- und Stahlindustrie mit Kokskohle regelt, wurde bis Ende 1997 genehmigt. Er sah für 1989–1991 Beihilfen von 10,9 Mrd. DM vor.

Fördergebiete: Rd. drei Viertel der Kohle werden in der BRD im Ruhrgebiet durch die Ruhrkohle AG (→ Horn, Heinz) gefördert. Als besonders gefährdet gelten wegen ihrer höheren Förderkosten der Bergbau im Saarland und im Aachener Revier. → Strukturwandel.

Aktuell '90/'91

Die Zukunft kann nur einer Energie gehören, die es auch in Zukunft gibt.

Im nächsten Jahrhundert beginnt das Kohlezeitalter. Aus einem sehr einfachen Grund:
75 % aller Welt-Vorräte an klassischen Energien sind Kohle. Im Vergleich dazu: Erdöl 14 % und Erdgas 11 %.
Und dies angesichts einer stark wachsenden Weltbevölkerung, die natürlich mehr Energie benötigt: Statt heute 4,5 Milliarden werden im Jahr 2001 etwa 5,8 Milliarden Menschen die Erde bevölkern.
Da wird schnell klar, warum die Zukunft der Kohle gehört.

Allein in unserem Land haben wir Steinkohle-Vorräte für gut 300 Jahre. Deshalb lohnt es sich auch, in unsere Steinkohle zu investieren: in moderne Bergbautechnik. In neue Technologien der Vergasung und Verflüssigung. In neue Feuerungstechniken, die Kohle noch sauberer und wirtschaftlicher verbrennen.

**Unsere Kohle.
Ein Vorbild
an Energie.**

GLOSSAR

der Bergbau	mining	**die Verflüssigung**	liquefaction
die Vergasung	carburation	**die Feuerungstechnik**	fuel engineering

B5 Vervollständigen Sie bitte die Zeitangaben.

a) Die Produktion soll bis Mitte nächst_____ Jahr_____ verdoppelt werden.

b) _____ jenem Zeitpunkt stand das Ergebnis noch nicht fest.

c) _____ den erst_____ drei Monat_____ _____ Jahr_____ ist der Absatz gesunken.

d) _____ Beginn der Wintersaison war die Lage noch günstiger.

e) Die Konferenz findet nächst_____ Mittwoch statt.

f) _____ Mittwoch soll die Eröffnung stattfinden.

B6 Schreiben Sie bitte neben die folgenden Abkürzungen die englischen Entsprechungen aus dem Schüttelkasten.

z. Z. (z. Zt.)	zur Zeit	_____
z. B.	zum Beispiel	_____
bzw.	beziehungsweise	_____
s.	siehe	_____
usw.	und so weiter	_____
ca.	circa	_____
d. h.	das heißt	_____
evtl.	eventuell	_____
vgl.	vergleiche	_____
v. H.	vom Hundert	_____
z. H. (z. Hd.)	zu Händen	_____

possibly   etc.   at present   cf.   per cent   e.g.

i.e.   approx.   for the attention of   or/and   see

C Ergänzen Sie bitte. Die Informationen finden Sie in dem Schaubild.

Das Strompreisniveau in der EG ist sehr unterschiedlich und stark von der jeweiligen nationalen Energiepreispolitik mitbestimmt. Für die Verbraucher ist Strom nur in _____ ,
den _____ und Dänemark billiger als _____
_____ _____ _____ . Auffällig ist,
daß _____ und _____ ihrer Wirtschaft niedrigere Stromkosten
ermöglichen, während _____ und _____ Verbraucher mehr
zahlen müssen als bundesdeutsche Haushalte. Konkurrenzlos billig ist Strom für Verbraucher
und Industrie in _____ .

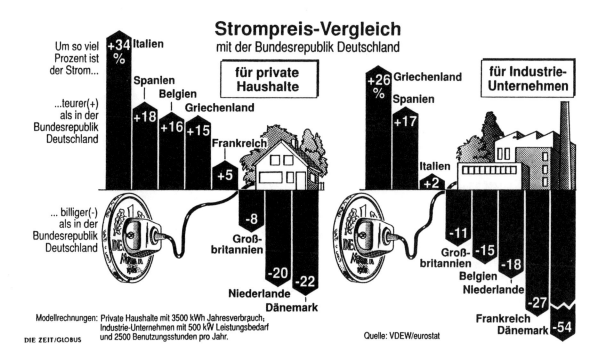

Strompreis-Vergleich
mit der Bundesrepublik Deutschland

Um so viel Prozent ist der Strom...

...teurer(+) als in der Bundesrepublik Deutschland

... billiger(-) als in der Bundesrepublik Deutschland

für private Haushalte

+34% Italien
Spanien +18
Belgien +16
Griechenland +15
Frankreich +5
-8 Groß-britannien
-20 Niederlande
-22 Dänemark

für Industrie-Unternehmen

+26% Griechenland
Spanien +17
Italien +2
-11 Groß-britannien
-15 Belgien
-18 Niederlande
-27 Frankreich
Dänemark -54

Modellrechnungen: Private Haushalte mit 3500 kWh Jahresverbrauch; Industrie-Unternehmen mit 500 kW Leistungsbedarf und 2500 Benutzungsstunden pro Jahr.

DIE ZEIT/GLOBUS

Quelle: VDEW/eurostat

---

1. **Lesen Sie bitte den folgenden Text. Die danebenstehende Übersetzung soll Ihnen beim Detailverstehen des Textes helfen. Aber Vorsicht! Sie enthält zwei Fehler, die den Sinn des Textes entstellen. Markieren Sie bitte die entsprechenden Stellen in beiden Texten.**

D1

Das Arbeitsgebiet der PreussenElektra

Kostengünstige Kernenergie und Kohle sind die tragenden Säulen der Stromerzeugung bei der PreussenElektra. Gut ²/₃ des Stroms liefern Kernkraftwerke, die das Unternehmen allein oder zusammen mit kommunalen und regionalen Partnern betreibt. Durch ihren hohen Kernkraftanteil kann die PreussenElektra den Lieferpreis für Strom jetzt schon seit 1983 stabil halten, für Industrie und Gewerbe wurde er 1990 sogar gesenkt. Das ist auch der Grund, weshalb die von der PreussenElektra belieferten Versorgungsunternehmen inzwischen zu den preisgünstigsten in der Bundesrepublik gehören.

Die Stromerzeugung im gesamten PreussenElektra-Bereich vollzieht sich nach dem Prinzip der Arbeitsteilung zwischen Stromerzeugung und Stromverteilung: Der Strom wird in den Kraftwerken der PreussenElektra erzeugt und über ein eigenes Hochspannungsnetz zu regionalen Tochter- und Beteiligungsunternehmen transportiert, die ihn dann in ebenfalls eigenen Leitungen an die Verbraucher liefern.

Cheap nuclear power and coal together form the mainstay of electricity production at PreussenElektra. A good ²/₃ of the electricity is produced by nuclear power stations which are operated by the company alone or in collaboration with local and regional authorities. This use of a high proportion of nuclear energy has enabled PreussenElektra to keep the contract price of electricity stable since 1983; in 1990 there was even a decrease in the price of electricity for industrial and commercial use. This is also the reason why prices charged by companies which supply PreussenElektra are now amongst the lowest in the Federal Republic of Germany.

The production of electricity in the areas served by PreussenElektra is organised on the basis of a division of labour between generation and distribution: the electricity is generated in the PreussenElektra power stations and is distributed by means of the company's own high-voltage network to regional subsidiaries and associate firms which then supply the consumer using their own cables.

Die PreussenElektra ist traditionell auch Partner der Kommunen; sie hilft nicht nur bei der Strom- und Fernwärmeversorgung, sondern auch bei der Abfallbeseitigung. Im
30 Rahmen eines umfassenden Abfallwirtschaftskonzeptes werden die verschiedenen Abfallstoffe erfaßt, sortiert, aufbereitet und vermarktet. Der nicht verwertbare Restmüll wird in umweltfreundlichen Müll-
35 kraftwerken als Brennstoff eingesetzt. Diesen Verwertungsschritten vorgelagert ist ein Konzept zur Abfallvermeidung.

Auch der anderen großen Herausforderung hat sich die PreussenElektra gestellt: Sie
40 fördert die Entwicklung und den Einsatz regenerativer Energiequellen. So wird die Wasserkraft bereits heute nahezu voll genutzt. Im norddeutschen Küstengebiet errichtet das Unternehmen zwei große Wind-
45 kraftanlagen. Diese Vorhaben sollen mithelfen, die Windenergienutzung im Rahmen von Forschungs- und Demonstrationsprogrammen voranzubringen. Im gesamten PreussenElektra-Bereich gibt es bereits
50 Windenergieparks mit Anlagen in einem weiten Leistungsspektrum zwischen 20 Kilowatt und 1,5 Megawatt. Gearbeitet wird auch an der Sonnenenergie und an der Entwicklung von Biogasanlagen.

In PreusenElektra there is a tradition of collaboration with local authorities. The company does not only help with the supply of electricity and district heating but also with waste disposal. As part of a comprehensive waste management concept, the different kinds of waste material are collected, sorted, processed and marketed. Those residues which cannot be recycled are taken to waste incineration plants and converted to fuel which is not harmful to the environment. Priority is given to the prevention of waste production over these recycling measures.

PreussenElektra has also set itself another great challenge: it promotes the development and use of renewable sources of energy. Thus hydropower is now used to almost full capacity. The company is building two wind power stations on the north German coast. This project should help to promote the use of wind energy in research and trials. Wind energy parks with plants whose production capacities range from 20 kilowatt to 1.5 megawatt already exist in the areas served by PreussenElektra. Work is also being done in the field of solar energy and on the development of biogas plants.

2. Kreuzen Sie bitte an, was Ihrer Ansicht nach für die einzelnen Kraftwerktypen zutrifft.

	Umweltfreundlich			Zuverlässige Energieversorgung		
	ja	nein	weiß nicht	ja	nein	weiß nicht
Kernkraftwerk						
Kohlekraftwerk						
Wasserkraftwerk						
Solarkraftwerk						
Windkraftwerk						
Biogasanlagen						
Erdwärmeanlagen						

3. Diskutieren Sie bitte Ihre Ergebnisse in der Gruppe.

Suffixe zur Bildung von Adjektiven

noch nicht *absehbar* sein
die *lückenlose* Erschließung
leistungfähige Kernkraftwerke

Zu den Adjektiven auf *-bar*   siehe Kapitel 4, D2
Zu den Adjektiven auf *-arm, -frei, -los*   siehe Kapitel 5, F2
Zu den Adjektiven auf *-fähig*   siehe Kapitel 5, I5

Es gibt eine Reihe von weiteren Suffixen, die in Wirtschafts- und Pressetexten häufig vorkommen und die nachstehend aufgelistet sind.

-artig *(of a type)*
gleichartig, verschiedenartig, neuartig

-haft *(comprising)*
fehlerhaft, rätselhaft, zweifelhaft

-haltig *(contains ...)*
alkoholhaltig, eisenhaltig, vitaminhaltig

-intensiv *(requires/produces a lot of ...)*
arbeitsintensiv, kostenintensiv, lohnintensiv

-mäßig *(as far as ... is concerned)*
mengenmäßig, planmäßig, regelmäßig

-reich *(rich in ...)*
kalorienreich, vitaminreich, waldreich

-voll *(full of ...)*
geschmackvoll, sinnvoll, wertvoll

-wert *(worth ...)*
preiswert, sehenswert, wissenswert

Schreiben Sie bitte die englischen Entsprechungen neben die folgenden Adjektive. Arbeiten Sie evtl. mit Ihrem Wörterbuch.

derartig _____   einzigartig _____

eigenartig _____

dauerhaft _____   ernsthaft _____

mangelhaft _____   glaubhaft _____

bleihaltig _____   erzhaltig _____

kupferhaltig _____   salzhaltig _____

exportintensiv _____   personalintensiv _____

zeitintensiv _____

serienmäßig _____   vorschriftsmäßig _____

zahlenmäßig _____   zweckmäßig _____

bevölkerungsreich _____   rohstoffreich _____

verkehrsreich _____   wasserreich _____

erwartungsvoll _____   verdienstvoll _____

verständnisvoll _____   vertrauensvoll _____

bemerkenswert _____   beachtenswert _____

nennenswert _____   wünschenswert _____

E1

1. Ergänzen Sie bitte den folgenden Text mit den Wörtern aus dem nachstehenden Schüttelkasten.

Neue unternehmerische Dimensionen

100 Jahre Erfahrung im _____8_____ sind ein Fundament, auf das wir auch bei neuen unternehmerischen Herausforderungen fest bauen können.

5 Mit der Übernahme der MTU Motoren- und Turbinen-Union sowie dem Erwerb von _____ an Dornier und AEG haben wir eine Entwicklung in Richtung auf einen umfassenden _____ internatio-
10 nalen Zuschnitts eingeleitet. Neben dem Schwerpunkt Automobil wird er seine Stärken in der Luft- und Raumfahrt sowie in wichtigen Anwendungsbereichen der Elektronik, besonders der Informations-, Kom-
15 munikations- und Automatisierungstechnik, haben.

Das eröffnet uns neue _____ im Bereich der Hochtechnologie und ermöglicht uns den _____ zu besonders wachs-
20 tumsträchtigen Märkten.
Gerade in der intelligenten Verbindung verschiedener Technologien sehen wir große Chancen für technischen _____ , Wachstum und damit auch für neue
25 _____ .
Wir sind überzeugt, daß wir auf diesem Weg unsere Position auf den Weltmärkten weiter ausbauen und den jetzt begonnenen Abschnitt in unserer _____ mit Er-
30 folg fortführen können.

DAIMLER BENZ

---

1 Tätigkeitsfelder   **2** Arbeitsplätze   **3** Technologiekonzern

4 Mehrheitsbeteiligungen

6 Unternehmensgeschichte   **7** Fortschritt

5 Zugang   **8** Automobilbau

GLOSSAR

das Tätigkeitsfeld	area of activity	der Zuschnitt	calibre
die Mehrheitsbeteiligung	majority shareholding	die Luft- und Raumfahrt-industrie	the aerospace industry
die Herausforderung	challenge		
die Übernahme	takeover	ein wachstumsträchtiger	a market with a growth
der Erwerb	acquisition	Markt	potential

---

2. Geben Sie bitte den Inhalt des Textes kurz auf englisch wieder.

100 Jahre Automobil (nach Darwin)

Ordnen Sie bitte die folgenden Textteile so, daß sich ein zusammenhängender Text ergibt. Tragen Sie jeweils die entsprechenden Buchstaben in die nachstehenden Kästchen ein.

Ⓐ Können und Wissen sind mindestens ebenso wichtige Voraussetzungen, um den technologischen Vorsprung beizubehalten.

Ⓖ Wir haben deshalb fast 4 % mehr Mitarbeiter eingestellt und neue Ausbildungsplätze geschaffen.

Ⓑ Damit das in Zukunft so bleibt und BMW noch erfolgreicher wird, bedarf es schneller und zukunftsorientierter Investitionen. Denn nur so kann man den immer kürzer werdenden Technologie-Zyklen gerecht werden.

Ⓗ Die Pkw-Produktion nahm um 3 % zu. Die Motorrad-Produktion ist um 9 % gestiegen. Das Umsatzplus beträgt rund 10 %.

Ⓒ Mit diesen Maßnahmen und einer kontinuierlichen Unternehmenspolitik sind wir für die Zukunft bestens gerüstet.

Ⓘ Das vergangene Jahr war rundherum ein voller Erfolg.

Ⓓ Und dieser Erfolg basiert auf weitsichtiger Unternehmenspolitik.

Ⓙ BMW ist damit in der Lage, jedes Jahr die Neuerungen und Entwicklungen zu bringen, die notwendig sind, um dem Automobilmarkt die nötigen innovativen Impulse zu geben und somit unseren Erfolg weltweit zu sichern und weiter auszubauen.

Ⓔ Diese Jahresbilanz dokumentiert erneut eindrucksvoll die Leistungsfähigkeit von BMW.

Ⓚ Deshalb haben wir unsere Investitionen in Sachanlagen im vergangenen Jahr um 60 % gesteigert.

Ⓕ Aber mit Investitionen in Sachanlagen allein ist es nicht getan.

BMW AG

1	2	3	4	5	6	7	8	9	10	11
I			D	B					C	

E3 **Lesen Sie bitte den Text und beantworten Sie die nachstehenden Fragen.**

Stahlkrise

Seit Mitte der 70er Jahre übersteigen die weltweiten Kapazitäten zur Stahlproduktion die Nachfrage. Als Hauptproblem
5 beim Abbau von Kapazitäten gilt, daß hochspezialisierte Arbeiter in einer Branche ihre Arbeit verlieren, die in den meisten Staaten sehr viele Menschen beschäftigt (→ Arbeitslosigkeit). Viele Länder ver-
10 suchen daher, die Schließung von Werken und Massenentlassungen durch → Subventionen zu verhindern. Ein Anstieg der Welt-Nachfrage 1988, der zur bis dahin höchsten Stahlproduktion von 780 Mio. t
15 führte (1987: 736 Mio. t), wurde als vorübergehender konjunktureller Boom angesehen.

Stahl-Nachfrage: Die folgenden Entwicklungen wurden Ende der 80er Jahre als
20 Hauptursachen für die Lage auf dem Stahl-Markt angesehen:
  ▷ Ein großer Teil der Stahl-Nachfrage 1988 wird auf die Aufstockung von Lagern zurückgeführt; der Vorratsaufbau
25   wird 1989/90 voraussichtlich zum Ende kommen
  ▷ Eine gute → Konjunktur-Entwicklung führte in einigen Branchen (z. B. → Auto, Bauwirtschaft) zu einer höheren
30   Nachfrage nach Stahl; für 1989/90 wurde mit einem Rückgang der Hochkonjunktur gerechnet (→ Weltwirtschaft)
  ▷ Die Nachfrage nach Stahl stieg insbes. in den → Schwellenländern des südost-
35   asiatischen Raums; diese Länder sind

im Begriff, eine eigene Stahlindustrie aufzubauen
  ▷ Ein langfristiger Rückgang der Nachfrage nach Stahl wird davon erwartet,
40   daß neue → Werkstoffe und neue Fertigungsverfahren in der Industrie den Stahl verdrängen.
Angesichts dieses → Strukturwandels erschien es Ende der 80er Jahre sinnvoll, daß
45 die weltweite Stahlproduktion langfristig aus den traditionellen Herstellerländern (EG, USA, Japan) in die sog. Entwicklungsländer (→ Dritte Welt) verlagert wird, die kostengünstiger produzieren können,
50 und daß sich die Industriestaaten auf Erzeugnisse der → Hochtechnologie spezialisieren. Ein Abbau von Kapazitäten ist langfristig unerläßlich, wenn keine → Rohstoffe verschwendet und Arbeitskräfte un-
55 zweckmäßig eingesetzt werden sollen.

Situation in der BRD: Die Stahlproduktion stieg in der BRD 1988 gegenüber dem Vorjahr um 13,2% auf 41 Mio. t. Bis 1990 wird mit einem Rückgang auf rd. 38 Mio. t ge-
60 rechnet. Bis Ende 1990 sollen ca. 20 000 der rd. 180 000 Arbeitsplätze in der bundesdeutschen Stahlindustrie (Stand: Mitte 1989) abgebaut werden.

Saarstahl: Im April 1989 wurde im Saar-
65 land der Vertrag über eine → Unternehmensfusion zwischen der Saarstahl Völklingen und der Dillinger Hütte unterzeichnet. Die Zusammenlegung soll die Rentabilität und langfristige Wettbewerbsfähigkeit
70 der Saarhütten sicherstellen.

Aktuell '90

1. Welche Gründe lassen sich für das Entstehen der Stahlkrise seit Beginn der 70er Jahre anführen?

_____

_____

_____

_____

2. Mit welchen Maßnahmen versucht man, der Stahlkrise entgegenzuwirken?

_____

_____

_____

_____

E4 **Die Länder der ehemaligen Bundesrepublik:**

Baden-Württemberg	Niedersachsen	mit Sonderstatus: Berlin (West)
Bayern	Nordrhein-Westfalen	
Bremen	Rheinland-Pfalz	
Hamburg	Saarland	
Hessen	Schleswig-Holstein	

1. Von welchen Bundesländern sind Saarbrücken, München, Wiesbaden, Kiel, Düsseldorf, Hannover, Mainz und Stuttgart die Hauptstädte?

2. Ergänzen Sie bitte.

die Landesregierung in Saarbrücken   *die saarländische Landesregierung*

die Landesregierung in München   _____

die Landesregierung in Wiesbaden   _____

die Landesregierung in Kiel   _____

die Landesregierung in Düsseldorf   _____

die Landesregierung in Hannover   _____

die Landesregierung in Mainz   _____

die Landesregierung in Stuttgart   _____

der Senat in Hamburg   *der Hamburger Senat*

der Senat in Bremen   _____

der Senat in Berlin   _____

3. Tragen Sie bitte die Ländernamen der ehemaligen DDR in die Karte ein.

Thüringen   Sachsen

Mecklenburg-Vorpommern

Sachsen-Anhalt

Brandenburg

Die Länder der DDR

E5 Was ist richtig? Ergänzen Sie bitte.

steigen oder steigern?

a) Die Produktion konnte um 10 % _____ werden.

b) Der Absatz ist nicht mehr zu _____ .

c) Der Absatz sollte weiter _____ .

d) Es wurden Maßnahmen getroffen, um die Rentabilität zu _____ .

e) Durch diese Maßnahmen ist die Rentabilität _____ worden.

f) Durch diese Maßnahmen ist die Rentabilität _____ .

g) Eigentlich hätte der Umsatz _____ müssen.

h) Die Produktivität läßt sich nicht mehr _____ .

Ersetzen Sie steigen durch zunehmen.

sinken oder senken?

a) Mit diesem Verfahren können die Kosten _____ werden.

b) Es ist nicht sicher, ob sich diese Kosten weiter _____ lassen.

c) Die Preise sind _____ .

d) Die Einzelhändler waren nicht bereit, ihre Preise zu _____ .

e) Eigentlich hätte die Zahl der Arbeitslosen _____ müssen.

f) Die Steuersätze sind _____ worden.

g) Die Verwaltungsausgaben sind nicht weiter zu _____ .

h) Die Telefongebühren wurden _____ .

F1 1. Ergänzen Sie bitte das Schaubild mit den nachstehenden Begriffen.

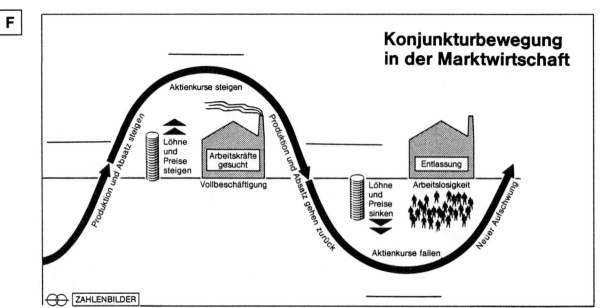

F

Konjunkturbewegung in der Marktwirtschaft

Aktienkurse steigen

Produktion und Absatz steigen

Löhne und Preise steigen

Arbeitskräfte gesucht

Vollbeschäftigung

Produktion und Absatz gehen zurück

Löhne und Preise sinken

Entlassung

Arbeitslosigkeit

Aktienkurse fallen

Neuer Aufschwung

ZAHLENBILDER

200 350

Hochkonjunktur   Depression   Rezession   Aufschwung

2. Ihr Lehrer zeigt Ihnen anschließend das komplette Schaubild.

3. Beschreiben Sie bitte mit den Informationen aus dem Schaubild die Konjunkturbewegung in der Marktwirtschaft.

1. Lesen Sie bitte den Text und beantworten Sie die folgenden Fragen: **F2**

    a) Wer soll an den acht Samstagen vor dem 7. Juli arbeiten?
    b) Wer soll in der Zeit vom 7.–25. Juli arbeiten?
    c) Welche Konsequenzen hat die Arbeit an den acht Samstagen vor dem 7. Juli für die Zeit nach dem 25. Juli?

2. Finden Sie bitte eine Überschrift für diesen Text.

Vorstand und Gesamtbetriebsrat der Volkswagen AG, Wolfsburg, haben über Maßnahmen zur Produktionssteigerung verhandelt und dabei folgendes Verhandlungsergebnis erreicht: Bis zum Werksurlaub (7. bis 25. Juli) soll im Werk Wolfsburg an acht Samstagen gearbeitet werden. Als weitere Maßnahmen zur Produktionssteigerung sei geplant, auch im Werksurlaub zu arbeiten. Hierzu sollen Mitarbeiter auf freiwilliger Basis und möglichst viele Studenten, insgesamt 7000 Arbeitskräfte, eingesetzt werden. Diese Maßnahmen seien erforderlich geworden, weil die anhaltend gute Nachfrage und ein relativ hoher Auftragsbestand dazu geführt hätten, daß die vorhandenen Produktionsmöglichkeiten nicht ausreichen, um Lieferengpässe zu beseitigen und Lieferfristen zu verkürzen. Die Samstagarbeit wird nach dem Werksurlaub durch bezahlte Freizeit abgegolten, wodurch es zu erhöhter Abwesenheit kommt. Es soll deshalb nach einer Absatzuntersuchung entschieden werden, ob weitere Neueinstellungen nötig sind.

Süddeutsche Zeitung

GLOSSAR
---

der Vorstand	board (of directors)
der Gesamtbetriebsrat	central works council (represents the economic and social needs of employees)
der Werksurlaub	period when factory closes for annual holidays
der Auftragsbestand	number of orders
der Lieferengpaß	delay in fulfilling orders
abgelten	to compensate for
die Absatzuntersuchung	sales survey
die Neueinstellung	creation of new jobs

F3 **Lesen Sie bitte den Text und schreiben Sie zu den nachstehenden englischen Begriffen die deutschen Entsprechungen.**

Maschinenbau-Verband rechnet mit 20 000 Neueinstellungen

Die seit Monaten rückläufigen Auftragseingänge schrecken die bundesdeutschen Maschinen- und Anlagenbauer nicht. Die längerfristigen Perspektiven beurteilt der
5 Präsident des Branchenverbandes VDMA, Otto Schiele, mit Zuversicht. Diese stützt sich vor allem auf den Umstand, daß die Investitionsgüternachfrage im Inland weiterhin auf vollen Touren läuft und die Un-
10 ternehmen in den vorangegangenen Jahren ihre Auftragsbücher kräftig gefüllt haben, so daß jetzt entsprechende Reserven vorhanden sind.

Die Experten des VDMA gehen deshalb
15 davon aus, daß im kommenden Jahr die Produktion, die heuer zumindest um sechs Prozent steigt, nochmals um rund drei Pro-

zent ausgeweitet werden kann. Gestützt auf diese Zahlen, rechnet der Verband mit
20 20 000 Neueinstellungen. In diesem Jahr warben die Maschinenbauer zusätzlich 51 000 Arbeitskräfte an. Laut Schiele hätte diese Zahl sogar noch höher ausfallen können, doch habe ein „akuter Facharbeiter-
25 mangel", der in immer mehr Zweigen und Regionen spürbar sei, dem entgegengestanden. Die Arbeitslosenquote seiner Sparte gibt Schiele mit 1,2 Prozent an. Vor diesem Hintergrund einer erreichten Vollbeschäfti-
30 gung „besteht kein Platz für weitere Arbeitszeitverkürzungen", meint der VDMA-Präsident.

Frankfurter Rundschau

---

mechanical engineer _____

to recruit workers _____

a drop in orders _____

order books _____

this year 1. _____

 2. _____

an acute shortage _____

confidence _____

branch 1. _____

 2. _____

 3. _____

to be in full swing _____

a skilled worker _____

to be based on a fact _____

Ordnen Sie bitte die Verben aus dem nachstehenden Schüttelkasten der passenden Rubrik zu und geben Sie die englischen Entsprechungen an. Arbeiten Sie evtl. mit dem Wörterbuch.

Der Auftraggeber kann einen Auftrag		Der Auftragnehmer kann einen Auftrag	
		erhalten	*to receive*

erhalten   widerrufen   ablehnen   erteilen   abwickeln   vergeben

ausführen   erledigen   entgegennehmen   stornieren   bearbeiten

Arbeitslosigkeit, der Mangel an Arbeitsgelegenheit zu angemessenem Entgelt für Arbeitsfähige und Arbeitswillige. Man unterscheidet: a) die mit dem Wechsel des Arbeitsplatzes verbundene normale und vorübergehende *friktionelle A.;* b) die *saisonale A.* als Folge der Saisonabhängigkeit bestimmter Berufe (Landwirtschaft, Baugewerbe u. ä.; c) die *konjunkturelle A.,* die durch die Konjunkturbewegungen hervorgerufen wird; d) die *strukturelle A.,* die auf tiefgreifende Veränderungen in Bevölkerungszahl oder Gebietsstand (z. B. das ehemalige Zonenrandgebiet), Verlagerungen der Nachfrage, Umgestaltung des Produktionsapparates durch technischen Fortschritt *(technologische A.),* Errichtung von Handelsschranken u. ä. zurückgeht. – Unter *versteckter A.,* statistisch nicht erfaßt, versteht man u. a., wenn Arbeitskräfte aus dem Arbeitsleben scheiden, ohne sich arbeitslos zu melden (bei gesichertem Lebensunterhalt) oder wenn teilzeitbeschäftigte Arbeitskräfte lieber ganztägig beschäftigt wären.

Obwohl A. auch in früheren Zeiten, z. B. der Antike, vorkam, ist sie erst seit der Industrialisierung in den kapitalist. Volkswirtschaften zum Problem geworden. Die Weltwirtschaftskrise 1929–33 brachte das Phänomen der *Massen-A.* (6,1 Mio. Arbeitslose im Dt. Reich, 15,5 Mio. in den USA) und zeigte die Gefahr der polit. Radikalisierung der Arbeitslosen.

dtv-Brockhaus

1. **Geben Sie bitte Beispiele für friktionelle, saisonale, konjunkturelle, strukturelle und versteckte Arbeitslosigkeit.**

2. **Welche Art von Arbeitslosigkeit kommt im Schaubild in F1 vor?**

3. **Dies ist eine Definition aus einem allgemeinen Lexikon. Schauen Sie jetzt in einem englischen Fachlexikon nach, was dort unter *unemployment* steht. Vergleichen Sie bitte die beiden Definitionen. Worin stimmen sie überein, wodurch unterscheiden sie sich?**

G1

Wertschöpfung je Arbeitsstunde; Index Bundesrepublik =100	Arbeitskosten (Stundenlöhne und Nebenkosten) in Mark (Mitte 1987)		Durchschnittliche jährliche Sollarbeitszeit eines Industriearbeiters 1987
100	33,03	Schweiz	1913
100	32,67	Bundesrepublik	1716
76	27,61	Schweden	1800
85	27,56	Niederlande	1748
80	26,26	Belgien	1756
83	25,12	Japan	2138*
90	24,57	USA	1912
70	24,27	Italien	1800
75	22,41	Frankreich	1771
54	17,68	Großbritannien	1778

SEHR WIRKUNGSVOLL

DER SPIEGEL

Quelle: IW

Quelle: BDA

*tatsächliche Arbeitszeit

Der Spiegel

1. **Sehen Sie sich bitte diese etwas komplizierte Graphik an. Versuchen Sie als erstes zu verstehen, was mit „Wertschöpfung je Arbeitsstunde", „Arbeitskosten" und „durchschnittliche Sollarbeitszeit" gemeint ist. Verwenden Sie dazu ein Wörterbuch und deutsche und/oder englische Fachlexika.**

2. **Beschreiben Sie die beiden Tabellen. Was sagt jede für sich aus?**

3. **Diskutieren Sie nun bitte die beiden Tabellen im Vergleich. Was wird aus dieser Gegenüberstellung ersichtlich?**

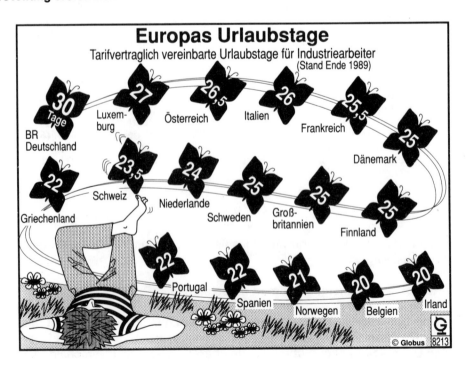

Europas Urlaubstage
Tarifvertraglich vereinbarte Urlaubstage für Industriearbeiter
(Stand Ende 1989)

© Globus 8213

4. Sehen Sie sich jetzt bitte die einfachere Graphik „Europas Urlaubstage" an. Aus ihr könnte man leicht Schlüsse ziehen wie „Die Deutschen machen zuviel Urlaub und sind deshalb auf dem Weltmarkt nicht konkurrenzfähig". Diskutieren Sie diesen Schluß auf der Grundlage Ihrer Überlegungen aus 1, 2 und 3.

5. Schreiben Sie bitte einen kurzen Aufsatz zum Thema „Welche Rolle spielt der Urlaub für die Wirtschaft eines Landes", der die Ergebnisse Ihrer Diskussionen aufnimmt. Versuchen Sie, dazu neuere Statistiken heranzuziehen und andere Faktoren ins Spiel zu bringen.

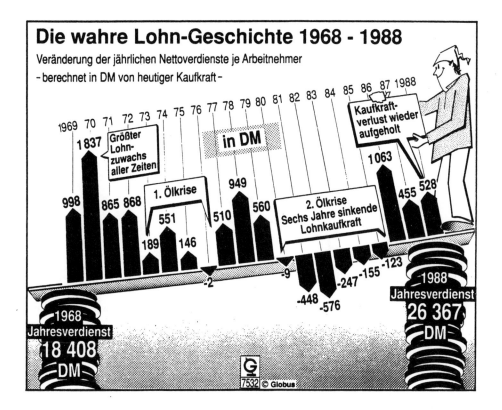

Die wahre Lohn-Geschichte 1968 - 1988

1. **Was wird hier verglichen:**

   a) der Nettoverdienst der deutschen Arbeitnehmer in den Jahren 1968–1988,
   b) der Bruttoverdienst der deutschen Arbeitnehmer in den Jahren 1968–1988,
   c) der Nettoverdienst der deutschen Arbeitnehmer in den Jahren 1968–1988, umgerechnet auf die aktuelle Kaufkraft der DM?

2. Im Schaubild wird nahegelegt, die wahre Geschichte der Löhne der Arbeitnehmer sei hinter zwei Schleiern verborgen.
   Was sind diese beiden Schleier?

3. **Beschreiben Sie bitte die Veränderungen, die 1969/70, 1972/73, 1979/80 und 1985/86 stattfanden.**

4. **Was halten Sie von einer solchen Tabelle (von ihrem Inhalt, von ihrer Komplexität)?**

G3

"OH! THAT EXPLAINS THE DIFFERENCE IN OUR PAY"

Der große Unterschied

Rang	Land	Frauenlöhne in Prozent der Männerlöhne in der Industrie
1	Schweden	90
2	Dänemark	86
3	Norwegen	84
4	Italien	84
5	Frankreich	81
6	Niederlande	74
7	Belgien	74
8	BR Deutschland	73
9	Schweiz	71
10	Großbritannien	70

Globus 7385

Länder im Vergleich

In den _____ Ländern wird der im Prinzip in ganz Europa anerkannte Grundsatz „gleicher Lohn für gleiche Arbeit" offenbar am ernstesten genommen. Daß Frauen in der Industrie im Durchschnitt mehr verdienen als Männer – so weit ist es zwar auch dort noch nicht. Immerhin aber ist die Lohndifferenz in _____ inzwischen auf zehn Prozent reduziert. Davon können _____ Industriearbeiterinnen nur träumen. Sie verdienen im Schnitt dreißig Prozentpunkte weniger als ihre männlichen Kollegen. Deutliche Lohnunterschiede gibt es aber auch noch immer in der _____. Arbeitnehmerinnen verdienen im Durchschnitt gesehen nur 73 Prozent dessen, was Arbeitnehmer ausgezahlt bekommen.

Süddeutsche Zeitung

1. **Ergänzen Sie bitte die Lücken im Text anhand der Informationen in der Tabelle.**

2. **Warum wird, Ihrer Meinung nach, dieser „im Prinzip in ganz Europa anerkannte Grundsatz" in den wenigsten Ländern in die Praxis umgesetzt? Verfassen Sie Ihre Meinung schriftlich oder diskutieren Sie darüber in der Gruppe.**

1. Das Schaubild zeigt, nach Ländern geordnet, wieviel ein Industriearbeiter (verheiratet mit zwei Kindern) durchschnittlich in einem Jahr verdient. Die Zahlen sind in DM angegeben. Es fehlen einige Länder in der Statistik; ihre Namen befinden sich unten im Kasten.
Ordnen Sie sie dem Schaubild bitte zu.

G4

F

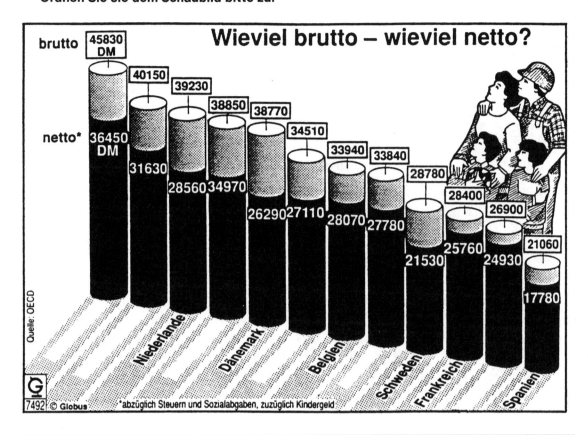

Wieviel brutto – wieviel netto?

brutto

45830 DM

netto* 36450 DM

40150
39230
38850
38770
34510
33940
33840
28780
28400
26900
21060

31630
28560
34970
26290
27110
28070
27780
21530
25760
24930
17780

Niederlande
Dänemark
Belgien
Schweden
Frankreich
Spanien

Quelle: OECD

7492 © Globus   *abzüglich Steuern und Sozialabgaben, zuzüglich Kindergeld

Großbritannien

Österreich

BR Deutschland

Italien

Schweiz

USA

2. Schauen Sie sich nun bitte die Lösung auf der Folie an.

H1 1. Schreiben Sie bitte neben die Erklärungen der einzelnen Unternehmungsformen die entsprechende Bezeichnung – auf deutsch und auf englisch – aus den nachstehenden Schüttelkästen.

Die Gesellschafter (Aktionäre) sind durch Anteile (Aktien) am Kapital beteiligt und haften nur mit ihrer Kapitaleinlage. Die Geschäfte werden von einem „Vorstand" geführt, d. h. von Managern, die nicht unbedingt finanziell am Unternehmen beteiligt sein müssen.

die Aktiengesellschaft (AG)

joint stock company

Die Gesellschafter erwerben Geschäftsanteile und haften nur mit ihrer Kapitaleinlage. Die „Geschäftsführer" sind im allgemeinen selbst Gesellschafter.

_____

_____

Es gibt einen alleinigen Eigentümer, der das Unternehmen selbst führt und unbeschränkt mit seinem Geschäfts- und Privatvermögen haftet.

_____

_____

Es handelt sich um einen Zusammenschluß von Personen mit gemeinsamen wirtschaftlichen Zielen, die sich auf diese Weise gewisse Vorteile eines Großbetriebs verschaffen (z. B. beim Einkauf oder beim Absatz).

_____

_____

Alle Gesellschafter haben die gleichen Rechte und Pflichten und haften für die Schulden unbeschränkt mit ihrem Geschäfts- und Privatvermögen.

_____

_____

Es gibt zwei Arten von Gesellschaftern: die Komplementäre, die voll haften, und die Kommanditisten, die nur mit ihrer Kapitaleinlage haften und nicht an der Geschäftsführung beteiligt sind.

_____

_____

Es handelt sich um eine Kommanditgesellschaft, bei der die Kommanditisten Aktionäre sind.

_____

_____

Kommanditgesellschaft auf Aktien (KGaA)   Kommanditgesellschaft (KG)   Genossenschaft (eG)

Aktiengesellschaft (AG)   Einzelunternehmen

Offene Handelsgesellschaft (OHG)   Gesellschaft mit beschränkter Haftung (GmbH,

---

general partnership   partnership limited by shares   co-operative   joint stock company

one-man business   limited partnership   private limited company

2. Vervollständigen Sie bitte das Schema.

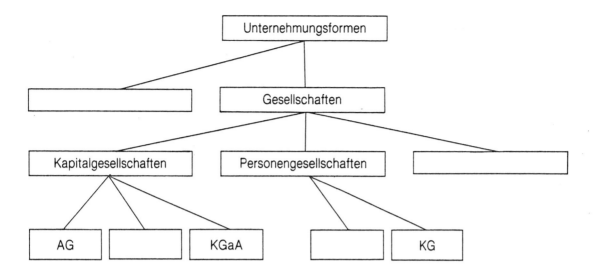

1. Erklären Sie bitte die folgenden Begriffe. Verwenden Sie ein Wörterbuch und ein Lexikon. **H2**

a) Mitbestimmungsrecht
b) Montanindustrie
c) Aufsichtsrat
d) Betriebsrat
e) Hauptversammlung
f) Leitende Angestellte
g) Belegschaft

2. Beschreiben Sie bitte das Schaubild.

3. Vergleichen Sie bitte das deutsche Mitbestimmungsrecht mit der Situation in Ihrem Land und/oder in anderen Ländern, die Sie kennen.

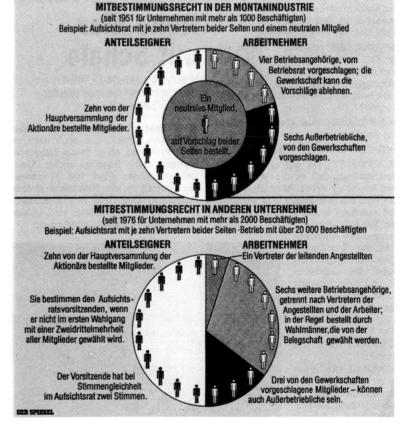

H3

1. Lesen Sie bitte zuerst die folgenden Worterklärungen und dann einmal den ganzen Text auf der nächsten Seite. Schreiben Sie in wenigen Sätzen auf englisch auf, wovon dieser Text handelt.

tollpatschig	awkward, clumsy
jähzornig	irascible
das HB-Männchen	cartoon figure used in cigarette advertising
das Sammelsurium	conglomeration, here: group
ausschlachten	to exploit
die Sippe	family, clan
ertragsschwach	yielding a low profit
das Stammwerk	headquarters
DGB	Deutscher Gewerkschaftsbund Confederation of German Trade Unions
eine Erklärung verabschieden	to agree upon and issue a statement
der Einheitsbrei	mishmash compromise
überbetrieblich	involving all the works within a group
der Knackpunkt	crucial point
aussparen	to omit
das Personalvertretungsorgan	workers' representative body
der Tarifvertrag	collective (bargaining) agreement – agreement between trade unions and employers' associations or individual employers principally concerned with wages and working conditions
die Pflöcke einschlagen	to mark out a boundary
der Anteilseigner	shareholder, unit holder
die Fusion	amalgamation, merger
das Kartellrecht	cartel law
eine Botschaft vernehmen	to get the message
gönnerhaft	patronising
Bekenntnis ablegen	to profess belief in
zum Nulltarif	for free
die Kungelei	fixing
EGB	Europäischer Gewerkschaftsbund European trade union association
rügen	to criticise
der Ableger	branch, subsidiary
festklopfen	to battle out
die Ohnmacht	powerlessness
der Ausschuß	the committee
gesetzlich verbrieft	legally endorsed
aufgerufen sein	to be called upon

2. Lesen Sie bitte den Text noch einmal (oder auch teilweise mehrmals). Fassen Sie ihn dann auf englisch zusammen. Die Zusammenfassung kann kurz sein; sie soll aber alle wichtigen Informationen enthalten und den Aufbau des Artikels zeigen.

Bleiben Mitbestimmungsrechte in Europa nach 1992 auf der Strecke?

Das tollpatschig-jähzornige „HB-Männchen", in den siebziger Jahren beliebter Werbeträger für die Zigaretten, die der britische BAT-Konzern in 160 Ländern verkauft, würde jetzt erst recht an
5 die Decke gehen: Sir James Goldsmith will das Firmensammelsurium für umgerechnet gut 40 Milliarden Mark kaufen, um es anschließend auszuschlachten und zu zerlegen. Ein Wirtschaftsmagazin bezeichnete diesen Sir James
10 jüngst als „Spieler". Aber natürlich denkt Goldsmith nicht daran, Vertreter der mehr als 300 000 Beschäftigten an den Spieltisch zu bitten, wenn dort „zerlegt und ausgeschlachtet" wird.
„Altes Spiel - neues Glück" mag sich auch die
15 Schweizer Industriellensippe Schmidheiny gedacht haben, als sie den ertragsschwachen Optik-Konzern Wild Leitz mit dem kerngesunden Konkurrenten Cambridge Instrument Company verschmolz. Ausgerechnet eine Zeitungsmeldung
20 schreckte dann doch den Betriebsrat des Stammwerkes in Wetzlar auf. Im April wurde ihm mitgeteilt, über den Firmenstrukturplan „Profil '90" sei nicht entschieden. Noch Ende Juni des Jahres wurde „rechtzeitige Information" zugesagt;
25 kaum drei Wochen später existierte dann die Leica AG in London - einige hundert Arbeitsplätze werden wohl allein in Wetzlar diesem „Profil" geopfert.
Szenenwechsel. Der DGB und sein Vorsitzender
30 Ernst Breit verabschiedeten mit Klaus Murmann, Präsident der Bundesvereinigung der Deutschen Arbeitgeberverbände (BDA), am 30. Juli in Düsseldorf eine gemeinsame Erklärung zum Binnenmarkt '92. Bekenntnisse zur „sozialen Di-
35 mension" und zu Arbeitnehmerrechten wurden abgelegt, ein „sozialer europäischer Einheitsbrei" abgelehnt und die Segnungen der „deutschen Mitbestimmung" beschworen, wobei der DGB-Vorsitzende Ernst Breit eingestehen muß-
40 te, der Drang europäischer Gewerkschaften nach gesetzlich geregelter überbetrieblicher Mitbestimmung sei „nicht sonderlich groß".
Der FDP-Vorsitzende Lambsdorff störte diese feierliche Gemeinsamkeit mit dem berechtigten
45 Hinweis, der „Knackpunkt", die Mitbestimmungsverfassung einer Europäischen Aktiengesellschaft (EAG), sei ausgespart worden. Dieses Problem sollte Martin Bangemann, dafür zuständiger Vize-Präsident der EG-Kommission,
50 bis zur Sommerpause lösen.
Nach zaghaften Versuchen bietet Brüssel aber statt eines scharfen Mitbestimmungsprofils die Wahl zwischen drei „Modellen" an. Neben der gesetzlich geregelten überbetrieblichen Mitbe-
55 stimmung, wie hierzulande, und der Einrichtung besonderer Personalvertretungsorgane soll auch die bloße tarifvertragliche Lösung, wie etwa in Großbritannien, akzeptiert werden. Jedes EG-Land darf also für eine EAG mit Sitz auf ihrem
60 Territorium die Mitbestimmungsform wählen.

Bereits vor Monaten hatten die Spitzenverbände der deutschen Wirtschaft die Pflöcke für „ihre" Euro-AG eingeschlagen: Letztentscheidung der Anteilseigner, Verzicht auf die Festschreibung
65 betrieblicher Mitbestimmung sowie Klärung steuer-, fusions- und kartellrechtlicher Probleme. Die Kommission vernahm die Botschaft, verkündete am 13. Juli lediglich eine „Mindestregelung der Arbeitnehmerrechte" und klammerte
70 damit die Forderung „Europäischer Betriebsräte in transnationalen Unternehmen" einfach aus.
Die britische Regierung hat mit dem „Modell Deutschland" der Mitbestimmungsregelung überhaupt nichts im Sinn. Denn auf gesetzliche
75 Regelungen, so wird festgestellt, könne man wohl verzichten, wenn sich tarifvertragliche Lösungen mit (schwachen) Arbeitnehmerorganisationen anböten. Die eigenwilligen Gewerkschaften in Italien, Spanien und Portugal sind eben-
80 sowenig an der bundesdeutsch-sozialpartnerschaftlichen „Kungelei" interessiert wie etwa die kommunistischen Kollegen in Frankreich. Und außerdem winkt der Artikel 235 der Römischen Verträge, der für die Schaffung dieser EAG Ein-
85 stimmigkeit der EG-Partner vorsieht.
Unter der Überschrift „Multis handeln, wir diskutieren" kritisiert jüngst Heinrich Hiltl, Konzernbetriebsratsvorsitzender bei Unilever, den DGB und auch den EGB, rügte müde Sozialpro-
90 gramme und eine Forumsdiskussion mit 500 Betriebsräten in Köln - „ohne jede Rezeptur".
Außerdem merkt der Praktiker an, fast gleichzeitig hätten sich 100 Unilever-Manager in London versammelt, um, auch für die bundesdeutschen
95 Ableger Iglo und Langnese, Produktionsstandorte und angepaßte Unternehmensorganisationen „festzuklopfen". Die Ohnmacht nationaler Arbeitnehmervertreter gebiete es endlich, das Angebot aus Artikel 116 (b) der „Einheitlichen
100 Europäischen Akte" anzunehmen und den „sozialen Dialog" auf freiwilliger Basis mit den Unternehmensführungen zu suchen. Mit „praxisnahen Lösungen" und „persönlichen Kontakten", schreibt Hiltl, sei ein „Europäischer Konzern-
105 ausschuß" eher zu bilden als durch „mühsam verfertigte Grundsatzprogramme des EGB".
Gegenwärtig klingen die Forderungen nach klar bestimmten Unterrichtungs- und Anhörungsrechten an den europäischen Gesetzgeber hohl.
110 Die Arbeitnehmervertretungen sind aufgerufen, die Dynamik des „sozialen Dialogs" zu beschleunigen und jene grenzüberschreitenden Informations- und Beratungsrechte im Binnenmarkt '92 in einer „neuen Beweglichkeit" zu si-
115 chern, wie sie mit dem Entwurf der „Vredeling-Richtlinie" vor fast einem Jahrzehnt von der Kommission wenigstens angestrebt wurden.

HEINRICH HENKEL   Frankfurter Rundschau

1. Was könnte in der Sprechblase stehen?

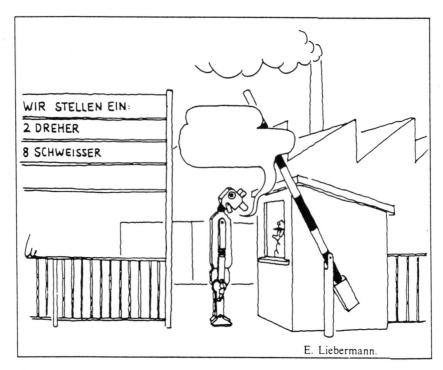

2. Ihr Lehrer zeigt Ihnen anschließend den Originalcartoon.

3. **Welche Auswirkungen hat Ihrer Ansicht nach der in diesem Cartoon angesprochene Sachverhalt – längerfristig gesehen – auf den Arbeitsmarkt?**

I 2

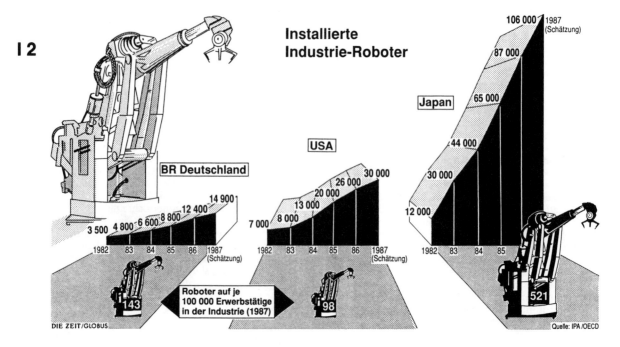

1. Beschreiben Sie bitte das Schaubild. Die Fragen und Anweisungen auf der linken Seite sollen Ihnen dabei helfen; auf der rechten Seite soll ein richtiger Text entstehen.

1. Beginnen Sie mit dem Anstieg der Zahl der Roboter in Japan.

2. Vergleichen Sie Japan 1982 und 1987.

3. Vergleichen Sie Japan und die USA im Jahre 1987.

4. Vergleichen Sie Japan und die BR Deutschland im Jahre 1987.

5. Vergleichen Sie nun die USA und die BR Deutschland. Wie sieht das Verhältnis aus
   a) absolut
   b) umgerechnet auf die Zahl der Erwerbstätigen?

6. Wo steht Japan, wenn man die Zahl der Roboter auf die Erwerbstätigen bezieht?

2. Sehen Sie sich nun das Schaubild aus dem Jahre 1990 an. Beschreiben Sie gemeinsam die wichtigsten Entwicklungen des Robotereinsatzes in der Industrie seit Mitte der 80er Jahre.

Roboter im Einsatz
Installierte Industrie-Roboter Anfang 1990
Japan 180 000
USA 42 000
BR Deutschland 22 400
Italien 9 800
Frankreich 9 500
Groß-britannien 6 000
Schweden 3 800
Spanien 2000
DDR 2000
Belgien 1800
Australien 1500
Niederlande 1200
Schweiz 1100
Taiwan 800
Finnland 700
Österreich 600
Quelle: IPA
© Globus 8426

I 3 Schreiben Sie bitte einen kurzen Aufsatz.
Thema: Rationalisierung.

1. Finden Sie Beispiele für Rationalisierung!

2. Welche Konsequenzen hat die Rationalisierung

   a) für die Produktivität
   b) für das Arbeitsplatzangebot
   c) für die Konkurrenzfähigkeit der Firma
   d) für die Gesellschaft
   e) für den Fortschritt?

3. Gibt es moralische Argumente für/gegen Rationalisierung? Was ist Ihre Meinung?

Vergessen Sie nicht, in Ihrem Aufsatz die Wörter zu verwenden, die die Sätze zu einem Text verbinden (Satzverknüpfer), z. B.: aber, dann, davor, dennoch, deshalb, seitdem, so, trotzdem ...

Berücksichtigen Sie bitte auch diese beiden Schaubilder.

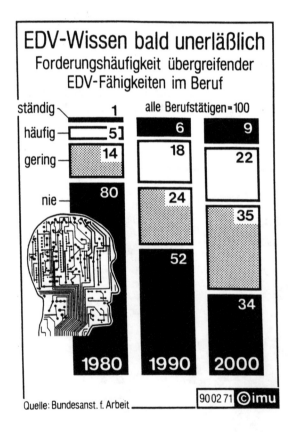

EDV-Wissen bald unerläßlich
Forderungshäufigkeit übergreifender EDV-Fähigkeiten im Beruf

alle Berufstätigen = 100

	1980	1990	2000
ständig	1	6	9
häufig	5	18	22
gering	14	24	35
nie	80	52	34

Quelle: Bundesanst. f. Arbeit

90 02 71 ©imu

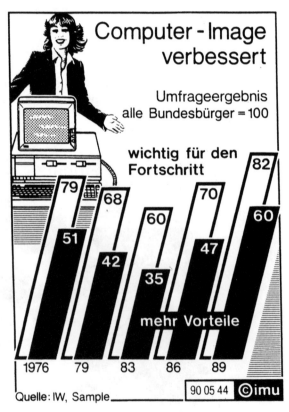

Computer - Image verbessert

Umfrageergebnis
alle Bundesbürger = 100

wichtig für den Fortschritt

1976: 79, 51
79: 68, 42
83: 60, 35
86: 70, 47
89: 82, 60

mehr Vorteile

Quelle: IW, Sample

90 05 44 ©imu

Factoring, leasing, franchising und *joint ventures* werden auch im Deutschen auf englisch benannt.

Ordnen Sie bitte den Begriffen die deutschen und englischen Definitionen zu.

① _____ ist der Kauf von Geldforderungen mit Ausnahme von Darlehensforderungen, unabhängig davon, ob der Verkäufer die Haftung für die Zahlungsfähigkeit des Schuldners übernimmt. Verkäufer der Forderungen aus regelmäßigen Lieferungen und Leistungen können Industrie-, Handels- und Dienstleistungsunternehmen sein, Käufer der Forderungen sind ...-Institute, die heute überwiegend Bankeigenschaft besitzen.

② _____ ist eine spezielle Form der Beschaffung und Finanzierung von Wirtschaftsgütern. Der ...-Geber stellt dem Mieter die Nutzung eines Gegenstandes gegen ein laufendes Entgelt zur Verfügung, wobei der ...-Geber grundsätzlich Eigentümer des ...-Objektes bleibt. Neben den ...-Gesellschaften, die zum überwiegenden Teil Banken nahestehen, treten als ...-Geber auch Hersteller in Erscheinung. Der Kreis der ...-geeigneten Objekte hat sich ständig ausgedehnt; heute kann nahezu jedes Wirtschaftsgut aus dem Mobilien- und Immobilien-Bereich ge... werden.

③ _____ ist eine in verbrauchernahen Teilen der Wirtschaft (Einzelhandel, Dienstleistungen, Getränkeindustrie, Gastronomie) übliche Art der Kooperation zwischen dem Inhaber eines Markennamens (...-Geber) und anderen Unternehmern (...-Nehmern). Die ...-Geber erlauben die Führung des für sie geschützten Namens. Die ...-Nehmer verpflichten sich, ihre Unternehmen nach den für alle Teile der ...-Kette geltenden gleichen Richtlinien auszustatten und zu führen.

④ _____ sind Zusammenschlüsse von selbständigen Unternehmen zur Durchführung eines oder mehrerer Vorhaben. Derartige Gemeinschaftsunternehmen mit Beteiligung in- und ausländischer Partner werden von vielen Entwicklungsländern gegenüber rein ausländischen Direktinvestitionen bevorzugt.

Außenwirtschafts-Alphabet

a) an association of individuals or firms formed to carry out a specific business project

b) an agreement between the owner of property (lessor) to grant use of it to another party (lessee) for a specified rent

c) sale of accounts receivable at a discounted price

d) a license to manufacture or market a product with an established trade name or to operate a service, the equipment or supplies for which are manufactured by a monopoly producer

	deutsch	englisch
francising	3	d
leasing		
factoring		
joint ventures		

J2

F

Ergänzen Sie bitte die Spalten 1–15 so, daß sich in jeder Spalte, von oben nach unten gelesen, ein Wort aus dieser Lektion ergibt. Waagrecht ergibt sich in der markierten Zeile ein weiterer wichtiger Industrie-Begriff.

1	2	3	4	5	6	7	8	9	10	11	12	13	14	15
	W		*I*								A			
		S	N		E				K	I		N	O	
	R	C	D	E		B	A	A	O	N	B	N	N	
	K	H	U		D	E	C	U			E	O		R
R			*S*	E	G	R	H	S	L	E	I		U	O
			T											
F		F	R	G	S		T	I	N	T	S		K	U
T	L	B	I	I		E	U	L	H	I		I	T	K
W		A	E	E		R	M	A	T	L	O			
E	U							U		I	A	N	R	I
R	B							N		O				O
								G	E	N	Z			N

Notieren Sie bitte in den folgenden Rubriken Wörter bzw. Ausdrücke aus dem gesamten
Kapitel 9. Vergessen Sie bitte bei den Substantiven die Artikel nicht.

Substantive:

Wichtige Adjektive in Verbindung mit Substantiven:

Ausdrücke:

Verben:

Verben:

Stichwortverzeichnis

Termini, die nicht zum „Wirtschaftskontext" gehören (sprachliche Phänomene, bestimmte Übungsformen o. ä.), sind kursiv markiert.

Quellennachweis: Abbildungen

S. **10:** Schaubild, Zahlenbilder 538251, Erich Schmidt Verlag
S. **21:** Fotos, Eva Maria Weermann (7), Benita Bähr (2)
S. **23:** Werbeanzeige, Bernd Wagner, Wüstenrot-Werbung
S. **26:** Foto, Münchner Messe- und Ausstellungsgesell-schaft mbH
S. **28:** Schaubilder, Der Spiegel v. 6.1.86 (aktualisiert)
S. **29:** Karte, AUMA-Ratgeber (aktualisiert), Ausstellungs- und Messeausschuß der deutschen Wirtschaft e.V.
S. **41:** Schaubild, Globus Kartendienst 8082
S. **43:** Cartoon, Luis Murschetz/DIE ZEIT v. 2.8.85
S. **47:** Grundriß, Verbraucherzentrale Hamburg
S. **50:** Schaubild, Globus Kartendienst 8419
S. **56/57:** Abbildungen, DAG-Bundesvorstand und Süddeutsche Zeitung v. 16.1.90
S. **57:** Schaubild, Globus Kartendienst 8111
S. **60:** Foto, Lebensmittel Praxis 9/86
S. **61:** Strukturbaum, Ferdinand Enke Verlag
S. **70:** Schaubild, Globus Kartendienst 8278
S. **75:** Schaubilder, nach: Statistisches Jahrbuch der Bundes-republik Deutschland '89
S. **81:** Cartoon, Peter Leger/EG Magazin
S. **86:** Schaubild, nach: Süddeutsche Zeitung v. 22./23.4.89
S. **92:** Schaubilder, Globus Kartendienst 7607 und 8168
S. **122:** Schaubild, Globus Kartendienst 8331
S. **124:** Schaubild, Globus Kartendienst 8317
S. **126:** Schaubild, Globus Kartendienst 8377
S. **130:** Abbildungen, Informationsmappe der Deutschen Bundespost
S. **138:** Schaubild, Informationsbroschüre der Deutschen Bundespost (aktualisiert)
S. **139:** Schaubild, Globus Kartendienst 7846
S. **144:** Foto, Günter Kozeny
S. **155:** Cartoon, J. Wolter/Cartoon Carikatur Contor
S. **158:** Radierung zu Werbeanzeige, IBM, Der Spiegel v. 12.7.82
S. **160:** Cartoon, TA Triumph-Adler AG, Der Spiegel v. 4.11.85
S. **164:** Cartoon, Klaus Pause, München
S. **168:** Schaubild, Globus Kartendienst
S. **175:** Schaubild, Zahlenbilder 411140, Erich Schmidt Verlag
S. **178/179:** Piktogramme, Kursbuch der Deutschen Bundesbahn

S. **189:** Schaubild, Globus Kartendienst 8203
S. **190:** Tabelle, Transport Statistics Great Britain 1974-84, Her Majesty's Stationary Office 1986
S. **191:** Cartoon, Marcus Gschwendtner
S. **194:** Schaubild, Zahlenbilder 415110, Erich Schmidt Verlag (aktualisiert)
S. **198:** Schaubild, Globus Kartendienst 8297
S. **204:** Cartoon, Eberhard Holz, Mit dem Lenkrad in der Hand (hg. von Arthur Westrup)
S. **210:** Cartoons, John Donegan, Rudolf Griffel, Mit dem Lenkrad in der Hand (hg. von Arthur Westrup)
S. **214:** Cartoon, Eva Maria Weermann
S. **220:** Schaubild, Globus Kartendienst
S. **222:** Schaubild, imu bildinfo 900308
S. **223:** Schaubild „Agrar-Außenhandel", Institut der Deutschen Wirtschaft, Köln/IWD v. 27.3.86 (aktualisiert)
S. **224:** Schaubild, Globus Kartendienst (aktualisiert)
S. **226:** Schaubild, imu bildinfo 900438
S. **229:** Schaubild „Arbeitsplatz Bauernhof", Institut der Deutschen Wirtschaft; Köln/IWD v. 24.4.86
S. **230:** Fotomontage, B. Vater/DIE ZEIT v. 3.10.80
S. **231:** Schaubild, Globus Kartendienst 5041
S. **238:** Schaubild, Zahlenbilder 363145, Erich Schmidt Verlag
S. **239:** Schaubild, Globus Kartendienst 5349
S. **243:** Schaubild, Globus Kartendienst
S. **246:** Cartoon, Eberhard Holz, Mit dem Lenkrad in der Hand (hg. von Arthur Westrup)
S. **249:** Karte, Globus Kartendienst 599
S. **250:** Schaubild, Zahlenbilder 200350, Erich Schmidt Verlag
S. **254:** Schaubilder, Der Spiegel 17/88; Globus Kartendienst 8213
S. **255:** Schaubild, Globus Kartendienst 7532
S. **256:** Cartoon, Jo Morris (NCCL), No More Peanuts; Tabelle, Globus Kartendienst 7385
S. **257:** Schaubild, Globus Kartendienst 7492
S. **259:** Schaubild, Der Spiegel 41/89
S. **262:** Cartoon, Erik Liebermann/Frankfurter Rundschau v. 11.2.84; Schaubild, Globus Kartendienst
S. **263:** Schaubild, Globus Kartendienst 8426
S. **264:** Schaubilder, imu bildinfo 900271 und 900544

Quellennachweis: Texte

S. **11:** Text zu Schaubild (S. 10), Zahlenbilder 538251, Erich Schmidt Verlag
S. **15:** „Ireland Weideochsen", Lebensmittel Praxis 7/89
S. **16/17:** Werbeanzeige, BBH Audi-UK Marketing
S. **19:** Gedicht, Bernhard Lassahn, Du hast noch ein Jahr Garantie
S. **21:** Texte, Jugendscala Nov./Dez. 1985
S. **24:** Texte, Centrale Marketinggesellschaft der deutschen Agrarwirtschaft mbH
S. **25:** Werbeanzeige, Der Deutsche Werberat, Bonn
S. **27:** Text, zusammengestellt nach AUMA Bericht '88, S. 7-18 (aktualisiert), Ausstellungs- und Messe-Ausschuß der Deutschen Wirtschaft e.V.
S. **30:** Zeitungsartikel, Süddeutsche Zeitung v. 17.10.85 (aktualisiert)
S. **32:** Messeinformationen, Messe- und Ausstellungsgesell-schaft mbH Köln

S. **39:** Definitionen, Katalaog E, Begriffsdefinitionen aus der Handels- und Absatzwirtschaft, Institut für Handelsforschung (Universität Köln)
S. **41:** Text zu Schaubild (S. 41), Globus Kartendienst 8082
S. **44:** Zeitungsartikel, Süddeutsche Zeitung v. 27.3.84
S. **46:** Zeitungsartikel, Karl-Gerhard Haas/Frankfurter Rund-schau v. 8.6.85
S. **48:** Werbeanzeige, Markenverband e.V., Wiesbaden
S. **49:** Bestellmodalitäten, Großversandhaus Quelle
S. **51:** Informationsbroschüre Wegweiser für Verbraucher, Pres-se- und Informationsamt der Bundesregierung (aktualisiert)
S. **58:** Frageraster, Stern v. 4.10.84
S. **61:** Lückentext, Deutscher Institutsverlag Köln
S. **62:** Informationsquellen, Westermann Schulbuchverlag GmbH
S. **63:** Anzeige (engl.) mit Logo, Consumers' Association; Anzeige (deutsch) mit Logo, Stiftung Warentest
S. **64:** Schulbuchtext, Westermann Schulbuchverlag GmbH (aktualisiert)

S. **73**: Textausschnitte, Presse- und Informationsamt der Bundesregierung

S. **74**: Bandwurmtext, nach: Globus Kartendienst 8085 (aktualisiert)

S. **78**: Anzeige, Wirtschaftsförderungs-Gesellschaft Weser-Jade mbH

S. **79**: Anzeige, Scottish Development Agency

S. **81**: Informationsbroschüre Wegweiser für Verbraucher, Presse- und Informationsamt der Bundesregierung

S. **82**: Zeitungsartikel (engl.), Financial Times v. 18.1.88; Zeitungsartikel (deutsch), Der Spiegel 20/86

S. **83**: Zeitschriftentext, EG Magazin 2/83

S. **87**: Informationsbroschüre Presse- und Informationsbüro der Europäischen Gemeinschaft

S. **91**: Bandwurmtext, Presse- und Informationsamt der Bundesregierung

S. **96**: Werbeanzeige, Hoesch AG

S. **100**: Werbeanzeige der Deutschen Bank, ZEIT-Magazin v. 10.10.86

S. **101**: Werbeanzeige, Barclays Bank

S. **102/103**: Werbeanzeige, Deutscher Genossenschaftsverlag

S. **105**: Werbeanzeige, Gesellschaft für Zahlungssysteme mbH, Unternehmensbereich EUROCARD, Frankfurt

S. **106**: Zeitschriftentext, Gerhard Thomssen/Stern v. 18.9.86

S. **107/108**: Informationsbroschüre, Deutscher Sparkassen-Verlag GmbH

S. **110/111**: Zeitungsartikel, Karl-Gerhard Haas/Frankfurter Rundschau v. 8.6.85

S. **117**: Zeitschriftentext, genehmigter Nachdruck aus CAPITAL (11/88), Das deutsche Wirtschaftsmagazin. Alle Rechte bei Gruner + Jahr AG & Co., 2000 Hamburg 36

S. **121**: Definition (deutsch), Vahlens Großes Wirtschaftslexikon in zwei Bänden, 1987, Verlag F. Vahlen; Definition (engl.), G. Banncock, R. E. Baxter, R. Rees, The Penguin Dictionary of Economics, S. 46

S. **123**: Zeitungsartikel (engl.), The Observer v. 19.3.89; Text (deutsch) zum Schaubild (S. 122), Globus Kartendienst 8331

S. **125**: Werbeanzeige, Dresdner Bank

S. **130/131**: Kurzinformationen, Informationsmappe der Deutschen Bundespost

S. **132**: Schaubildtext, Zahlenbilder 831521, Erich Schmidt Verlag

S. **133**: Übersichtsartikel, Aktuell '90

S. **134**: Werbeanzeige der Deutschen Bundespost, DIE ZEIT v. 5.10.84

S. **135**: Informationstext, Institut der deutschen Wirtschaft, Köln/IWD v. 20.2.86 (aktualisiert)

S. **136/137**: Gebührenübersicht, Informationsmappe der Deutschen Bundespost

S. **139**: Gebührenübersicht, Informationsbroschüre der Mercury Communications

S. **140/141**: Kurzwahltastenübersicht, Informationsmappe der Deutschen Bundespost

S. **142/143**: Telefonsonderdienste, Telefonbuch

S. **144**: Freefone, British Telecom

S. **145**: Service-Information, Deutsche Bundespost

S. **146/147/149**: Werbeanzeigen, Deutsche Bundespost

S. **150**: Zeitschriftenartikel, British German Trade Juli/Aug. '88, Zeitschrift der Deutschen Industrie- und Handelskammer im Vereinigten Königreich

S. **152**: Werbeanzeige, Deutsche Bundespost

S. **157**: Werbeanzeige, IBM, DIE ZEIT v. 18.10.85

S. **158**: Zeitungsartikel, Walter Baier/Frankfurter Rundschau v. 23.8.86

S. **161**: Werbeanzeige, IBM, Der Spiegel 46/85

S. **162**: Informationsbroschüre, Deutscher Sparkassen-Verlag GmbH

S. **169**: Institut der deutschen Wirtschaft, Köln/IWD v. 16.1.86

S. **171**: Zeichenerklärung, Kursbuch der Deutschen Bundesbahn

S. **172**: Zeichenerklärung, Kursbuch der British Rail

S. **173**: Fahrplanauszug, Kursbuch der Deutschen Bundesbahn

S. **174**: Werbeanzeige der Deutschen Bundesbahn

S. **180**: Informationstext, Lufthansa Bordbuch 2/87 (aktualisiert)

S. **182**: Werbeanzeigen, DIE ZEIT v. 17.1.86, Frankfurter Allgemeine Zeitung v. 11.11.86

S. **184**: Zeitungsartikel, Reiner Schauer/DIE ZEIT v. 16.1.87

S. **185**: Zeitungsartikel, DIE ZEIT v. 11.4.86

S. **186**: Fluggastinformationen, Lufthansa, Aer Lingus

S. **187**: Informationstext, nach Zahlenbilder 428114, Erich Schmidt Verlag

S. **188**: Lexikoneintrag, Aktuell '90

S. **190**: Zeitungsartikel, Süddeutsche Zeitung v. 4.12.86

S. **192**: Informationstext der Deutschen Bundesbahn

S. **194**: Schaubildtext, Zahlenbilder 415110, Erich Schmidt Verlag (aktualisiert)

S. **199**: Zeitungsartikel, Süddeutsche Zeitung v. 7.3.90 und 27.3.90

S. **200**: Zeitungsartikel, Frankfurter Rundschau v. 16.8.86

S. **202**: Gedicht, aus: Der fliegende Robert. 4. Jahrbuch der Kinderliteratur. Hg. v. Hans-Joachim Gelberg. Beltz Verlag, Weinheim u. Basel 1977

S. **203**: Zeitungstexte, DIE ZEIT v. 19.12.86 u. Presseinformationsdienst Siemens

S. **205**: Zeitungsartikel, Frankfurter Allgemeine Zeitung v. 17.3.87

S. **206**: Zeitungsartikel, DIE ZEIT v. 19.12.86

S. **207**: Zeitungsartikel, DIE ZEIT v. 16.1.87

S. **208**: Zeitungsartikel, Johanna Stadtler/DIE ZEIT v. 5.9.86

S. **212**: Zeitschriftenartikel, British German Trade Jan./Feb. 1988, Zeitschrift der Deutschen Industrie- und Handelskammer im Vereinigten Königreich (aktualisiert)

S. **216**: Werbeanzeigen, Wales is Magic. The Official Wales Tourist Board Brochure 1989

S. **221**: auszugsweiser Nachdruck mit freundl. Genehmigung des ÖKO-TEST Verlags aus: ÖKO-TEST Magazin 10/89 „Alles Käse" von Sigrid Winkler (aktualisiert)

S. **223**: Schaubildtext „Agrar-Außenhandel" (S. 223), Institut der Deutschen Wirtschaft, Köln/IWD v. 27.3.86 (aktualisiert)

S. **225**: Zeitungsartikel, Ludwig Siegele/Frankfurter Rundschau v. 7.8.86

S. **228**: Zeitungsartikel, Bernd Kulow/Frankfurter Rundschau v. 7.2.87

S. **230**: Schaubildtext (S. 229), Institut der Deutschen Wirtschaft, Köln/IWD v. 24.4.86

S. **232**: Übersichtsartikel, Aktuell '90

S. **234**: Zeitungsartikel Ludwig Siegele/Frankfurter Rundschau v. 7.8.86

S. **239**: Schaubildtext (S. 239), Globus Kartendienst 5349

S. **241**: Lexikoneintrag, Aktuell '90 und '91; Werbeanzeige, Gesamtverband des deutschen Steinkohlenbergbaus, DIE ZEIT v. 27.12.85

S. **243**: Werbetext der PreussenElektra

S. **246**: Werbeanzeige, Daimler Benz

S. **247**: Werbeanzeige, BMW AG

S. **248**: Übersichtsartikel, Aktuell '90

S. **251**: Zeitungsartikel, Süddeutsche Zeitung v. 5.12.85

S. **252**: Zeitungsartikel, Frankfurter Rundschau v. 30.10.86

S. **253**: Lexikoneintrag, dtv-Brockhaus-Lexikon in 20 Bänden, F.A. Brockhaus GmbH Mannheim und dtv GmbH & Co KG München

S. **256**: Zeitungsartikel, Süddeutsche Zeitung v. 4.1.89

S. **261**: Zeitungsartikel, Heinrich A. Henkel/Frankfurter Rundschau v. 24.8.89

S. **265**: Definitionen, Deutsche Bank Publikation „Außenwirtschafts-Alphabet"